公共基础课"十四五"规划教材
"互联网＋教育"新形态教材

大学生职业发展指导

主　编：何露丹　谢　鑫　邱华佳　方少辉
副主编：张　荣　姚妙琴　许教美

中国传媒大学出版社
·北京·

图书在版编目(CIP)数据

大学生职业发展指导 / 何露丹等主编. -- 北京：中国传媒大学出版社，2023.6
公共基础课"十四五"规划教材·"互联网＋教育"新形态教材
ISBN 978-7-5657-3426-7

Ⅰ.①大… Ⅱ.①何… Ⅲ.①大学生－职业选择－高等学校－教材 Ⅳ.①G647.38

中国国家版本馆 CIP 数据核字(2023)第 100335 号

大学生职业发展指导
DAXUESHENG ZHIYE FAZHAN ZHIDAO

主　　编	何露丹　谢　鑫　邱华佳　方少辉
责任编辑	高卓毓
责任印制	阳金洲
封面设计	览群图书

出版发行	中国传媒大学出版社			
社　　址	北京市朝阳区定福庄东街1号	邮　编	100024
电　　话	86－10－65450528　65450532	传　真	65779405
网　　址	http://cucp.cuc.edu.cn		
经　　销	全国新华书店		
印　　刷	三河市鑫鑫科达彩色印刷包装有限公司		
开　　本	787mm×1092mm　1/16		
印　　张	16		
字　　数	256 千字		
版　　次	2023 年 6 月第 1 版		
印　　次	2023 年 6 月第 1 次印刷		
书　　号	ISBN 978-7-5657-3426-7/G·3426	定　价	49.80 元

本社法律顾问：北京嘉润律师事务所　郭建平

前　言

二十大报告指出，实施就业优先战略，强化就业优先政策，健全就业公共服务体系，加强困难群体就业兜底帮扶，消除影响平等就业的不合理限制和就业歧视，使人人都有通过勤奋劳动实现自身发展的机会。

就业是民生之本，政策制定就是要坚持经济发展就业导向。

促进高校毕业生就业创业，既是民生，也是国计，事关广大群众切身利益，事关社会和谐稳定，事关社会主义现代化建设，事关高等教育健康发展。为深入贯彻习近平新时代中国特色社会主义思想和党的二十大精神，全面贯彻落实全国教育大会精神，把"稳就业"放在更加突出的位置，努力实现高校毕业生更高质量和更充分就业，高校毕业生应当提早做好准备，通过系统地学习职业生涯规划和就业创业知识，掌握职业规划和就业创业的方法技巧，树立正确的成才观和就业观，提升自己的专业能力、实践操作能力和就业创业能力，合理科学规划自我，赢取未来。

虽然大多数大学生具有积极的就业观念与就业意识，并且在就业能力提升和职业生涯规划方面做了多方努力，但是在就业倾向和生涯规划方面仍存在一些问题。进一步提高大学生就业能力，迫切需要完善大学生就业指导服务体系，大力加强和创新就业指导工作。职业生涯规划不仅能帮助大学生对职业生涯有合理的规划，也能为有创业志向的同学找到发挥自我潜能的路径，提高大学生的创业创新能力。因此，了解大学生职业生涯规划教育的现状、需求、困境，有利于加强高校职业生涯规划教育，有效解决大学生的就业问题，有效提高大学生的创业能力，使大学生自身得到发展。为此，我们组织编写了本书。

在本教材的编写过程中编写的老师坚持理论与实践相结合、普遍性与特殊性相结合、理论指导与技术指导相结合的原则，遵循"贴近实际、注重实效、有所创新"的基本思路，体现了系统性、全面性和实用性的特点。全书总共八章，主要内容为职业生涯规划发展、就业形势与政策、自我认知与职业探索、求职准备及计划、职场情商和职业心理、就业权益与法律保障、职场角色转变、创新创业等。

在本教材的编写过程中，我们参阅了国内同行的多部著作，部分高校教师提出了很多宝贵意见，在此，对他们表示衷心的感谢！

本教材的编写虽经推敲核证，但限于编者的专业水平和实践经验，仍难免有疏漏或不妥之处，恳请广大读者指正。

编者

2023 年 4 月

目 录

第一章 职业生涯规划发展 (1)
 第一节 职业生涯规划的内涵 (1)
 第二节 职业生涯的选择与职业发展 (5)
 第三节 职业生涯规划的目标与要素 (11)
 第四节 职业生涯规划书的撰写 (15)

第二章 就业形势与政策 (34)
 第一节 就业形势分析 (34)
 第二节 就业政策与措施 (43)
 第三节 就业能力提升 (52)

第三章 自我认知与职业探索 (55)
 第一节 认识自我与自我评价 (55)
 第二节 职业兴趣与职业倾向探索 (57)
 第三节 价值观与职业选择 (75)
 第四节 职业方向的发现 (79)

第四章 求职准备及计划 (87)
 第一节 信息收集与处理 (87)
 第二节 求职信 (94)
 第三节 个人简历撰写 (97)
 第四节 面试礼仪与应对技巧 (101)

第五章 职场情商和职业心理 (120)
 第一节 情商概要 (120)
 第二节 认识情绪和管理情绪 (128)
 第三节 自我情商提升训练 (138)
 第四节 职业心理 (141)

第六章 就业权益与法律保障 (146)
 第一节 就业的权利与义务 (146)
 第二节 就业法律法规 (149)
 第三节 就业协议书和劳动合同签订 (154)

第七章 职场角色转变 (165)
第一节 就业转型调适 (165)
第二节 合格职业人职业素养与要求 (171)
第三节 职场新人面临问题与对策 (174)

第八章 创新创业 (180)
第一节 党的二十大报告关于创新创业的重要论述 (180)
第二节 创新创业概述 (184)
第二节 创业素养与能力 (207)
第三节 创业计划书 (222)

附录 职业生涯发展的主要相关理论 (241)
附录一 帕森斯(Parsons)的特质因素理论 (241)
附录二 霍兰德(Holland)职业兴趣理论 (242)
附录三 明尼苏达工作适应论 (245)
附录四 舒伯(Super)的生涯发展理论 (246)
附录五 克朗伯兹(Krumboltz)的社会学习理论 (248)
附录六 认知信息加工理论(CIP) (249)

参考文献 (250)

第一章 职业生涯规划发展

职业是有劳动能力的人为了生活所得而发挥个人能力，向社会做贡献的连续活动。我们生活在由职业编织的大千世界里，职业作为人们参与社会生活、从事社会活动、进行人生实践的最主要形式，从多方面决定了个人的特征和境遇。所以，走进职业生涯的大学毕业生们，需要洞察职业经纬，走好自己的职业人生。

第一节 职业生涯规划的内涵

目前，有些大学毕业生就业前景迷茫、就业后频繁跳槽，其重要原因就是缺少职业生涯规划。如果大学生能够尽早根据人生目标和市场需求找准自己的岗位方向，在校时有针对性地进行相关知识的补充和能力的培养，毕业后就业将更具针对性，职业生涯就会比较顺利。

一、职业的分类

职业的分类是相对的，随着经济社会的发展，职业的分类也在不断变化。各个国家根据工作性质同一性原则，结合本国的具体情况，对职业有不同的分类。下面介绍国际标准职业分类和我国标准职业分类。大学生可以根据以下职业分类和职业要求来考虑自我职业发展方向。

1. 国际标准职业分类

国际标准职业分类共分为八大类：第一大类是专家、技术人员和有关工作者；第二大类是政府官员和企业经理；第三大类是事务工作者和有关工作者；第四大类是销售工作者；第五大类是服务工作者；第六大类是农业、牧业工作者和渔民、猎人；第七大类是生产工作者、运输设备操作者和劳动者；第八大类是不便按职业分类的劳动者。

2. 我国标准职业分类

我国标准职业共分为八大类：第一大类是党的机关、国家机关、群众团体和社会组织、企事业单位负责人；第二大类是专业技术人员；第三大类是办事人员和有关人员；第四大类是社会生产服务和生活服务人员；第五大类是农、林、牧、渔业生产及辅助人员；第六大类是

新修订的国家职业分类大典正式发布

生产制造及有关人员；第七大类是军人；第八大类是不便分类的其他从业人员。八个大类又分 79 个中类、449 个小类、1636 种细类（《中华人民共和国职业分类大典（2022 年版）》）。

3. 行业分类

根据国际标准职业分类和我国标准职业分类的内容，我们将职业整理出 16 种行业，它们是农、林、牧、渔业，采掘业，制造业，电力、煤气及水的生产和供应业，建筑业，地质勘查、水利管理业，交通运输、仓储及邮电通信业，批发和零售贸易、餐饮业，金融、保险业，房地产业，卫生、体育和社会福利业，社会服务业，教育、文化艺术及广播、电影、电视业，科学研究和综合技术服务业，国家机关、党政机关和社会团体及其他行业。

4. 按职业人员分类

根据国际标准职业分类和我国标准职业分类的内容，我们将职业整理出 18 种类型职业人员，他们是政府官员、一般公务员、军人、警员、教师、专业技术人员、企业家、销售人员、服务人员、办事员、生产人员、艺术工作者、律师、社会工作者、党务工作者、金融工作者、自由职业者、其他。

二、职业生涯的界定

我们在日常生活中常常要用到"生涯"这个词，比如描述一个人从政的经历时，我们会说："在他的政治生涯中……"描述一个人当兵的经历时，会说："在他的军旅生涯中……"描述已经退休的人以前的职业生活时，会说："在他的职业生涯中……"等。

"生涯"一词在汉语中的意思：我们可以拆开来看，"生"与"死"相对，其意为"活着"；"涯"为"边际"之意，合起来就是"一生"的意思。"生涯"在英文中为 career，从词源上来讲，最初在希腊文中，这个词蕴含着疯狂竞赛的精神，最早常用作动词，如驾驭赛马，后来又引申为道路，即人生的发展道路，或指个人一生的发展过程，也指个人一生中所扮演的系列角色与职位。

在西方，目前大多数学者所接受的"生涯"定义来自美国的舒伯（D. E. Super，1976）论点："生涯"是生活中各种事件的演进方向和历程，它综合了人一生中的各种职业和生活角色，由此表现出个人独特的自我发展形态。所以生涯具有终身性、独特性、发展性和综合性的特点，可以将它理解为介于"生命"与"职业"之间的概念，其外延并未大到与"生命"等同，但也未小到与"职业"等义，其内容是比较宽泛的，具有丰富的内涵与特性。

在西方，"生涯"这个词本身包含有职业的意思，因此"生涯"与"职业生涯"用的都是同一个单词，即 career。而在我国由于翻译的不同，有的译为"生涯"，有的译为"职业生涯"，但所指的意思是相同的。所谓职业生涯，是指一个人一生的工作经历，特别是职业、职位的变动及职业理想实现的整个过程。

三、职业生涯规划的含义

职业生涯规划，是指个人结合自身情况以及眼前的机遇和制约因素，为自己确立职业目标，选择职业道路，确定教育、培训和发展计划等，并为自己实现职业生涯目标而确定行动方向、行动时间和行动方案。职业生涯规划的目的不仅是帮助个人按照自己的资历条件找到一份合适的工作，达到与实现个人目标，更重要的是帮助个人真正了解自己，为自己定下事业大计，筹划未来，拟定一生的发展方向，根据主客观条件设计出合理且可行的职业生涯发展方向。职业生涯规划主要取决于两个方面：一是社会发展的客观需要，特别是社会职业的现实要求。二是当事人自身的实际情况，其中起主要作用的是当事人自己。因为职业生涯规划不是社会强加在个人身上的实施方案，而是当事人在内心动力的驱使下，结合社会职业的要求和社会发展利益，依据现实条件和机会所制定的个性化的实施方案，所以，我们在此着重从个人的角度来讨论职业生涯规划。从个人的角度看，漫漫人生之路的核心正是职业生涯。

随着我国社会主义市场经济的推进，个人有了越来越多的选择职业的机会和越来越大的发展空间，但同时也面对着更大、更复杂的社会风险。因此，在今天这个瞬息万变的时代里，要想获得事业的成功，就要及早做一份个人职业生涯规划。如果一个人在自己的职业生涯中漫无目的，"随大流""跟风""追热门"，必将一无所成，浪费的将会是整个生命。

四、职业生涯规划对大学生的意义

职业生涯活动将伴随一个人的大半生，对这大半生进行有效规划，是我们拥有成功的职业生涯、实现完美人生的重要条件。职业生涯规划对大学生而言，具有特别重要的意义。

大学生职业生涯规划的重要性

1. 职业生涯规划可以发掘大学生的自我潜能，增强个人实力

一份行之有效的职业生涯规划将会：

(1)引导大学生正确认识自身的个性特质、现有与潜在的资源优势，帮助大学生重新对自己的价值进行定位并使其持续"增值"。

(2)引导大学生对自己的优势与劣势进行对比分析，帮助大学生发挥优势、克服劣势。

(3)使大学生树立明确的职业发展目标与职业理想，调动自身内在动力。

(4)引导大学生评估个人目标与现实之间的差距，找到职业的准确切入点。

(5)引导大学生前瞻与实际相结合的职业定位，搜索或发现新的或有潜力的职业机会，与时俱进，创新职业机遇与前景。

（6）使大学生学会运用科学的方法采取可行的步骤与措施，不断增强职业竞争力，实现自己的职业目标与理想。

2. 职业生涯规划可以增强职业发展的目的性与计划性，增加成功的机会

规划的明确性，是职业生涯规划的显著特征。一个人的发展要有计划、有目的，不可盲目地"撞大运"。一些人的职业生涯受挫，总认为是自己运气不好、机遇差，甚至认为"规划没有变化快"，完全不做任何规划。而实际原因是职业生涯规划没有做好，没有把握职业生涯规划的特点，要么脱离实际，要么缺少灵活性，自身实行的可行性不强等。好的计划是成功的开始，古语讲，凡事"预则立，不预则废"就是这个道理。一份好的职业生涯规划能加大我们成功就业的概率。

3. 职业生涯规划可以提升应对竞争的能力

当今社会处在变革的时代，到处充满着激烈的竞争。"物竞天择、适者生存"。只有我们正确认识这种竞争，才能知道竞争的实质是什么，自身的优势又是什么，面对这种竞争我们该如何行动。竞争能力的培养不是一朝一夕就能成就的，它需要我们有计划、按部就班地进行。只有设计好自己的职业生涯规划，才能不打无准备之仗，做到心中有数。

4. 职业生涯规划可以让我们选择未来

未来职业出现无数挑战的同时，也有无数的机遇。职业活动竞争非常突出，新兴职业也不断涌现。当我们面对职业市场的时候，似乎有很多机遇，但一个人成功的机遇往往只有一次。做好职业生涯规划，知道我们真正的目标是什么，我们就不会面对所谓的"机会"一次次望洋兴叹、不断后悔。因为我们知道自己追求的职业目标是什么！

现实中，不少应届大学毕业生不是首先坐下来做好自己的职业生涯规划，而是拿着简历与求职书到处乱跑，总希望自己会撞到好运气，找到好工作，结果浪费了大量的时间、精力与资金，到头来感叹招聘单位"有眼无珠"，不能"慧眼识英雄"，叹息自己"英雄无用武之地"。这部分大学毕业生没有充分认识到职业生涯规划的意义与重要性，认为找到理想的工作靠的是学识、业绩、耐心、关系、口才等条件，而职业生涯规划纯属纸上谈兵，简直是耽误时间，有那时间还不如多跑两家招聘单位。这是一种错误的理念，实际上，磨刀不误砍柴工。未雨绸缪，先做好职业生涯规划，有了清晰的认识与明确的目标之后再把求职活动付诸实践，这样的效果要好得多，也更经济、更科学。

还有一些大学毕业生虽然找到了工作，但是心里就是不满意，工作中讲条件，挑肥拣瘦，没有动力，认为现实工作和理想差距太大，天天都想找一份"理想"的工作。这样，眼前的工作干不好，换一个工作也干不好，出现了职业初期的极度"不适症状"。这些很大程度上都是因为没有一个好的职业生涯规划所致。

第二节　职业生涯的选择与职业发展

在职业目标确定后，向哪一路线发展，是走技术路线，还是管理路线，是走技术＋管理即技术管理路线，还是先走技术路线、再走管理路线等，此时要做出选择。由于发展路线不同，对职业发展的要求也不同。因此，在职业生涯规划中，必须对发展路线做出抉择，以便及时调整自己的学习、工作以及各种行动措施，使之沿着预定的方向前进。

一、职业世界的维度

认识职业世界的维度，包括专业探索、行业探索和职业探索三个方面。

1. 专业探索

专业探索作为认识职业世界的一个重要维度，内涵丰富，具体介绍如下。

(1)专业探索。专业探索其实就是在对本专业调研中了解专业毕业后所能从事的职业，从而有效地规划大学生活。专业探索分为对本专业的探索和对自己喜欢专业的探索，目的都是有效充分地利用大学时间来有针对性地为就业而学好专业。

(2)专业探索的具体内容。

①专业调研。这是整个专业探索的核心任务，具体内容包括：这个专业是什么；这个专业学什么；这个专业有哪些名校、名师；与此专业相关的专业有哪些；这个专业对社会和生活的价值；这个专业毕业后都能做什么工作；学这个专业的名人都有谁，成就怎样；在这个专业领域权威的企业有哪些；学这个专业的上几届师长的目前状况怎样；怎样才能学好这个专业，学习的圈子和资源都有什么。

②专业选择。如果你发现自己不喜欢目前所学的专业，就要探寻自己可能喜欢的专业；充分利用相关信息，浏览专业设置目录和说明；在了解整体中确定几个专业大类(如文、理、工、法、管大类)；在了解大类和专业中确定专业小类(如管理大类中分公共管理小类、工商管理小类等)；在了解各个小类和专业中确定10个专业(如工商管理小类中的人力资源管理，公共管理类中的行政管理等)；针对每个专业进行"专业10项"的调研，最后确定三个目标专业。

③专业学习。专业的学习有以下要求和方法：自编一本专业通论教材、明确30个概念、抄写一本厚厚的专业通论教材、制作一个专业学习和发展手册、拜访50个专业相关的人士、写一篇原创的专业论文、翻译一本外文的专业通论教材、进行为期一个月的专业相关工作实习。如你能运用其中的三个方法坚持半年，那你一定是这个专业的小专家了，也为日后的职业探索、职业定位奠定了坚实的基础。

④确定适合的专业。专业探索的最后结果表现为,确定一个自己喜欢和适合的专业,那如何掌握和衡量呢?这里有以下几项参考:熟悉专业通论教材、能写与专业相关的文章、知道专业领域的最新活动和进展、能和专业领域对话、明确专业的毕业出路是什么、喜欢读该专业方面的书、总去听该专业的课并且很愿意发表言论、愿意和别人分享对此领域的看法和见解。如果你符合这其中的三条以上,那你就有资格说你确定了你所喜欢的专业。在收集与分析信息时,可以询问现在的任职者,他从事了哪些和本职无关的工作,或者他认为他从事的这些工作应该由哪个部门去做,这样就可以区分出他的、别人的和他还没有做的工作。

2. 行业探索

行业探索有助于认识职业世界,它包含丰富的内容,现予以具体分析。

(1)行业探索。行业探索就是通过理论分析和实际调研的方式对一个行业进行全方位解读,行业是社会分工的大类,通过了解行业能很好地认识职业世界。

(2)行业探索的具体内容。如何了解一个具体的行业呢?经过研究我们发现,行业中有一些通用的研究因素,通过研究这些因素就可以很全面地认识一个行业。

①这个行业是什么?100个人对行业会有100个定义,这个项目就是集众家之长,包括政府、协会、个人对行业的定义。每个定义都是对行业不同层面的阐释,而定义又是很精辟、全面的介绍,所以深入仔细地搜集关于行业的定义、观点是十分有益于加深行业了解的。

②行业对生活和社会的作用及发展前景、趋势。明确行业对社会和生活的作用,每个行业在社会中都是有其特定功能的,在了解行业对生活和社会的影响之后,就可以在一定程度上了解它的发展前景和趋势,从而可以在选择行业和确定发展方向时有长期的准备。

③行业的细分领域。行业是大类,在行业内部还是有不同分类的,了解不同的行业分类有助于全方位地了解行业。分类的标准决定了具体的分类,可以选择政府、协会的分类标准,以此为线索可以很快掌握和厘清行业发展的脉络,也是个人了解行业发展空间的重要依据,如金融业就分为银行、保险、证券、基金等。

④国内外标杆企业的调研。当了解不同行业细分领域后,就可以找到此领域的标杆公司了。标杆公司是此领域此行业的代表,当调研国内外的标杆公司时,我们所能把握的方向也是国际化的。同时对比国内外不同标杆公司的差距,利于自己了解行业的核心竞争力。需要注意的是,要对每个行业的标杆公司进行不同程度的探索,从而让自己的行业探索更加全面。

⑤行业的人力资源需求状况及趋势。了解这个行业都需要什么样的人才,当我们盘点完行业的需求状况之后就可以加速自己的职业选择,也为个人的职业定位(确定具体的职业)做出可能的探索,还要对行业的未来需求做些整理和分析,便于自己站在未

来的角度做选择。

⑥从事行业需要具有的通用素质和从业资格证书。每个行业都有一定的入行要求，这些就表现为通用素质和从业证书。从业证书是证明素质的一种手段，如法律从业人员需要通过司法考试；会计从业人员需要会计上岗证。一般来说，通用素质是由这个行业长期发展所决定的，具备了就比较容易发展，否则就会出现问题；大学生可以通过掌握通用素质和考取从业资格证书作为入行的敲门砖。

⑦哪些名人做过或在做这个行业。了解行业的标杆人物是进一步了解行业的有效手段，每个行业都有行业的代表人物，正如一说到互联网就想到马云，调研行业标杆人物的奋斗轨迹、目前状态等，可以加深对行业的了解，也为自己进入行业提供了一个参照。

⑧行业的著名公司老总或人力资源总监的介绍和言论。整理和访问行业老总、人力资源总监等的个人介绍、言论思想是职业访谈的一种高端调研，因为行业老总左右着企业的发展，人力资源总监左右着企业人才的招募，所以从这两个层面可以更全面地了解行业的发展状态和人才状况，也可以进一步拓展行业知识。此项调研侧重于他们对这个行业的评价。

⑨职业访谈。和行业的高端人物交流是比较困难的，尤其是行业的标杆人物，但和公司的一般职员交流就会很顺畅。这个访谈也是实际调研的主要部分，你可以和做过或正在做这个行业的职员交流，去询问他们以上的项目，在交流中验证和拓展你对行业的了解，尤其是要加强对所希望从事的部门或岗位的人的访谈，这样可以有效地了解职业的具体要求。

⑩校招职位及对大学生的一般能力要求。当进行行业的九项调研后，还应对能够应聘的校招职位进行盘点，因为这才是大学生可望又可即的。一些企业有校园招聘，校园招聘中所列的岗位就是面向大学生的，毕业生可以总结这个企业三年来的校园招聘岗位，当了解十家企业的招聘岗位后，就可以合并、整理那些岗位，从而在一定程度上了解行业的校招职位。每个岗位在招聘时都会列出任职资格，当你整理相同岗位的任职资格后就可以在一定程度上明确一般能力要求了，如你确定一个岗位（定岗）并按其任职资格去努力，那你在毕业后是很容易如愿以偿的。

3. 职业探索

相关职业探索方面的知识介绍如下。

（1）职业探索的概念。职业探索，是对你喜欢或要从事的职业进行理论分析和实际调研的过程，目的是对目标职业有充分了解，并在明确和职业的差距过程中制定求职策略，从而有效地规划大学生活。

（2）职业探索的具体内容。

①职业描述。职业描述，即定义职业的内涵，具体包括：职业名称、各方对它的

定义。职业描述是对职业最精练的概括和总结,是透彻理解职业和调研职业的基础。在罗列和参考别人对某个职业的看法后,自己也要给这个职业下一个定义,为自己的职业报告做好第一手准备(可以参照国际劳工组织、美国和加拿大的职业展望手册、中国的国家劳动和社会保障部发布的很多职业分类大典等对职业的详细介绍)。

②职业的核心工作内容。每个职业都有核心的工作职责,职责对应的就是工作内容。了解职业的核心工作内容,有利于了解完成工作内容所必须具备的工作能力,这样就很容易找到职业和自身之间的差距。成熟的职业都有权威人事部门给其总结确定的核心工作内容,一些企业的招聘广告中也有对工作内容的描述。作为大学生求职者,可以请教一些行业协会,或是从事此职业的资深人士,一般企业的人事部门和各部门经理也有对职业的具体感悟。

③职业的发展前景及其对社会和生活产生的影响。职业的发展前景是国家、社会等对这个职业的需求程度。具体包括三个问题:第一,职业在国家阶段发展中所起的作用;第二,职业对社会和大众的影响;第三,职业对生活领域的影响。也就是说,不仅要知道这个职业对国家、对社会、对行业有那些价值,也要知道这个职业对大众、对生活的影响,人们对其的依存度和声望度怎样。

④薪资待遇及潜在的收入空间。职业是社会分工的产物,职业根据参与社会分工的量来确定相应的报酬,在不同的行业、企业、岗位上还有一些潜在的收入空间。福利待遇是择业的关键因素之一,所以在考量职业时要重点调研职业的薪资状况。

⑤岗位设置及不同行业、企业间的差别。一般来说一个职业是有一系列岗位划分的,而不同行业、不同性质和规模的企业对岗位的划分和理解也有很大不同,可能同名岗位的工作内容完全不同。了解职业的岗位设置能加深对职业外延的理解,有针对性地与自己进行比较。一般来说,通过人事权威网站、职业分类大典、业内资深人士可了解这个职业的具体岗位设置情况。

⑥入门岗位及其职业发展道路。入门岗位是指针对应届毕业生的工作,职业中的一些中低端岗位是面向大学生开放的。作为大学毕业生,要了解一个岗位对应的职业发展道路是什么,这个岗位有哪些发展途径,最高端的岗位是什么。即使自己很看好这个职业,但你最终也是要做工作的,而入门岗位就是提供给大学生的敲门砖,所以,作为毕业生应了解自己能通过哪些岗位进入这个职业。从企业的每年校园招聘里就能看到哪些岗位是针对应届生的,通过一些校园招聘网站上也可以找到这些信息。

⑦职业标杆人物调研。职业标杆人物调研,就是了解在这个领域谁做得最好,他是怎么做到的,都取得了什么成绩,遇到了什么困难,具备什么素质等。每个职业都有一流的人物,无论国内还是国外的。研究职业标杆人物可以让自己了解他的奋斗轨迹,加深对职业的了解,也会让自己找到在这个职业领域奋斗的途径。

⑧职业的典型一天。职业的典型一天,更多是在访谈中完成的,毕业生要知道这项工作的一天工作内容,从早上上班到下班回家的时间是怎么安排的。了解职业的典

型一天是判断自己是否适合这个职业的重要指标,如果你不想过像这个职业那样的一天,如果你不想有这个职业那样的一天,就不用再为之而努力去学习、去准备、去从事这项职业了,所以这个过程很关键。尤其是这个工作对个人生活的影响,看自己能否接受。职业的典型一天,在核心工作内容中会有涉及,但具体到个人的资料就不多了,所以更多的还是要你去访谈做这个职业的人,这样也才更真实。

⑨职业通用素质要求及入门具体能力。职业通用素质要求,是指从事这个职业的一般的、基本的要求,主要是通用素质能力,也就是能把这个工作做好所要具备的能力。通过对职业外在素质要求的了解,对比自己是否能够胜任,还有哪些要加强和补充的能力,从而可以将它规划到大学生活里。其实每个岗位的岗位描述中都要任职资格介绍,只是这次要把其整理出来,尤其要加上职业访谈中的内容,列出10项最常用的能力,然后与自己一一对照,可以促进发现和认识自我。

⑩工作与思维方式及对个人的内在要求。工作方式和思维方式是你做好做精工作的保证,有些工作对人的内在要求是很高的,这些是从你的内在来判断自己是否适合和喜欢一个职业的核心标准。从内在出发来判断是否喜欢是科学的,因为职业是客观的,只是因为选择了职业才会有是否愿意做、适合做等问题的产生,所以当对职业全方面考量之后,最后一关是对职业所要求的内在盘点。岗位描述中的任职资格也会有对求职者内在素质的要求,还有业内普遍认为的个人素质,要注意考虑不同行业、不同类型企业的差异。

二、职业生涯规划的选择

谈到职业生涯,最基础的是要看一个人和环境之间的适应性。具有现代职业观的求职者当然不再局限于一项工作,而是要找到那些能让自己发挥能力、技术且能表达自己想法、能在某一方面承担某一角色的环境;而对环境的适应也是因性格的不同而相异的。见表1-1。

表 1-1 职业生涯规划的环境选择

序号	类别	说明
1	传统型	这种个性类型的人在事务性的职业中最为常见。这一类人容易组织起来,喜欢和数据型及数字型的事实打交道,喜欢明确的目标,不能接受模棱两可的状态。这些人可以用这一类的词语来表述他们:服从的,有秩序的,有效的,实际的。如果用不太客气的话说,就是缺乏想象,能自我控制,无灵活性。出纳员就是这种类型的典型代表

续表

序号	类别	说明
2	艺术型	这种类型与传统型形成最强烈的反差。他们喜欢选择音乐、艺术、文学、戏剧等方面的职业。他们认为自己富有想象力,直觉强,易冲动,好内省,有主见。这一类型的人语言方面的资质强于数学方面。如果用消极一些的语言描述,这类人是感情极丰富的、无组织纪律性的
3	现实主义型	这种类型的人真诚坦率,较稳定,讲求实利,害羞,缺乏洞察力,容易服从。他们一般具有机械方面的能力,乐于从事半技术性的或手工性的职业(如管道工、装配线工人等),这类职业的特点是有连续性的任务需要却很少有社会性的需求,如谈判和说服他人等
4	社会型	社会型的人与现实主义型的人几乎是相反的两类。这个类型的人喜欢为他人提供信息,帮助他人,喜欢在秩序井然、制度化的工作环境中发展人际关系和工作。这些人除了爱社交之外,还有机智老练、友好、易了解、乐于助人等特点。其个性中较消极的一面是独断专行,爱操纵别人。社会型的人适于从事护理、教学、市场营销、销售、培训与开发等工作
5	创新型 (企业家型)	这种类型的人与社会型的人相似之处在于他(她)也喜欢与人合作。其主要的区别是创新型的人喜欢领导和控制他人(而不是去帮助他人),其目的是达到特定的组织目标。这种类型的人自信,有雄心,精力充沛,健谈。其个性特点中较消极的一面是专横,权力欲过强,易于冲动
6	调查研究型	这种类型与创新型几乎相反。这一类型的人为了知识的开发与理解而乐于从事现象的观察与分析工作。这些人思维复杂,有创见,有主见,但无纪律性,不切实际,易于冲动。生物学家、社会学家、数学家多属于这种类型。在商业性组织中,这类人经常担任的是研究与开发职务及咨询参谋之职。这些职务需要的是复杂的分析,而不必去说服取信于他人

三、职业发展

在进行职业生涯规划时,职业发展路径的设计是必不可少的环节,它关系到一个人长期的职业发展。一般而言,职业发展路径分为四种:

1. 向上发展

从员工晋升到主管,再从主管晋升到经理,这是典型的向上发展路径,也是最为常见的职业发展路径。

2. 向深发展

不断深化自己的专业,在职级而不是职务上得到不断晋升。例如阿里的P职级系列,就是对向深发展的员工所设置的职业发展路径。

3. 向左右发展

向其他平台、其他行业跨越，或者在职能上进行一定的转换。比如，从前在金融行业做 HR（人力资源管理），现在转换到新能源领域做 HR。

4. 向内发展

除了以上三种职业发展路径，还有一种路径就是向内发展，即基于自己的心理需求做选择，比如从事自己感兴趣的职业、去做多年以前一直想做的工作等。

第三节 职业生涯规划的目标与要素

一个人事业的成败，很大程度上取决于有无正确适当的目标。没有目标就如同驶入大海的孤舟，四野茫茫，没有方向，不知道自己走向何方。目标，犹如海洋中的灯塔，引导我们避开生活中的险礁暗石，走向成功。

一、职业生涯规划目标的设定

1. 职业目标的内容

所谓目标，就是一个人的行动方向。职业目标，表面上是大学生对未来职业发展所设立的具体职业类型和方向，以及职业发展所达到的高度，从深层次看，其不仅是单纯的职业方向，更是人生发展道路的选择。

职业目标可以通过很多方式影响个人的行为和表现：它可以刺激高水平的努力，可以给高水平的努力固定方向；可以提高朝向目标努力的坚持性，有助于形成实现目标的战略；可以衡量行为结果的有效性，向个体提供积极的反馈。

大学生的职业目标的确定包括人生目标、长期目标、中期目标与短期目标的确定，它们分别与人生规划、长期规划、中期规划和短期规划相对应。首先要根据个人的专业、性格、气质和价值观以及社会的发展趋势确定自己的人生目标和长期目标，然后把人生目标和长期目标进行分化，根据个人的经历和所处的组织环境制定相应的中期目标和短期目标。人生目标是整个职业生涯的规划，时间长至 40 年左右，是整个人生的发展目标。长期目标是 5～10 年的规划，主要设定较长远的目标。中期目标一般为 2～5 年内的目标与任务。短期目标是 2 年以内的规划，主要是确定近期目标，规划近期要完成的任务，如对专业知识的学习、2 年内掌握哪些技能知识等。

2. 职业目标的重要性

职业目标是个人一生职业发展的方向和理想归宿。一个人事业的成败，很大程度上取决于有无正确的职业目标。目标在职业发展与规划中具有以下意义：

(1)方向作用。职业目标是在充分认识自己、了解职业的基础之上做出的选择,对个体职业发展具有导向作用,它规定和引领着个体职业发展的未来趋势。

(2)激励作用。职业生涯目标是个人职业发展的动力,它能够激励着人们克服困难,排除各种干扰,勇敢地向着明确的方向前进。

(3)约束作用。职业目标的设定是职业生涯规划的核心,它可以约束和规定着个体该做什么、不该做什么,直到实现既定目标。

3. 职业目标确立的注意事项

职业目标的确立是一个极其复杂的过程,需要了解如下几个要点。

(1)职业目标必须具体地量化。没有量化的职业目标无论如何都很难估算出需要投入的努力,也很难检测目标完成的好坏。最简单的量化方法是:用具体的数字来描述自己的目标,使目标数字化。如一个想改变自己英语学习落后状况的大一学生,他给自己制定了这样的学习目标:"我一定要在英语四级考试中取得好成绩。"这个目标就比较含糊、不够具体,何谓好成绩?什么时候实现呢?不具体、无法量化的目标是不好测评的。如果,改为"我要在大学二年级第一学期的英语四级考试中取得610分的好成绩",这个"610分"就很具体,简单而直接。这种量化不需要过多的语言描述,也不需过多解释,完成与否能很容易判断出来。

有时,为了能准确描述一个职业目标,还需要用一系列数字并结合具体的文字来加以描述。如一个计算机软件开发专业的大学生的职业目标是成为软件业的领军人才,年收入要达到100万元以上。其阶段性的目标是:毕业5年后,成为一名专业化的工程师;毕业10年后,成为一个高级人才;毕业15年后,具有一定的影响力,成为领军人才。

(2)职业目标应该有相应的期限。没有时间期限的职业目标,即使已量化得很具体,也是不现实的,因为职业目标在什么时候被完成仍是模糊的。没有截止时间,就很难估计要投入多少精力去实现目标。

如果确定的目标需要较长的时间,而你也有充足的时间去努力,为了保持始终如一的状态,不妨为目标设定一个或几个"子期限"。这样你的潜能很有可能会由于设定的"子期限"而激发出来。比如,这个学期要完成一个职业目标65%的工作量,而剩下的35%的工作任务可在下个学期完成。

(3)职业目标需要写在纸上。虽然有了职业目标,却没有把它写下来,忽略了白纸黑字的力量。事实上,设定目标的一个关键,就是把它写下来。因为,当你写下来之后,在你脑海中,已经把这个目标"清晰化"了。清晰的目标意味着目标是可衡量的。如果有必要,可将要完成的职业目标清单写在一张纸上,并根据目标进展的情况不断补充这张清单,直到完成所有目标为止。在纸的顶端写下总目标,然后认真思考"我该怎样去实现这个目标?"。这时在你面前会呈现出一个清晰可见的金字塔,塔尖是总目标，中部是各种各样具体的分目标，底部是你的行动计划。

这样做的好处就是能集中精力做事，创造出更高的效率，从而走向成功的职业生涯。

(4) 职业目标要有重点。职业目标确立时，要突出重点，要避免出现面面俱到的求全情况。目标过多而没有重点，往往会在不知不觉中消耗你的精力，不但会使效率变低，还会使自己变得犹豫不决。如果每个目标都是重点，那么每个目标都不是重点。因此，为了突出重点，就需要严格控制职业目标的数量。这如同用放大镜将太阳光聚焦到一个明确的点上，集中的光线会很快将几张厚厚的纸烤出一个洞来。如果没有集中到一个点上，即使照上一年，也不会把这些纸烤出一个洞来。可见，这个明确的点就是一个重点，这就像我们职业目标当中一个发力点，需要我们集中力量投入关键性目标上，从而顺利实现既定的目标。

(5) 职业目标要有挑战性，但可达到。制定职业目标时要有一定的实现难度，而这个难度将是你通过努力所能克服的，这不但会激发你自己努力向前，还会促使你挑战面临的困难，实现自己的目标。如果所定的目标难度太高，乃至经过努力都没有办法完成，最终你会因为看不到实现的希望而选择放弃。假设一个 26 岁的美国小伙子，刚从常

职业目标的制定

青藤大学毕业，获得政治学硕士学位，在周围人的眼里是一位非常优秀的才子。他三年内的目标是成为一名美国的参议员，高学历、很好的家庭背景、良好的社会关系、相貌出众、口才超群、有头脑等条件会使他在现代的社会中拥有很高的选民支持率。但是他的这个职业目标是不可能实现的，因为美国竞选参议员的一个条件是候选人的年龄至少需要满 30 岁。

所以，只有所努力的目标是可实现的，我们才会继续坚持下去。

二、职业生涯规划的要素

个人职业生涯规划包括五大因素：知己、知彼、目标、行动、评价。

1. 知己

知己就是要了解、理解、赏识自己，包括个人的兴趣、性格、个性、能力、特长、性向、智能、情商、气质、价值观、职业锚等。明确地知道"我是谁？""我愿意做什么？""我能做什么？""我适合做什么？""我是否有机会做"等。

知己后，要学会自我评价，自我评价主要包括：

(1) 知识掌握的自我评价。从记忆、领会、应用、分析、综合等方面来评估自己对知识的学习情况。将知识点与目标得分率制成简易图表，就可一目了然地知道自己学习上的优势与不足。

(2) 学习动力的自我评价。

(3)工作学习策略的自我评价。

(4)学习能力的自我评价。获取信息的能力：包括感知能力、阅读能力、搜集资料的能力等；加工、应用、创造信息的能力：包括记忆能力、思维能力、表达能力（口头的、文字的）、动手操作能力、创造能力等；学习的调控能力：包括确定学习目的、制订和调整学习计划、培养学习兴趣、克服学习困难等；自我意识和自我超越的能力；业务能力：包括业务的熟练程度、任务的完成情况；与人沟通的能力：包括工作中与人交往的顺利程度、平时与人的关系好坏等。

2. 知彼

知彼就是"向外看"，熟悉周围的环境，特别是了解与职业发展相关的工作世界，包括组织环境、组织开发战略、人力资源需求、晋升机会、政治与法律环境、社会环境、技术环境等。

3. 目标

目标就是在知己和知彼的基础上确定未来职业发展的方向。只有明确了职业目标才能明确自己努力的方向。个人要确定自己的职业生涯目标，职业生涯目标是指个人在选定的职业领域内未来时点上所要达到的具体目标。职业生涯目标的确定包括人生目标、长期目标、中期目标与短期目标的确定，它们分别与人生规划、长期规划、中期规划和短期规划相对应。

一般，我们首先要根据个人的专业、性格、气质和价值观以及社会的发展趋势确定自己的人生目标和长期目标，再把人生目标和长期目标进行分化，根据个人的经历和所处的组织环境制定相应的中期目标和短期目标。若想实现职业目标，我们可以把目标进行分解，拟定一个目标推进表，明确每一个阶段所要完成的任务。

4. 行动

有了目标以后，就要实践，个体还需要明确职业生涯的发展策略并予以实施，再好的目标和计划也需要有效的执行。通过行动发展专业能力（增进专业基础知识、提升专业实践技能、培养解决专业问题的能力），培养情绪管理能力（敏锐觉察自己的情绪状态、妥善控制自己的负面情绪、积极营造良好的情绪氛围），提高人际交往能力（及时准确地觉察他人情绪，把握人际沟通的目的、时机、对象和方法以及参与组织和团队合作），发展行动能力（培养立即行动的习惯，培养行动的坚韧性）。

5. 评价

职业生涯规划是一个长期的、动态的过程，而一个成功的职业生涯规划则会有众多的影响因素，因此，一项好的个人职业生涯规划就需要经得起推敲和审视，要能够适应变化进行调整。

第四节 职业生涯规划书的撰写

撰写生涯规划书的过程也就是个人根据自身特质和客观环境的综合分析,确定自己的职业发展目标及策略,并按一定时间制订相应的工作、培训、教育等行动计划的过程。规划的思路、依据、内容和结果形成文字性的方案即构成了职业生涯规划书。

大学生职业生涯规划怎么写

一、职业生涯规划书的内容与撰写原则

1. 职业生涯规划书必须包含的内容

(1)对职业生涯规划的认识。为什么要规划自己的职业生涯,规划职业生涯的必要性和作用,规划职业生涯存在的风险,规划职业生涯应具备的条件。

(2)自我描述(性格、能力、兴趣爱好)。谈谈自己对自己的认识,包括自己的性格、自己现在具备的能力、自己的兴趣爱好、价值观等。

(3)自我盘点(SWOT 分析)。SWOT 分析描述自己的四个项目:strength(优势)、weakness(劣势)、opportunity(面临的机遇)和 threaten(受到的威胁或环境影响)等。

(4)如何解决自我盘点中的劣势或缺点。解决自我盘点中的劣势和缺点需要利用哪些资源,应该朝什么方向努力或改变,具体的解决方法如何。

(5)介绍你想从事的行业或岗位并谈谈该行业或岗位对人才素质的要求。根据自己现在所学的专业、自己的追求以及社会的需要考虑自己想从事的行业或岗位,明确自己想朝哪一个方向发展,是走行政管理路线、向行政方面发展,还是走专业技术路线、向业务方面发展等。选择的发展方向对自身来说需要哪些要求或自己应具备什么样的素质来符合该行业或岗位的要求。

(6)所需要的专业技能水平及相关证书。自己所期望的行业或岗位需要哪些基本技能,达到什么样的水平。

(7)从现在开始,你如何为你想从事的行业或岗位做求职准备。从现在开始,接下来的大学学习生活,你怎么样去为你的期望做准备,你需要做哪些事情?

(8)你的生涯发展目标(5~10 年)。规划从现在起至毕业后 10 年内你的职业生涯发展,以现在至毕业后 5 年内为主。分三个阶段:短期目标(现在至毕业)、中期目标(至毕业后 5 年)、长期目标(毕业后 5~10 年),见表 1-2。

表 1-2　你的职业生涯发展目标(5～10 年)

序号	类别	说明
1	短期目标 (现在至毕业)	毕业时要达到……如：一年级要达到……二年级要达到……或在某某方面要达到……如专业学习、职业技能培养、职业素质提升、职业实践计划等，如一年级以适应学校生活为主，二年级以专业学习和掌握职业技能为主……或为了实现某某目标，我要……学校目标是大学生职业规划的重点
2	中期目标 (毕业后五年内)	毕业后第五年时要达到……如毕业后第一年要……第二年要……或在某某方面要达到……如职场适应、三脉积累(知脉、人脉、钱脉)、岗位转换及升迁、求学深造等
3	长期目标 (毕业后5～10年)	事业发展、工作、生活关系、健康、心灵成长、子女教育和慈善等方向性规划

(9)你将做出怎样的行动准备以实现目标、评估调整。职业生涯规划是一个动态的过程，必须根据实施结果的情况以及变化及时地进行评估与修正。

①评估的内容。

职业目标评估(是否需要重新选择职业)：假如一直……那么我将……

职业路径评估(是否需要调整发展方向)：当出现……的时候，我就……

实施策略评估(是否需要改变行动策略)：如果……我就……

其他因素评估(身体、家庭、经济状况以及机遇、意外情况的及时评估)。

②评估的时间。一般情况下，需定期(半年或一年)评估规划；当出现特殊情况时，需随时评估并进行相应的调整。

③监督措施。如何制订切实可行的监督措施来督查自己，以一切为自己负责为原则。

2. 撰写职业生涯规划书的原则

生涯规划书的撰写须遵循一定的原则，这些原则包括以下几个方面：

(1)独特性。犹如世界上没有两片完全相同的叶子，世界上也没有两个完全相同的人。每个人高矮胖瘦各不相同，内在的性格特征、知识结构、兴趣爱好、能力倾向等都有自己的特点，其家庭条件、所处的社会环境也都不同，因而在制订生涯规划时不可能找到普遍的路径，必须综合考虑个人各个方面的实际情况而量身定制。

(2)可行性。每个人都有自己的职业理想，但是理想是否能够实现，则取决于用以实现生涯理想的规划方案是否可行。可行性体现在两个方面：首先是生涯目标的可行性，即目标的设定是否建立在现实条件的基础上；其次是职业行动计划的可行性，即行动计划是否是自己可以做到并根据一定标准进行考核监督的。

(3)阶段性。根据舒伯的生涯彩虹图，个人的发展具有阶段性，每个人在自己人生发展的不同阶段所承担的重点角色是不同的，有着不同的发展任务。职业生涯规划也应该根据自己的年龄和所处的阶段来设计不同的内容，以适应每个发展阶段的特点，使每个阶段都能过得很充实，并逐步达成阶段性目标，从而实现自己的人生目标。

(4)发展性。所谓"规划"，要求具有一定的超前性和预测性，而事物是不断发展变化的，规划并不总能适应新情况的出现，所以应根据自我发展、社会变迁，以及其他不可预测的因素，主动适应各种变化，及时评估，灵活调整，不断修正、优化自己的职业生涯规划。在调整职业生涯规划的过程中，短期的目标有可能需要调整，目标的重新选择应和长远的人生目标保持一致，使得整个规划始终围绕自己的人生目标展开，过去、现在和未来应有内在的一致性和延续性。

3. 撰写职业生涯规划书的注意事项

(1)逻辑严密，重点突出。语言朴实简洁、用词精练准确、行文流畅、条理清楚，这是最基本的写作要求。撰写生涯规划书忌大、忌空、忌记流水账、忌条理不清、忌文法不通、忌错别字连篇；忌过于煽情，没有理性分析；忌死气沉沉，没有朝气。在分析阐述规划时，必须紧紧围绕职业目标这条主线来展开，体现论述的逻辑性和连贯性。要将重点放在自我评估、环境评估、目标实施上。

(2)信息收集科学、翔实。在进行自我评估时，很多大学生会过于依赖职业测验工具。尽管一些经典的职业测验有着很高的信度和效度，但往往缺乏对结果的充分解释，大学生在解读测验结果时也会有一定的倾向性，从而得到偏颇的结论。在进行自我认知时，需要采用多渠道策略，结合测验工具、个人的思考回顾、他人评价等方法，得到全面、正确的结论。另外，在进行职业环境分析时，也需要通过多种途径来收集资料，比如网络、图书资料、从业者访谈等，以保证论证过程的科学合理和结论的真实可靠。

(3)职业目标切实可行。职业生涯目标的设定一定要结合自身特点和情况，不能完全脱离现实。职业生涯目标切忌理想化，应遵循择己所爱、择己所长、择世所需、择己所利的原则。认清兴趣与能力、能力与社会需求是存在一定差异的，我们所要做的就是在影响职业发展的诸多因素中找一个结合点，这样的职业目标才会有生命力。职业生涯规划书撰写是否成功，在很大程度上取决于有无正确、适当、切实可行的目标。

(4)计划实施重在大学阶段。职业目标制定的措施一定要在现阶段具有可操作性，是否具有可操作性也是评价一份生涯规划书好坏的重要参数。要做到这一点，大学生必须在进行目标分解和目标实现路径的选择上做到有理有据，不仅要突出时间上的并进和连续，更要重视功能上的因果和递进。另外，大学生应将职业生涯规划重点放在大学阶段的3~5年，突出体现在首次择业和就业所做的准备工作中。

二、职业生涯规划书的格式和误区

1. 职业生涯规划书的格式

大学生职业生涯规划书格式多样,常见的有表格式、条列式、复合式和论文式。

(1)表格式。这种格式的规划书为不完整的职业生涯规划书,常常仅写最简单的目标、分段实现时间、职业机会评估和发展策略等几个项目,有的只相当于一份完整的职业生涯规划书的计划实施方案表(表1-3),适合作为日常警示使用。

表1-3 大学生职业生涯规划表

一、自我评估			
职业规划自测结果	内容	结果	
	气质		
	性格		
	兴趣		
	能力		
	价值观		
自我分析	内容	结果	
	个人形象		
	情绪情感状况		
	意志力状况		
	已具备经验		
	已具备能力		
	现学专业及学习程度		
	现有外语、计算机水平		
社会中的自我评估	对你人生发展影响最大的人	称谓	姓名	单位、职业、职务
		父亲		
		母亲		
	他人对你的看法与期望	称谓	看法与期望	
		父母		
		其他家庭成员		
		朋友		

续表

二、环境与职业分析			
人际关系分析			
校园环境对你的成才影响	具体环境	影响内容	
	学校		
	系		
	专业		
	班级		
	寝室		
描述参加体验的职业状况	具体内容	实际状况	
	人才供应状况与就业形势分析		
	对人才素质的要求		
	对知识的要求及学校中的哪些课程对从事该项职业有帮助		
	对能力的要求		
	对技能训练的要求		
	对资格证书的要求		
	每天工作状况		
	该岗位收入状况		
	该行业人士对所从事工作有何满意及不满意之处		
	该职业发展前景		
	建议学校增设哪些课程		
	其他		
三、建立初步目标			
描述初步职业理想	职业类型	职业名称	具体岗位
	职业地域	工作环境	工作时间
	工作性质	工作待遇	工作伙伴
	职业发展期望：		
SWOT分析	实现目标的优势：		
	实现目标的弱点：		
	实现目标的机会：		
	实现目标的障碍：		
四、职业生涯策略			

续表

步骤		目标分析	提高的途径和措施
大学期间	大学总体目标		
	第1学期		
	第2学期		
	第3学期		
	第4学期		
	第5学期		
	第6学期		
毕业后	毕业后第1年		
	毕业后第2年		
	毕业后3~5年		
	毕业后6~10年		
	毕业后11~15年		
	毕业后16~20年		
	毕业21年后		

五、生涯评估与反馈

自我评估	测评	学习成绩排名		综合素质状况	
		素质测评			
	得奖状况				
	自我规划落实状况				
	经验与教训				
父母评价与建议					
同学、朋友评价与建议					
老师评价与建议					
外因、内因评估					
职业目标修正					
规划步骤、途径及评估标准修正					

(2)条列式。这种格式的规划书包括职业生涯的主要内容,多作简单的表述,没有详细的材料分析和评估。文字简练,但逻辑性和说理性不强,例如:

某生的职业规划

①某高校女生,护理专业,校级优秀学生干部,并多次荣获校级优秀学生奖学金,通过全国英语六级,多次参加演讲、朗诵比赛;家庭经济状况一般;身体健康;性格不属于内向,但也不是特别活跃,喜欢安静。

②很想成为一名老师,这是儿时的梦想,自己比较喜欢这种职业;也可以成为医疗单位的一名护理人员。

③做过家教,虽然不是自己的专业,但与孩子交流有天生的优势,做家教,当学生成绩进步时很有成就感;暑期曾在三级医院实习,虽然对护理工作不是特别地热爱。

④近几年都有学校来系里招聘护理专业教师,但随着护理专业硕士研究生的培养,招聘本科护理专业毕业生从事教师工作的学校越来越少;如今护理行业需求量较大,根据自身情况及所取得的成绩在医疗单位就业不成问题。

⑤目标是到学校当老师,自己有这方面的兴趣和理想,在知识和能力方面并不欠缺,并且自己有信心成为学生心中理想的好老师。

(3)复合式。即表格式和条列式的综合。某生的职业规划实施见表1-4。

表1-4　某生的职业规划实施表

计划名称	时间跨度	总目标	分目标	策略和措施
短期计划 (大学期间)	2021年9月— 2025年6月	具备理论知识,加强动手操作能力,提高综合素质	通过计算机二级和英语四级考试,取得校奖学金,在各类操作比赛中获奖	认真学习,重视技能操作,参加计算机及英语辅导班,参加校系各类活动,临床实习时进一步提高自己的操作技能
中期计划 (毕业后 5年内)	2025年7月— 2030年7月	适应工作,在工作中取得优异的成绩并提高个人从业资格	毕业后一年内取得护士资格证,第三年取得护师资格证	继续学习,将专业知识运用于实践中,不放弃外语学习。多与人沟通,向领导同事虚心请教

详细执行计划如下:

①二年级在学好专业课的基础上,通过计算机二级、英语四级考试。

②三年级在临床实习期间,虚心求教,将理论与实践相结合,提高护理操作技能。

③在掌握技术的同时,要提高社会适应能力,做好踏入社会的准备。

④毕业后第一年掌握基本护理技能,了解护理精神,并取得护士资格证。

⑤毕业后2～5年,主要做好职业生涯的基础工作,加强沟通,虚心求教。抓住机

遇，经过不断的尝试、努力，初步找到适合自身发展的工作环境、岗位。在工作上要做到不仅能掌握护理的所有技术，而且能熟练运用，最重要的还是取得护师资格证。经常锻炼身体，形成良好的、有规律的个人生活习惯。

(4) 论文格式。这种格式的规划书，以数据、调查结果为依据，对职业生涯的主要内容进行翔实的分析与论述，逻辑性与说理性强。例如：

王某的职业生涯规划

学校：浙江某学院

专业：软件技术

姓名：王某

一、家庭背景与成长经历

父亲是当地有名的木工，很受欢迎，"良田千亩不如薄技在身"的教育思想从小给了王某很深的影响，立志长大后要成为一名高级技术人才。但当时还小，对技术型人才这个概念还很模糊。后来上了初中、高中，学校开设了微机课，王某学习了一些简单的 Flash 制作和 Word、Excel 基础知识，从此对计算机技术产生了浓厚的兴趣。

后来姐姐嫁给了一个高级软件工程师，他在某科技公司工作，生活水平非常高。从姐夫那里了解到，那些神奇的功能都是程序员通过复杂的编程来实现的。在与姐夫的交流中，王某不仅对姐夫的生活质量产生了羡慕之情，更对他的职业有了更深一层的理解。

从那时起便将理想职业定位为程序设计师。

凭着对计算机知识的热爱，他报考了浙江某学院信息工程系，学习软件技术专业。

二、目标实现之态度评估

王某想从事的职业是程序设计师。

已具备该职业必需的态度：诚实正直、尽职尽责、适应能力强、有较强的创造力和组织能力等。

还需要逐步加强该职业的必需态度：开放、灵活地看问题，理智、客观地看待周围的人和事等。

三、性格和兴趣分析

1. 人格测试

通过 MBTI 测评，王某的人格类型为 INFJ 型，分值分别为：内向16，直觉7，情感2，判断6；影响愿望63分，成功愿望94分，挫折承受94分，人际交往68分，属于主宰型、开拓型，具有强烈的感情、坚定的原则和正直的人性。即使面对怀疑，INFJ 型的人仍相信自己的看法与决定。INFJ 给人的第一感觉是深沉，尽管所有内向型人的话都比较少，都比较沉默、安静，但是 INFJ 却能在沉静之中额外给人一种深邃的感觉。由于 INFJ 心里想什么其他人不太可能猜得到，这就使 INFJ 的深沉带上了一种神秘的色彩。

2. 兴趣领域识别

王某的职业选择范围属于复合型。组织能力较强，懂得怎样处理人际关系。他善于思考(I)的同时，对生活的认知也主要是关注存在的各种可能性和内在含义，并且能站在全局的立场上(N)。这些特点通过他在做决定时主观的、更多考虑人际关系的偏好可以表现出来(F)；同时也会在他条理化、有计划的生活方式(J)中反映出来。INFJ的直觉(N)是内向(I)的，而他的情感判断(FJ)却常常是面向他人的。这两者结合使INFJ作为一个具有想象力并善于倾听的人，又富有同情心，很关心别人——这让他很容易取得别人的信任。根据测评和自我分析，其最感兴趣的专业为：软件开发、多媒体、美术设计；最感兴趣的职业有三种：程序设计师、室内设计师和项目经理。测评结果说明其适合做程序设计师这一职业。

四、技能评估

企业程序设计师招聘的基本要求：

(1)计算机软件专业本科以上学历，或受过软件工程师和软件工程正规训练。

(2)熟悉软件开发过程，2年以上C/C++软件设计和编程经验；精通C/C++语言与面向对象程序开发，掌握数据库编程技术。

(3)可以进行熟练的英语口语的沟通。

(4)具有良好的团队精神和沟通能力。

(5)积极进取，诚实、正直、勤奋、踏实，责任心强。

结合这些要求，对小王的技能评估如下：

(1)浙江某学院信息工程系，接受了正规的软件技术培训。

(2)目前是大一新生，对C语言编程、数据库等方面的认识刚刚起步，掌握得不够全面，但成绩非常突出；从长远发展来看还需要提高学历和知识储备。

(3)在语言方面仍需要不断加强。计划在大二过英语四级，英语口语能力得到提升。

(4)王某一直崇尚的就是团队精神，但在与人沟通方面还需要加强。

(5)积极进取，诚实、正直、勤奋、踏实，责任心强一直是其特点。

五、职场分析

(一)可行性分析

1. 个人就业资源

从小的梦想就是计算机技术人员，因此其兴趣爱好与选择的程序设计师这一职业相匹配，其职业测评的结果也说明了这一点，其特长与职业也是很匹配的。随着专业知识的不断学习，语言的不断加强会为他的就业打下良好的基础。

同样，王某的人生观与价值观与职业也非常匹配。他一直在有意培养自身的组织能力，赞同团队精神，始终坚信与其他同仁并肩作战必将使成绩更加显著。其所追求的不仅仅是金钱上的利益,更多的是满足自我个性的需求。

2. 职业环境因素分析

程序设计师这个职业恰恰需要有纯熟的专业技能、较强的语言能力、团队精神、组织能力、适应工作强度大的人,如果现在这样坚持不懈,到毕业时,专业知识和语言能力一定可以达到标准。因此初步判定其可以胜任这个职业。

(二)信息整合

1. 了解劳动力市场变化趋势

能够熟练编程的技术人员或基础程序员,被称为"软件蓝领",蓝领的短缺是世界软件行业发展的"软肋"。因此,预测当王某毕业走向社会时,就业前景是较为乐观的,这也是他选择程序设计师这一职业的重要原因之一。

2. 产业和行业的变化趋势

以前,学校的学生只要考取一个认证就很容易开始自己的职业生涯。而现在一切都改变了,混乱的认证市场让毕业的学生失去了一块招牌,企业更注重其技能和做项目的经验,而少有工作经验的学生和企业需求之间形成了无法弥补的裂痕。这就要求王某在毕业后需不断地积累经验,而最有效的方法就是从底层做起。

3. 职业发展轨迹

毕业后先专升本,然后做2年程序员,3年高级程序员,3年程序辅助设计师,最后实现职业程序设计师的理想。

4. 职业选择研究策略

王某理想的就业公司就是某科技公司。因为其姐夫在那工作,他对该公司有一些了解。

(三)做出策略

1. 职业长期目标:程序设计师

2. 短期目标,短期代替目标设定

期末考试保持第一,大二过英语四级,如遇特殊情况,比如期末没有保持第一,王某应找出不足之处,加大对其后学科的学习力度,争取下次成功;若大二没过英语四级,找机会参加其他同等级的英语考试。

3. 时间管理

根据程序师这一职业的要求,王某将大学三年的时间做了以下管理:大一多参加学校、社会组织的活动,锻炼自己的综合素质,利用假期找兼职工作,体验工作过程;同时专业课要学好,因为大一是基础。大二主攻英语,争取过四级。大三目标锁定在专升本上,提高学历和知识储备。在专升本的两年学习中,不仅要学习专业知识,也要时刻关注就业,提高职业技能,搜集公司信息。

4. 压力管理

主要是在学习过程中的心理压力。

(1)遇到难题解不出的压力。措施：请教老师。

(2)学习任务过重的压力。措施：与好朋友逛逛街，放松心情，适当的放松有利于学习效率的提高。

(3)临近考试的心理压力。措施：写一份期末学习计划，有条不紊地进行。

六、求职策略

(一)了解政策环境

因为软件业在中国属于初期阶段，所以杭州对软件人才的优惠政策有很多。下面是杭州市对软件人才的优惠政策，当然并不止这些。

(1)认真贯彻落实《中共中央、国务院关于进一步加强人才工作的决定》，制定和完善有关科技工作和科技人员方面的配套政策。进一步在全社会牢固树立"科学是第一生产力"和"人才是第一资源"的意识。

(2)积极采取措施，努力改善专业技术人员的住房条件。对获"杭州市优秀科技工作者"称号并具有中、高级职务的专业技术人员的住房要优先解决并尽量改善。各单位在分配住房时，应将专业技术人员在研究生院、大学、大专规定的学习时间和高中毕业后进入中等专业学校学习时间作为分房工龄列入分房条件。

(3)加强科技人员知识更新的继续教育工作，以保证科技人员素质与经济和科技快速发展相适应。

(4)在政府每年对科研投入有较大幅度递增的同时，要促进投入主体多元化，大力发展各类民间科研基金，促进企业进入科研领域，逐步加大社会各界对科研投入的比例。

(二)设计一套完整的求职策略

整合招聘信息来源：一般招聘信息可以从网上搜索、报纸杂志、电视广告以及老师、朋友、家人介绍等途径得来。而王某将重点放在第四点上，因为一般而言，软件业有60%～90%的岗位是经人介绍推荐或直接上岗或进行实习的，比在网上搜索后投出简历的方法更有效；在同等水平上，公司更愿意接纳了解的员工。

(三)聚焦未来

1. 对未来职位的满意度评估标准

根据现在市场的情况，毕业后王某可以接受的职业收入须满足每月2 000元以上的标准，公司要有良好的企业形象和社会评价，要有成型的项目及任务分工，同事之间相互帮助，可以充分发挥个人的想象空间⋯⋯

2. 生涯规划的后备调整方案

(1)找到工作，实习不合格怎么办？

王某会在听取用人单位对自己的整体评价后，弥补自己的不足，进行更全面的学习，再尝试应聘其他公司。

(2)企业倒闭了，怎么办？

第一种方法：再找其他效益更好、更适合自己的企业单位。

第二种方法：找姐夫、朋友等相关人士一起合资创业。

(3) 工作几年得不到提升怎么办？

主动与上级领导进行沟通，问清原因，主动改正，争取在最短的时间内，让领导看到自己的进步。

2. 职业生涯规划书的误区

在现实中，发现一些同学没有把职业生涯规划当成事关自己人生质量的事情来看待，而是把它等同于一个简单的课程作业，应付了事，常存在以下问题：

(1) 抄袭别人——重形式、轻内涵。在现实中，有少部分同学懒得从内部环境去分析自己，更懒得从外部环境去分析职业机会，他们或是直接把别人写好的职业生涯规划书拿来 copy，换上自己的名字和专业；或是东拼西凑，敷衍了事，以应付就业指导老师或辅导员的检查。最终不可避免出现"千篇一律""千人一面"的可笑现象。

职业生涯规划书不是一叠打满字的纸张或表格，而是关系到个人发展的一件严肃的事情；是一份对自己的职业生涯、对自己的生活质量负责的"人生责任书"；是一份为自己量身定做、有自己个性的可执行的计划。一些同学不重视通过撰写职业生涯规划书这个重要载体去学习、理解、体会、实施自己的职业生涯规划，把别人的东西硬套在自己头上，结果是要么不去实施；要么实施起来"水土不服""半途而废"，他们毕业时或是无法顺利地找到适合自己的工作；或是历尽"千辛万苦"找到一份工作，很快又稀里糊涂被用人单位"炒了鱿鱼"。因为他们不知道自己对职业的需要，不知道为未来的职业做什么准备，更没有为自己的职业生涯做好规划和准备。落得这样的结局不仅仅是职业规划书不合格这么简单，更严重的是容易导致自己虚度年华，学无所成，学无所用，最后惨败职场，过着暗淡的人生。

(2) 只说不做——热得快、冷得更快。一些同学在撰写自己的职业生涯规划时，非常兴奋和激动，热情高涨，这是件好事。但是令人遗憾的是不能持之以恒。不到一两个月，"心血来潮"过后，或是找不到自己的职业生涯规划书，不知把它放到哪里去了；或是把职业生涯规划书的内容和要求抛到九霄云外，忘得一干二净了；更不用说对照职业生涯规划书去实施、评估、动态调整里面的内容了。

(3) 高估自己——目标定得过高。大多数人对"不想当将军的士兵不是好士兵"的理解过于盲目、绝对。现实生活中的真实情况是，将军的位置很少，如果大家的现实目标都是当"将军"，那么这种主观愿望就会与客观条件产生差距，容易使个人在执行计划时遭遇"落差"。有些人认为，只要把本职工作做好就可以升任主管，其实不然，优秀的运动员不一定是好教练，一些表现优异的工程师、销售人员等升任主管后却表现不佳，就是因为主管还需具备专业技术以外的能力，如领导决策能力、协调组织能力等。

在校大学生也容易犯此类错误,在制定个人职业生涯规划书时,没有从实际出发,过高估计自己的能力,对目标,尤其是短期目标想当然地定得过高,结果造成在实施过程中"难度系数"过高而处处碰壁,人为形成浓厚的畏难情绪,对职业生涯规划书的执行失去信心。因此,应注意撰写职业生涯规划书不要过高估计自己的实力,目标要从实际出发。

三、职业生涯规划书的反馈、评估与调整

1. 职业生涯规划的反馈

职业生涯规划的制定实际上是一个动态的过程,由于现实社会中有许多不确定因素,新的情况不断涌现,会使大学生原来制定好的职业生涯目标与现实情况有所偏差,这就要求大学生不断反省,并对目标和行动方案做出相应的修正或调整,从而保证最终实现人生理想。所以在职业生涯规划过程中,必须进行信息反馈。所谓反馈,就是沟通双方期望得到一种信息的回流。其实,反馈调整就是一个再认识、再发现的过程。这就要求我们时刻注意周围环境的变化,不断地审视自我,不断地调整自我,不断地修正策略和目标。这个过程就是反馈评估。它可以确保个人职业生涯规划的有效性。

职业生涯规划的反馈包括3种类型:

(1)正式反馈。正式反馈通过程序化的过程进行。大学的正式反馈通常使用大学生的综合素质反馈登记表,从教育学的角度来界定,可分为思想道德素质、智育素质、体育素质、文化素质和心理素质等5部分。一般认为,不同大学、不同专业对学生素质结构的要求不同,但在进行必要的单位换算和加权处理后这5部分分值可形成一个综合素质评价值。该方法分为自评、互评、班评及综评等4个评价阶段,满足大学对学生综合素质评价科学性的需求,可以使大学生知道自己的哪些能力需要提高,从而改进其学习、工作表现和行为。

(2)非正式反馈。非正式反馈由大学生在日常学习、工作、交流中互相提供反馈信息。它可以由老师或同学(朋友)对其所存在的缺点或错误提出意见,还可以通过写感谢信、当众表扬或老师当面赞许等方式来传递正面的反馈信息。例如:学习上相互帮助;通过上课前、寝室卧谈会的交流等以便取长补短;在实训课结束后马上进行总结。通过日常交流和非正式反馈,学生可建立重要的人际交流渠道,为职业生涯规划进行正式反馈铺平道路。

(3)绩效考评。绩效考评可采用多种形式:有的大学生把考研当作自己近期最主要的目标;有的大学生想节省时间,争取第二学位成了他们的最好选择;有的大学生准备毕业后踏入社会,为了给自己积累资本,各种职业证书就成了他们要攻克的难关;有的大学生想加入学生会,并将此作为大学阶段必不可少的一门实践课。大学生可以根据自己的不同职业生涯目标,提供正确的信息反馈,发现合格的大学生标准和条件,

采取不同的管理方式，提高自身素质。

在职业生涯规划反馈时，通常是实施全方位反馈。全方位反馈，也称360度反馈，是由被誉为"美国力量象征"的典范企业英特尔首先提出并加以实施的。在360度评价法中，评价者不仅包括被评价者的上级主管，还包括其他与之密切接触的人员（如同事、下属、客户等），同时也包括自评。可以说，这是一种基于上级、同事、下级和客户等搜集信息、评价绩效并提供反馈的方法。

大学生职业生涯规划全方位反馈评价应包含学校领导、老师、学生和被评价者自身等主体。实施大学生职业生涯规划全方位反馈评价要重点做好以下工作：

①做好同学间评议。同学间提供评价意见可以借助同学们的智慧与经验，让被评价的学生更清醒地认识到自身的优势和不足，明确努力的方向。

②做深自我评价。自我评价便于大学生进行自我反思，由被动接受评价转变为主动反省和总结学习工作的得失，同时要求大学生用有限字数总结作为核心创新点，使大学生评估成为自我认识、自我改进、自我管理、自我完善的有效途径，使评价成为大学生专业发展的"助推器"。

③做实评价反馈。大学生全方位反馈评估最后能否改善我们的职业生涯规划状况，在很大程度上取决于评价结果的反馈，因而应通过选择合适的时间、地点和反馈途径，把综合各方面的评估信息经过实际分析反馈给我们自己，并帮助我们评价和调整职业生涯规划的发展和行动计划，从而增强反馈的效能。

课堂故事：

G是某企业生产部门的负责人，今天他终于费尽心思地完成了对下属员工的绩效考核并准备把考核表格交给人力资源部。考核从数量、质量和合作态度三个维度评价员工的工作绩效，每个纬度的绩效都分为五等：优秀、良好、一般、合格和不合格。所有人都完成了本职工作。除了S和L，大部分还完成了G交给的额外工作。考虑到S和L是新员工，他们两人的额外工作量又偏多，G给所有人的工作都打了"优秀"。X曾经对G做出的一个决定表示过不同意见，在"合作态度"一栏，X被记为"一般"，因为意见分歧只是工作方式的问题，所以G没有在表格的评价栏上记录。另外，D家庭比较困难，G就有意识地提高了对他的评价，他想通过这种方式让D多拿绩效工资。此外，C的工作质量不好，也就是刚到合格，但为了避免难堪，G把他的评价提到"一般"。

这样，考核结果都分布于"优秀""良好""一般"，就没有"合格"和"不合格"了。G觉得这样做，可以使员工不至于因发现绩效考核低而产生不满；同时，上级考核时，自己的下级工作做得好，自己的绩效考核成绩也差不了。

显然，这样做是不行的，但是问题出在什么地方呢？

(1) 绩效目标没有量化。在本例中，绩效目标主要分为优秀、良好、一般、合格和不合格。但"优秀""良好"的标准是什么？"优秀"和"良好"的差距应控制在怎样的范围之内？应该用什么样的形式表示？由于事先并没有约定这方面的内容，导致考核时难以操作。如果事先将产量按照完成率在120%以上定为"优秀"、105%~120%定为"良好"，依此类推，只有将每项绩效目标量化，才能够让考核结果更加公正、客观。

(2) 缺乏对考核结果的比例控制。如规定原则上考核结果为"优秀"的比例不超过15%，"不合格"和"合格"的比例在10%以内，"良好"的比例为75%。对考核结果进行适当的比例控制的最大好处就是尽量避免部门负责人心理因素掺入所造成的偏差，因为许多部门负责人为了与部门员工搞好关系，经常会将所有员工都评为"优秀"或"良好"以上，这就使绩效考核失去意义。一方面绩效优秀的员工得不到激励；另一方面绩效不理想的员工认识不到自己的不足。最后造成优秀员工因为不公平而士气低落，表现一般的员工因自我认识不足而情绪浮躁，不利于组织的团队建设。

(3) 考核中缺乏沟通。绩效考核不是单线的信息通报或者形式化的结果传递，它是部门负责人与部门员工相互沟通、协调工作的管理行为，是建立企业与员工之间合作关系的桥梁。通过绩效沟通，部门负责人和部门员工之间可以打破隔阂，一起坐下来讨论员工过去的绩效表现与将来的绩效目标，了解员工工作中的难题并给予帮助，从而创造一个团结合作、积极健康的团队。

(4) 对部门负责人缺乏监督机制。对部门负责人来说，一方面是部门员工的考核者，另一方面是更高级领导的被考核者。在没有制度约束情况下，更高级领导是部门负责人绩效考核工作的唯一约束。而高级领导的重视，也能为有效的绩效管理提供一个良好的组织环境。

2. 职业生涯规划的评估

(1) 评估的意义和目的。

①评估是改进职业生涯规划的重要环节。只有完成了评估，才能是一个短期职业生涯目标实现的完整过程。无论短期职业生涯目标的实现是成功还是失败，其经验或教训都可以成为下一个生涯目标改进和完善的依据。在实施职业生涯规划的过程中，自觉地总结经验和教训，评估职业生涯规划，人们可以修正对自我的认知，完善个人早期职业生涯规划，纠正最终职业目标与分阶段职业目标的偏差。

②评估是继续完成职业生涯规划的必要前提。职业生涯规划包含着一系列的短期、中期规划，彼此之间都不是孤立存在的，任何一个新的目标总是以以前完成的目标的效果为背景和基础，如果前一个目标的问题没有被发现和解决，必然会对新的目标造成不良影响。

③评估是激励自己继续前进的动力。通过评估与修正还可以极大地增强雇员实现

职业目标的信心。一个短期或中期目标的顺利完成，通过评估可以使人们看到完成的效果，甚至享受成功的喜悦，从而提高个人的自信心，为完成下一阶段的目标创造良好的心理氛围。

（2）评估的程序。

①重温生涯目标。

第一，经常回顾你的构想和行动规划。有的人虽有计划，但总不将计划放在心上，只要有事做，就不知道自己努力的方向在哪里。

第二，把你的构想和任务方案存入电脑文件，或贴在床头等可经常看见的地方，时刻提醒自己。

第三，当你做出一个对生活和工作极其重要的决定时，请考虑一下你的构想和行动规划，并确保你正在仔细考虑的决策与你的本意相符。

第四，常常问一问：你正在做的是最想做的事吗？你真的适合做这个职业吗？你能如期完成既定目标吗？是否将重心放在了最重要的地方？

②分析当前的实际情况与当初目标的吻合状态。

第一，确定精确的位置，判断实际行为效果与期望值的偏差。

第二，探究导致失败结果的根本原因。

③运用结果修正完善目标。

第一，采取及时、适当的纠正措施。

第二，调整策略，改变行动。

经常自省是必要的，过程监督也十分重要。保证至少每三个月检查一次你的工作进度。有意识地回顾得失，检查验证前期战略措施执行效果，可以有针对性地提出解决方案，纠正分阶段目标中出现的偏差。

（3）评估要点。评估可以参照各类短期、中期预定目标和实际结果进行。一般来说，任何形式的评估都可以归结为自我素质和现实环境的适应性判断，分析自己现状，特别是针对变化的环境，找出偏差所在，并做出修正。

①抓住最重要的内容。

②分离出最新的需求。针对变化了的内外环境，要善于发掘最新的趋势和影响。俗话说"跟上形势"，对于新的变化和需求，怎样的策略才是最有效而且最有新意的。

③找到突破方向。有时候，在某一点上取得突破性的进展将使整个局面发生意想不到的改变。想一想，先前规划中的策略方案，哪一条对于目标的达成应该有突破性的影响？达到了吗？为什么没达到？如何寻求新的突破？

④关注最弱点。管理学中有个著名的木桶理论，即一只沿口不齐的木桶，其容量的大小，不取决于最长的那块木板，而取决于最短的那块木板。在反馈评估过程中，当然要肯定自己取得的成绩与长处，但更重要的是切合变化的环境，发现自己的素质与策略的"短木板"，然后想办法修正，或者把这块短木板换掉，或者接补增长，唯有如此，你的职业生涯这只桶才能有更大的容量。

一般来说,"短木板"可能存在于下列方面:

①观念差距。观念陈旧往往会造成策略的失误,导致行动失效。

②知识差距。按照实施策略所积累的知识仍然不够?还是学错方向了?

③能力差距。环境在变化,对人的能力的要求也是在不断变化的。彼一时期你通过种种努力提高了某些能力,但此一时期可能又会出现新差距。另外,前一阶段是否坚持按计划措施来提高能力了?提高了多少?遇到过什么困难?这对后一阶段都有重要的启发。

④心理素质差距。很多时候,我们没有取得预期的进步,并不是规划得不够好,或者措施不够得当,而是心理素质不够。一个人职业生涯的发展,首先是心理素质的成长过程。

3. 职业生涯规划的调整

(1)调整职业生涯规划的必要性。

①职业生涯是一个动态的过程,是不断需要根据内部和外部环境进行调整的。社会是一个动态变化的过程,职业是依附于社会环境中,由社会不断分工细化而产生。社会发展取决于生产力的不断进步,这就决定了职业生涯的发展是一个动态的过程。大学生要根据外部的环境,包括经济发展趋向和行业发展趋势,以及自身特点和优、劣势,不断调整自己的职业生涯规划。大学生正处于对自己和社会的认识之中,价值观处于形成时期,加上现实种种不确定因素的存在,原先制定的职业生涯规划有时候会与现实情况有所偏差,这就需要对规划做出调整,保证职业生涯规划的顺利进行,从而实现职业理想。

②职业生涯不同阶段会面临不同挑战和机遇,灵活调整可以让特定目标更现实可行。职业生涯发展过程中会遇到难以预估的挑战和不可控的因素,自身和外部环境的变化带动职业生涯发展的变化从而进行调整是客观存在的。个人的兴趣和计划的改变,家庭的突发事件,如婚姻的改变,孩子的出生、孩子读大学、配偶的去世、被解雇、退休等都会让人们改变和调整自己的规划。灵活的调整是为了更好地适应这些变化。

③职业生涯规划的调整有利于实现职业目标。随着一个人年龄和阅历的增长,以及自己不断突破自己,取得一个又一个成绩,就好像一个人攀上了一个比一个高的山峰,对自己的期望会发生越来越高的改变。比如,当一个人事业达到主管级别,他就会不满足现状,向经理级别努力。职业生涯规划是一个循序渐进的过程,目的是实现个人的职业理想,达到职业目标,也就是金字塔的顶端。毕业生刚毕业,所有条件都不成熟,10年后和20年后,他的实际情况会发生改变,职业生涯规划也会不断调整,最终实现自己的职业目标,达到自我价值实现的最大化。

(2)调整职业生涯规划的时机。

职业生涯发展就是一个不断调整的过程,在我们的职业生涯过程中会出现这样或那样的问题,当你遇到以下问题时,就是调整你职业生涯规划的时机,换言之就是应该停止挣扎而去寻找一份你真正喜欢的工作。

①怀疑自己不合格。如果你感到工作痛苦,可能是自己工作表现不佳而又不愿意正视这个问题。所以要扪心自问:自己到底干得如何,你可以请上司对你的表现作出一个评定,以确定是否符合他的要求,或者请一位信得过的同事帮你做个客观的评估。

②与上司不合拍。一个常用的评测方法是:你在上司身边时感觉如何?是自在放松还是紧张不安,或者存在敌对情绪。

③与周围同事不合拍。你可以问自己:当你与周围同事交往时,是否觉得格格不入?你是否对引起他们兴趣的话题感到乏味和无聊?如果是这样,你可能已经陷入一个无法展现自己的环境中。

④工作过于轻松。如果你闭着眼睛都能工作时,这可能表明你的能力已经远远超过这个职位而自己却不知道。你可以问问自己:你仍然能够从工作中学习到别的东西吗?想进一步发展你正在使用的技巧吗?

⑤对这个行业不感兴趣。如果让你重新选择,你还会选择同一职业吗?你有兴趣阅读这一领域有名人物的自传吗?这些是评测你是否对这个行业感兴趣的问题。

对于刚毕业的大学生来讲,调整职业生涯规划的最佳时间有两个:第一个是毕业前夕,有了求职的实践,根据新的就业信息和社会需求,在求职过程中进行调整。第二个是工作3~5年,有了从业实践,根据从业过程中对自身条件的检验,根据周围环境和自身素质的变化,及时予以调整。通过三年以上的社会工作,可以让刚毕业的大学生更了解社会和企业的需求。职业生涯规划多是从学校时期,也就是学校的视角来规划,通过三年的工作,更能够从社会实际的角度来看待自己的职业发展,这种重新审视自己的过程,以及及时调整自己职业发展方向,对职业生涯发展有着非常重要的意义。

(3)调整职业生涯规划的方法。

①重新认识自己。重新认识自己就是掌握个人条件的变化,以及实际工作中的经验积累,能够更清晰地认识自己,明白自己想要什么?能干什么?在适合自己的基础上,调整自己的职业生涯规划更具有现实意义和长远的发展意义。

②重新评估自己的职业生涯规划。通过对社会环境,比如目前经济发展动向、行业发展趋势、自己在本行业是否有更多的发展空间、工作现状和人际关系、工作环境等综合而全面地分析,进一步确定自己适合做什么?能做什么?

③调整职业生涯发展目标。根据外部情况和自身条件发生的变化,可以适当地调整自己设定的职业发展长期目标和中期目标。

④调整和落实行动计划。职业人要根据每个阶段不同的外部和内部环境的变化,调整自己的职业生涯发展规划。

制定一个提升自我发展的规划。调整并不是放弃以前的规划,而是更符合当前的社会发展环境,而且调整的过程也是自我提升的一个重要过程。

技能实训

树立职业志向

　　人最终要从事某项职业，依靠自己的聪明和勤奋的工作，创造精彩丰富的人生。志向是事业成功的基本前提，没有志向，事业的成功也就无从谈起。"志不立，天下无可成之事。"立志是人生的起跑点，反映着一个人的理想、胸怀、情趣和价值观，影响着一个人的奋斗目标及成就的大小。

　　(1)在制定生涯规划时，首先要确立职业志向，这是启动职业生涯规划的关键，也是职业生涯中最重要的一点。明晰职业志向的方法：

　　★当我老去的时候，我最希望人们怎样评价我？

　　★我最希望在哪个领域里有所成就和建树？

　　★假如不需要考虑金钱和时间，我最想从事的工作是什么？

　　(2)回答以上三个问题之后，请写下你将来希望的生活方式，你将来要拥有的成就，将来要从事的主要行业。

　　我理想的生活方式：＿＿＿＿＿＿＿＿＿＿＿＿＿＿＿＿＿＿＿

　　我未来要创造的成就：＿＿＿＿＿＿＿＿＿＿＿＿＿＿＿＿＿＿＿

　　我将来要从事的主要行业：＿＿＿＿＿＿＿＿＿＿＿＿＿＿＿＿＿

　　设想你将来的职业名称：

　　①＿＿＿＿＿＿＿＿＿＿＿＿＿＿＿＿＿＿＿＿＿＿＿＿＿＿＿＿＿

　　②＿＿＿＿＿＿＿＿＿＿＿＿＿＿＿＿＿＿＿＿＿＿＿＿＿＿＿＿＿

　　③＿＿＿＿＿＿＿＿＿＿＿＿＿＿＿＿＿＿＿＿＿＿＿＿＿＿＿＿＿

　　(3)与我们专业相关的三个职业招聘要求是怎样的？请举例说明。

第二章 就业形势与政策

当前就业形势严峻，就业难、待业现象已经出现。社会主义市场经济体制改革以来，就业方面的矛盾日益突出，劳动者充分就业的需求与劳动力总量过大、劳动力素质与职业要求不相适应之间的矛盾将长期存在。当前主要表现为国有企业和集体企业下岗职工增多，城镇新增就业量难以满足需要安排的就业劳动力；此外，每年还有大量的农村剩余劳动力向城镇非农产业转移；高校、职校扩招以来，毕业生数量猛增，每年都有几百万毕业生走向人才市场。这就使就业问题变得复杂、突出、紧迫，当前及今后较长时期内，我国就业形势将比较严峻。

第一节 就业形势分析

大学生就业是一个政府高度重视和社会广泛关注的问题，更是大学毕业生所关心的大事。随着我国社会主义市场经济体制的建立和完善，高等教育迈向大众化步伐的加快，当代大学生的就业形势发生了重大变化，就业问题也呈现出了许多新的情况。

2023年大学生就业形势分析

一、当代大学生的就业背景

21世纪是充满机遇和挑战的时代，也是中华民族全面振兴的时代。大学毕业生作为整个社会劳动力供给的重要组成部分，考察其就业问题不能脱离时代背景和我国总体就业状况。中国已初步解决了14.1亿人口的吃饭问题。但是，就业问题已成为当前中国最突出的问题。随着2020年新冠肺炎疫情的大暴发，企业经济发展困难，造成了大量员工失业。从失业率来看，2013年至2022年4月，城镇失业率整体呈下降趋势，但2022年失业率创历史高峰，5月16日，国家统计局发布数据，1~4月份，全国城镇新增就业406万人，全国城镇调查失业率平均值为5.7%。其中，4月份，全国城镇调查失业率为6.1%，比上月上升0.3个百分点。本地户籍人口调查失业率为5.7%；外来户籍人口调查失业率为6.9%，其中外来农业户籍人口调查失业率为6.6%。16~24岁、25~59岁人口调查失业率分别为18.2%、5.3%。31个大城市城镇调查失业率为6.7%。

中国是世界上最大的发展中国家，促进就业一直是中国政府最为关心并重点解决的经济社会问题之一。改革开放以来，中国政府始终将促进就业作为国民经济和社会发展的战略性任务，将增加就业岗位列入国民经济宏观调控的主要目标，通过实施积极的财政政策和稳健的货币政策，努力扩大内需，保持一定的经济增长速度，实现了经济持续快速健康发展，通过经济增长带动就业增长。但是2020年由于疫情原因，我国城镇新增就业人数大幅下降。据统计，我国新增就业人数从2019年的1352万人下降至2021年的1269万人，如图2-1所示。

2021年我国城镇失业人员再就业人数为545万人，相较2019年减少了1万人。

就业困难人员是指因身体状况、技能水平、家庭因素、失去土地等原因难以实现就业，以及连续失业一定时间仍未能实现就业的人员。自2017年开始我国就业困难人员的就业人数增幅开始放慢，2019年开始出现负增长后，2021年就业困难人数又上升至183万人，如图2-2所示。

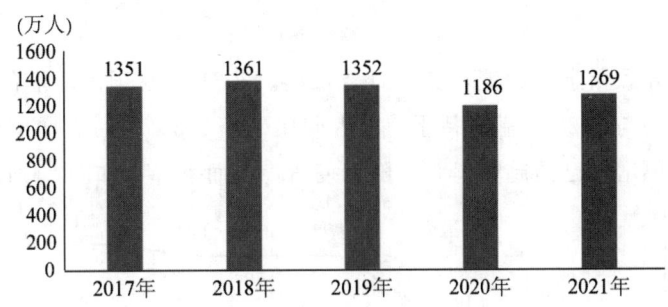

图2-1 近五年城镇新增就业人数

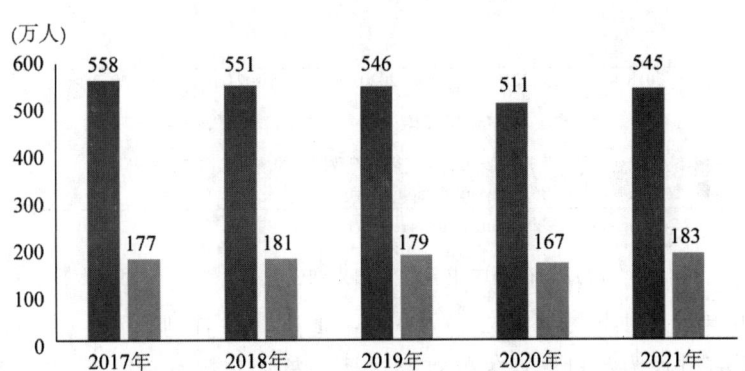

图2-2 近五年城镇失业人员再就业情况

据教育部统计，2022年高校毕业生总规模达1076万人，比上一年增加了167万人，面临的就业形势严峻复杂，首次突破1000万人，规模和增量都创下了历史新高（图2-3）。

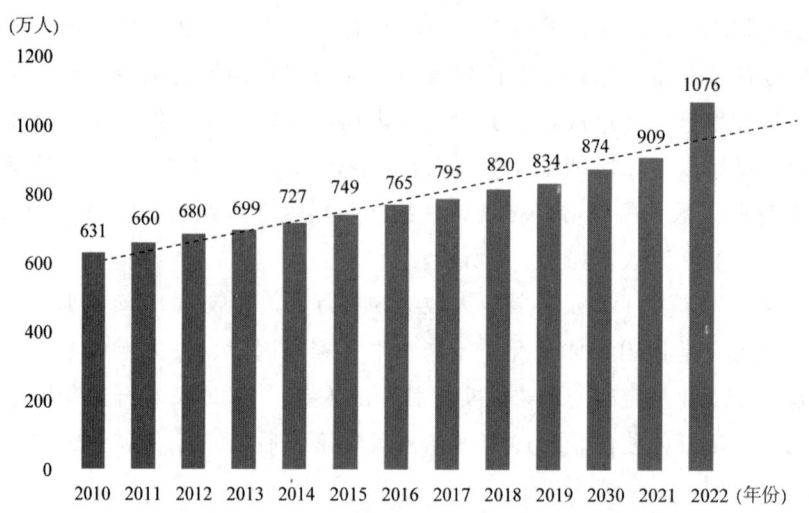

图2-3　2010—2022年高校毕业生人数

另外,疫情导致留学生回流,竞争日益加剧。2021年在国内求职的海归总人数及应届留学生人数均与2020年基本持平,前者同比下降0.5%,后者增长0.5%。可见留学后回国发展意愿增强已是趋势,并未随着疫情稳定而下降,如图2-4所示。

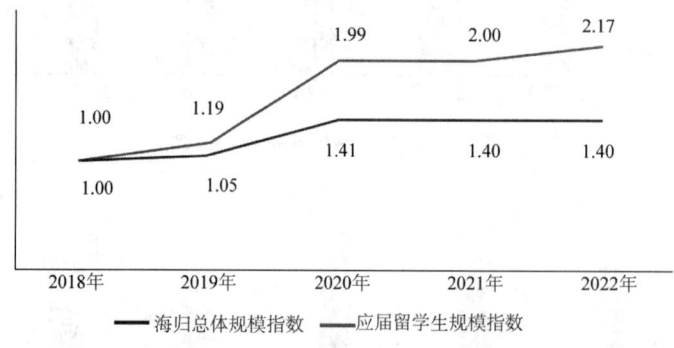

图2-4　近几年在国内求职的海归人数变化(以2018年为基数)

2021年中国研究生报考人数为377万人,比2020年增加36万人。大学生就业压力增大,自我提升成为本科毕业生的重要选择,考研人数不断增长(图2-5)。在2021年春节后的第二周,由于考研成绩的发布,使不少应届生流向求职市场,求职人数较去年同阶段增长143.1%。不过,面对疫情之下严峻复杂的就业形势,教育部会同有关部门,在千方百计拓展市场性就业岗位的同时,全力开发落实政策性就业岗位,以政策性岗位的吸纳作用稳住高校毕业生就业"基本盘"。目前,高校毕业生就业去向落实率高于前两年同期水平,毕业生就业大局保持稳定。

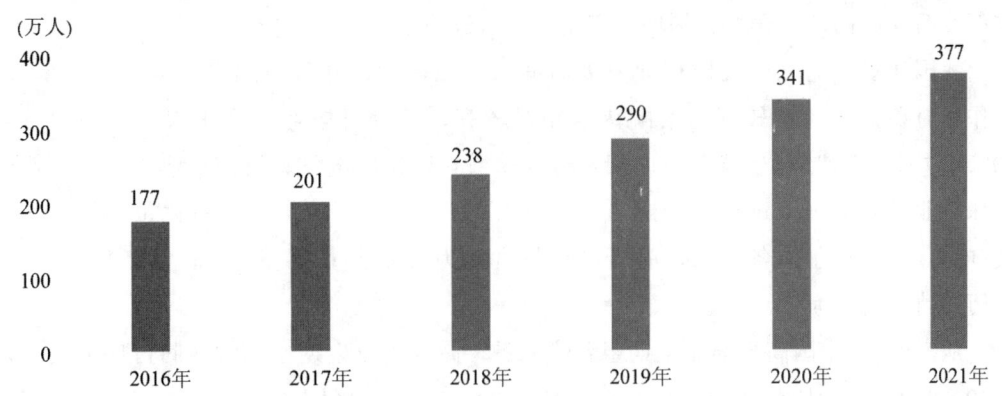

图 2-5　2016—2021 年中国研究生考生人数规模

目前，随着大学生的数量越来越多，大学生的就业问题成为一个社会共性问题。疫情在国内出现反复的背景下，2022 年的高校毕业生就业问题已经浮出水面。2021 年 10 月 24 日 17：50，2022 年国家公务员考试为期 10 天的报名落下帷幕，总报名人数突破 202 万人，较上年增长 519703 人；183 万余人已通过资格审查，较上年增长 439997 人，创国家公务员考试人数新高；从我国硕士研究生报考人数来看，自 2016 年起，我国硕士研究生报考人数在高位上保持高增长趋势。2022 年全国硕士研究生报名人数为 457 万人，较上年增长 80 万人，同比增长 21.22%。

从 2022 年高校毕业生调查数据来看，考研人数呈上升趋势，较上一年上升了 6.57 个百分点，选择企业就业的人数却呈下降趋势，这也从侧面突出了毕业生企业就业率呈下降趋势，找工作更卷更难。2022 年中国 1076 万名大学生就业的压力暴增，也将迎来最难就业季。

从 2021—2022 届高校毕业生就业去向占比来看，毕业生企业就业率呈下降趋势，毕业生更倾向于考研、考公、考编等来提升自己的价值。

2022 届高校毕业生选择考研的人数在逐渐增多，占比为 40.78%，较 2021 届增长 6.57 个百分点；选择企业就业的高校毕业生企业就业占比为 34.21%，较 2021 届下降了 7.21 个百分点。2022 届高校毕业生考取公务员/事业单位占比为 17.57%，较 2021 届增长 0.73 个百分点；创业占 4.25%，较 2021 届增长 0.58 个百分点；出国深造占 2.07%，较 2021 届减少 0.58 个百分点；其他占 1.12%，较 2021 届减少 0.03 个百分点。

北京、上海、广州和深圳作为一线城市，一直是毕业生求职的重要选择地，也是吸纳毕业生的主要城市。但近年来，随着新一线城市迅速发展，新兴行业逐步兴起，对人才需求量大大增加，也为毕业生带来了新的选择。加上新一线城市针对以应届生为代表的年轻人才制定的优惠政策，购房优惠、落户、现金补贴等手段不拘一格，有效地吸引了高校毕业生的目光。从 2022 年中国毕业生城市青睐排名来看，北京、上海、天津依次排名第一、第二、第三，吸引力分别为 9.4%、7.9%、6.31%，重庆、成都、西安、南京、武汉、深圳、广州依次挤进前十。

我国建筑、电气、机械行业发展时间长、规模大，并且所属央企、国企数量多，工作相对稳定、环境较好、薪酬待遇相对较高，所以对毕业生有很大的吸引力。从2022年中国高校毕业生就业意向行业方面来看，建筑、电气、机械行业受高校毕业生青睐行业排名前三，建筑/建材/工程行业以11.29%的简历申请量占比位列第一；电气/电力/水利行业排名第二，简历申请量占比为7.86%；机械/设备/重工位列第三，简历申请量占比为7.03%。

从2022年中国高校毕业生期望薪酬来看，高校毕业生期望薪酬区间占比最大的是7000～9000元，占比为47.3%；其次是5000～7000元区间，占比为24.1%；9000～10000元区间占11.3%；11000元以上的薪酬区间占10.4%；3000～5000元的区间占6.6%；3000元以下的区间占0.3%。

结合各地区本科院校毕业生实际占比和2022年在本地区就业毕业生占比来看，长三角地区人才的吸引力较强，2022年吸引25.8%的本科院校毕业生，22.9%的高职院校毕业生；其次是珠三角地区，吸引21%的本科院校毕业生，20.40%的高职院校毕业生。

二、社会对大学生的期望

任何事物的发展都是相辅相成的，从求职者来说，找一份合适的工作委实不易，从企业的角度来说，为了适应市场的发展，聘用高质量的员工也是当务之急，这种情况也是近年来就业趋势之一。到底应具备怎样的素质才能受到知名企业的青睐，从激烈的求职竞争中脱颖而出，是学生、家长以及教育者们共同关注的焦点。

1. 道德品质

一个成熟的企业招聘和考核员工时往往会考虑其道德品质，尤其是诚信意识、奉献精神和责任感。一些企业在面试前会要求应聘者签下保密协议或作出口头承诺，防止机密外泄，尽管如此，还是会有一些毕业生将面试内容以"笔经""面经"等形式公布在网上，给公司的招聘工作带来损失，这种做法是不可取的。

2. 文化认同

目前越来越多的企业在笔试阶段引入性格测验或心理测验，凸显企业对于毕业生性格和心理素质的重视，而这归根到底是企业衡量毕业生是否认同企业文化、能否顺利融入公司文化的标尺。企业期望招来的员工不仅能力出众，而且认同企业文化。

3. 敬业精神

毕业生要想适应当今的职场环境，就必须具备明确的工作目标和强烈的责任心，爱岗敬业，踏实、有效地完成本职工作。工作态度很大程度上能够决定一个人的工作成绩，有良好的态度才有可能塑造自身值得信赖的形象，获得同事、上司及客户的信任。

4. 团队意识

优秀的企业都很注重团队协作精神，将之视为公司文化价值之一，希望员工能将个人努力与实现团队目标结合起来，成为可信任的团队成员。

许多刚走上职场的毕业生往往满怀抱负、血气方刚，在团队中会流露出个人英雄主义精神。在一些企业常常可以见到这样的员工：在市场上敢拼敢打，是一名虎将，自恃学历层次高、工作能力强、销售业绩好，在同事和领导面前狂傲不羁，不愿遵守劳动纪律，还经常在公开场合反对领导的意见。维护自己的合法权益是正当行为，但傲慢无礼就不对了，这样的员工业绩再出色，能力再强，也不易成功。

5. 创新能力

创新能力是民族进步的灵魂、经济竞争的核心，当今社会的竞争，与其说是人才的竞争，不如说是人的创造力的竞争。大学生要提高创新能力，除了要掌握丰富的知识，还要具备独立思考和解决问题的能力，善于自学并可以将学到的知识灵活运用于生活和工作实践，时时不忘创新，以创新推动实践，以创新引导实践。只有这样，才能成为企业需要的具有创新能力的人才。

6. 应变能力

企业需要具有应变能力的人。一名员工如能做到听得认真，写得明白，看得仔细，叙述准确，执行迅速，将会令人刮目相看。

三、大学生就业形势分析

1. 大学生就业基本情况分析

2022年就业压力依然较大。首先，国际形势复杂严峻，国内经济发展面临需求收缩、供给冲击、预期转弱三重压力，经济下行压力会对就业产生一定影响。其次，本土新冠肺炎疫情持续局部零星点状散发，部分行业企业的生产经营活动仍会受到疫情的影响，造成用工需求波动。此外，2022年高校毕业生比2021年的909万人增加167万人，达1076万人，首次突破1000万人，规模和增量均创历史新高。

2022年岗位竞争激烈，一方面受到疫情影响，另一方面是上一年待业的毕业生的累积，此外还有留学回国的学生，就业难度持续增加。

(1)部分群体就业难度持续增加。《中华人民共和国职业分类大典》将我国职业归为8个大类，66个中类，413个小类，1838个细类，然而，在众多的职业中，仍旧有部分群体"无业可就"。

(2)"高期望""慢就业"加剧。随着社会经济的发展，大学生就业观念发生了转变，已经从"要找到一个饭碗"转变成"要找到一个金饭碗"。

简单说，不着急找工作，很大程度上是因为家长和学生本人对工作期望值高。既然一时之间无合适的工作，更多的家长宁愿选择让孩子继续深造。

(3) "互联网 ＋ 就业"模式尚需完善。"互联网＋"通过其自身的优势，对传统行业进行了优化升级转型；使得传统行业能够适应当下的新发展；从而推动社会不断地向前，推进大学生精准就业。

但当前"互联网＋就业"模式出现建设应用还不够充分、就业指导服务范式还不够科学等现实之困。要让"互联网 ＋ 就业"模式成为推进大学生精准就业的新样态，还需要进一步完善其实现路径。

2. 2022年大学生就业环境分析

经历了2020年的新冠肺炎疫情，在不看好未来市场环境的情况下，很多企业为了生存，采用"断尾"的方式求生，即采用裁员的方式来缓解成本压力，缩减校招名额。

近年来，一线城市生活成本和压力日益增大，成都、西安、杭州等新一线城市则频频提供户口、优惠购房、补贴等政策，一些高校毕业生开始"转投"新一线城市。

大部分毕业生都希望留在大城市和沿海开放城市工作，因为这里的经济相对发达，薪资高，生活条件优越。但是，目前最需要毕业生的却是边远地区、中小城市、艰苦行业的基层一线中小型单位。即使去了这些地区的毕业生流失也特别严重，形成了"要不到、分不来、用不上、留不住"的恶性循环。

中国正从总量性人口红利时代转为结构性人才红利时代，早年依靠劳动力优势和出口优势支撑的经济高速发展时代已逐渐过去，随着劳动力人数的下降和劳动力成本的上升，中国亟须以技术驱动发展，未来中国的经济发展和人才的发展密不可分。

2022年我国公务员考试、国家研究生入学考试报考人数均创新高，反映出2022届毕业生对于未来就业市场前景的担忧，而在疫情背景下留学渠道受到极大影响，叠加部分出国留学学生的归国潮，未来的大学生就业市场将面临更加严峻的挑战。

四、缓解就业压力的主要对策

面对当前的就业形势和中长期发展趋势，中国的经济政策和社会政策应该以促进经济发展和增加就业为基本战略目标进行适当的调整。具体的对策建议是：

1. 营造一个良好的创业环境，促进中小企业的繁荣

从企业规模看，就业效果最好的是中小企业，而大多数中小企业又是民营企业。我国民营企业集中在劳动密集型产业之中，单位投资吸纳的劳动力和单位投资新增加的劳动力都要明显高于国有企业，平均高出一倍以上。面对加入世贸组织后的新形势，激活民间投资、促进中小企业的繁荣显得更加紧迫。因为与政府投资相比，民间投资受利益驱动比较明显，某种程度上更贴近市场，更容易受市场竞争和市场规律的影响。

入世后，面对我国潜在的市场，外国资本已经以不同形式涌入，各行各业的竞争日趋激烈。只有尽快启动民间投资，让不同类型的企业尽快熟悉市场、占领市场，才有可能在激烈的市场竞争中获得发展，进一步增强我国的综合竞争力。今后我们要认真贯彻执行《中华人民共和国中小企业促进法》，加大对中小企业的扶持力度。从政府的角度来看，应进一步降低市场门槛，放宽投资领域、拓宽融资渠道；而适时推出创业板市场，为民营企业提供风险投资的融资通道，也应该提上日程；实行公平合理的税费政策，减少行政性收费，落实税收优惠政策；逐步从管理市场转向服务市场，建立社会化服务体系，为中小企业提供良好的发展空间。

2. 大力发展服务业，提升经济增长的就业弹性

针对未来农业部门就业机会的大幅度减少，要寻找新的出路。这个出路就是服务业。发达国家的历史经验表明：社区服务业是随着经济发展水平的提高而逐步拓展的。作为发展中国家，我国的社区服务业和社区就业发展却是相对落后的，与我国第三产业不发达同构。发展服务业是提升经济增长弹性的有效途径。现在我们对服务业的管理，一方面存在管制过多、过严的现象，另一方面，也存在管制不力或缺乏管制的问题。政府应尽快建立符合世贸组织规则的管理体系，发挥政府在服务业中的协调和监管作用；打破行业垄断和部门垄断，加大力度打击各种不公平竞争和恶意竞争，加快国内服务业市场秩序整顿，形成公平统一的市场环境。政府有责任通过多种方式促进社区就业，如对社区服务企业给予就业补贴，对公益性服务实行政府购买的方式，或者在社区建设中设立专项资金进行扩大就业岗位的基础投资。

3. 积极开发人力资源，全面提高职业技术教育水平

未来我国的职业培训要实现五大转变：一要将职业培训体制以行政指令为导向转变为以市场需求为导向；劳动力市场的需求信号将成为调节和引导职业技术培训机构业务开展方向的基本信号。二要将政府对于职业培训的直接管理转变为间接管理。政府将不再直接管理培训机构，法律手段和经济手段将取代行政手段成为政府宏观调控的主要方式。三要把国际先进的职业培训模式转化为符合本土情况的东西，实现职业培训方式的革命。现阶段的中国人力资源开发，应加强对各种先进教育培训方式的引进、研究与探索，争取早日建立适合中国人力资源开发的教育培训模式。四要在职业培训投入上，贯彻"谁受益，谁投资"的原则，改变过去由政府一家统包的做法，从根本上解决职业教育投入不足的问题。政府对弱势就业群体的培训，可以引入竞争机制，通过购买培训机构服务的形式来实现。五要将职业培训从单纯为城市服务、为国有经济服务，转变为覆盖城乡、覆盖不同所有制经济的全方位职业教育培训体系，尤其要加强对农民工的培训。

4. 完善城乡统一的劳动力市场，构建公共就业服务体系

未来农村的就业问题出路主要在非农化。从国民待遇内化的角度看，城乡劳动力公平就业问题，国有企业下岗职工和其他下岗失业人员公平再就业问题，显得越来越重要。我们在打破城乡户籍壁垒的同时，只有真正建立城乡统一的劳动力市场，才能彻底消除就业歧视。在构造城乡统一的、完善的劳动力市场过程中，应采取以下措施：第一，国务院、国家发展和改革委员会和劳动力市场主管部门负责制定我国劳动力市场建设和发展的长期规划和目标，充分开发利用和合理配置我国充沛的劳动力资源。第二，通过改革户口制度和完善现代企业制度，打破劳动力市场"双重二元结构"格局。一是在有本地户口的劳动者之间因单位性质不同而形成二元市场，主要表现在国有企业和非国有企业之间，要通过完善现代企业制度，加快国有企业劳动就业制度的改革，提高城市劳动力市场的发育程度，真正实现用人单位与劳动者双向选择；二是在有本地户口与无本地户口的劳动力之间形成另一种二元市场，要通过户口制度改革，实现就业权利的平等。打破城市劳动力市场的这种"双重二元结构"格局，既有利于人力资源的优化组合，又有利于增强劳动力市场的充分竞争。第三，积极培育劳动力市场中介组织，提供信息服务，增强市场透明度，降低供需双方的交易成本。

5. 强化地方政府促进就业的责任，把分地区失业率和新增就业岗位指标纳入年度计划管理

根据全国再就业工作会议的精神，面对日益复杂的就业形势，要让各级地方政府切实关心老百姓的就业问题，应该在政绩考核中增加与失业治理、创造就业机会相联系的指标。国家发展和改革委员会在国民经济和社会发展宏观调控指标中应逐步以"城镇调查失业率"取代"城镇登记失业率"，以更准确反映失业状况；在制订今后的就业年度计划时，应该将下岗职工和登记失业人员合计为下岗失业人员，计算城镇登记失业率；应该在今后的"社会发展计划"中增列全国及分地区"城镇登记失业率""登记失业人数"和"新增就业岗位（人数）"三项指标。

6. 加快社会保障社会化，解除劳动者的后顾之忧

社会保障社会化是全面建设小康社会的一个显著特点。主要包括以下内容：第一，社会保障要从城镇国有企业覆盖到非国有企业，从城镇覆盖到农村的全体公民；第二，用人单位只履行依法缴纳社会保障费的义务，不发放各种社会保障金及承担失业、离退休人员的日常管理工作，失业、离退休人员和用人单位脱钩，由社区组织统一管理；第三，社会保障基金通过银行实行社会化收缴，支出通过银行直接对个人实行社会化发放；第四，社会保障资金筹措除了由用人单位及职工依法足额缴纳外，各级财政还要调整财政支出结构，提高社会保障支出比重，并通过部分国有资产变现、发行特种债券、将利息税纳入基金等方式建立多条筹资渠道。

第二节 就业政策与措施

就业政策是国家在一定的历史条件和阶段下，为促进经济发展和社会进步。创造劳动者就业条件、扩大就业机会所制定的行为准则，它包括就业指导思想、管理体制、指导原则、就业范围和渠道及相关的具体规定等。

强化就业优先政策，稳住就业基本盘

一、大学生的就业政策

只有全面了解国家就业政策，增强自主择业意识，主动地面向社会主义经济人才需求的市场，按照供需见面、双向选择和市场竞争的原则，才能顺利就业。

1. 毕业生的接收政策

(1)鼓励企业接收毕业生。"三资"企业、私营企业、股份制企业等无主管单位的企业单位以及采用聘用方式使用毕业生的单位，必须到县以上人才流动机构办理人事代理手续后，方可接收毕业生。

(2)用人单位必须按调配部门规定的时间和要求，填报当年毕业生的需求计划。需求计划必须经主管部门或人事主管部门认可，报省级毕业生调配部门备案。需求信息应及时发布。用人单位在核准的需求计划内落实毕业生。

(3)毕业生应该在报到期限内，持《报到证》到用人单位报到。毕业生的报到期限一般为1个月。由于特殊原因，如生病、外出遇到意外等不能按期报到的，应采取写信、电话、电报等方式向接收单位请假说明。如逾期不报到，又未向接收单位请假者，则可能产生对方拒收的后果。凡纳入国家就业计划的毕业生，地方政府不得征收城市增容费。

(4)毕业生报到时，用人单位应在指定的县级以上医院对其进行健康检查。因岗位特殊要求或曾患有慢性疾病的毕业生要进行专科检查。经体检合格的毕业生，准予报到。用人单位凭毕业生的《报到证》和毕业生就业计划，经省、市、县毕业生就业主管部门审核后，办理接收户口关系手续。毕业生报到后，发生疾病不能坚持正常工作的，按在职人员有关规定对待，不得把上岗后发生疾病的毕业生退回学校。

(5)毕业生报到后工资、工龄的规定。根据劳动部劳总薪字(1980)136号文件规定：毕业生分配工作后，上半月报到的，发给全月工资；下半月报到的，发给半月工资。

毕业生就业后，其工资标准和福利待遇按国家有关规定执行，工龄从报到之日起计算。用人单位因故推迟接收毕业生，其工资福利待遇，应由单位负责，推迟时间计算连续工龄。高等院校学生延期毕业或毕业后延期分配的，应从他们正式分配工作报到之日起连续计算工龄。

到非公有制单位就业的毕业生，工资待遇由毕业生与用人单位协商确定，但工资标准原则上应不低于国家规定。

(6)毕业生报到后，用人单位要根据工作需要和毕业生的情况，及时安排工作岗位。双方有协议的，要按协议执行。

(7)按国家计划派遣的毕业生，用人单位不得拒绝或退回学校，也不得以任何借口截留按就业计划派遣的毕业生，否则要追究单位和有关负责人的责任。

(8)人事关系由县以上人才流动机构代理的单位接收的毕业生，见习考核、转正定级手续，由其委托代理人才流动机构负责。用人单位须按规定提供有关毕业生见习期间工作表现等书面材料。在毕业生见习期间，解除聘用(任)合同的，由代理人事的人才流动机构继续负责毕业生的见习管理，毕业生可应聘到其他单位工作，待聘期超过1个月的，见习期顺延。

(9)到外企工作的毕业生，应通过当地的外国企业服务总公司办理正式聘用手续。也就是说，当毕业生拿到跨国公司的聘用信时，还不是合法形式下的"外企人"。因为按有关法规规定，外国公司驻华办事处与中国毕业生建立劳动聘用关系时，必须通过当地的外国企业服务总公司等合法的人才中介机构办理正式聘用手续，并办理合法证件。

2. 档案及户口迁移

(1)学校要建立健全学生档案。下列材料必须归入毕业生档案：毕业生登记表；学习成绩登记表；奖惩情况；学位授予证明；入党(团)志愿书等；毕业离校前的体检结果；报到通知书。

(2)学校派遣毕业生后，应将毕业生档案按规定寄至有关部门。部属全民企事业单位接收的毕业生，档案直接寄送用人单位；省、市属单位接收的毕业生，档案寄送用人单位业务主管部门；县及县以下所属单位接收的毕业生，档案寄送县人事局；三资企业、私营企业、股份制企业等无主管单位的企业单位以及采用聘用方式使用毕业生的单位接收的毕业生，档案寄送其人事关系委托代理的县以上人才流动机构。

(3)户口关系的迁出。毕业生分配后凭《报到证》，到所在地公安部门办理户口关系迁出手续；截至当年年底未派遣的毕业生及其他不属就业范围按规定将户口关系转回家庭所在地的学生，凭毕业生调配部门签发的《毕业生迁移户口关系介绍信》，到学校所在地公安部门办理户口迁移手续。

(4)户口关系的迁入。毕业生凭《报到证》《户口迁移证》及接收单位介绍信办理户口关系迁入手续。截至当年年底未派遣的毕业生及其他不属就业范围按规定将户口关系转回家庭所在地的学生，由其本人或其家长、配偶凭《毕业生迁移户口关系介绍信》《户口迁移证》，到家庭所在地的公安部门办理户口关系迁入手续。《报到证》上的报到单位、报到地址与《户口迁移证》不一致又未按规定办理改签手续的,以及《报到证》未经省、市、县人事部门审核的,不予办理户口关系迁入手续。

3. 国家对高校毕业生见习期的规定

根据国家有关文件规定,大学毕业生到达工作岗位后,实行见习期 1 年的制度。原则上安排在基层见习试用。见习期满后,经所在单位考核合格的转正定级。考核不合格的,可延长见习期半年到 1 年。延长见习期考核仍不合格的,待遇比定级工资标准低一级。见习期间,除正常公休假外,不能享受《探亲规定》的待遇,没有探亲假。

对入学前已从事 1 年以上有关本专业实际工作的毕业生,经所在单位批准,可免去见习期;对入学前已从事 1 年以上非本专业实际工作的,原则上应实行见习期。对直接进入国家机关、高等院校和科研单位的毕业生,凡未经过实践锻炼的,要安排到基层锻炼,并严格加以考核。有些行业的人才,需要更长时间的实际锻炼,可以在见习期满后自行安排。

毕业生在见习期间,不得报考研究生(包括出国留学或进修)。原则上也不得抽调毕业生从事与见习无关的工作。但根据人事部文件精神,属下列情况之一:确属专业不对口,学用不一致的;要求到基层单位或老、少、边、穷地区工作的;要求到国家重点建设工程、重大科研项目及国家重点部门工作的;主管部门规定的其他原因的,经毕业生主管调配部门批准在 1 年内可做适当调整。调整前及调整后的见习期合并计算。见习期从到新接收单位报到之日算起。

4. 对于经济困难的大学毕业生的救助办法

中国是一个发展中国家,有许多来自经济不发达地区的大学生和因种种原因导致经济比较困难的大学生,应在生活、毕业就业等各方面给予其帮助。

(1)凡高校毕业生因患病等原因短期无法就业且生活困难的,由高校毕业生户籍迁入地民政部门参照当地低保标准给予临时救助,享受临时救助的时间最长不得超过一年,一年后家庭生活仍有困难的,按有关规定申请享受最低生活保障或其他社会救济。对于滞留高校尚未办理户籍迁移的高校困难毕业生,民政部门不予受理。

(2)高校经济困难毕业生申请临时救助,按最低生活保障的申请审批程序办理。高校经济困难毕业生应当向户籍迁入地的审批机关出具高等学校颁发的毕业证书、个人身份证以及省级高校毕业生就业工作主管部门签发的"全国普通高等学校本专科毕业生就业报到证"。对已参加就业或家庭经济条件好转的享受临时救助的高校毕业生,应及时取消对其的临时救助。

(3)各地要落实好代偿国家助学贷款政策。对中央部门所属全日制普通高校应届毕业生,自愿到西部地区和艰苦边远地区县级人民政府驻地以下地区(不含县级人民政府驻地)基层单位工作,服务期 3 年以上(含 3 年)的学生,其在校学习期间的国家助学贷款本金及其全部偿还之前产生的利息由中央财政代为偿还。

(4）高等学校对就业困难的贫困学生要进行重点帮扶，给予重点推荐、指导、服务，可适当给予经济补助，努力帮助他们实现就业。对就业困难的高职毕业生，教育部与劳动和社会保障部将继续实施"高职院校毕业生职业资格培训工程"，对需要培训的应届高职毕业生进行职业技能培训和职业技能鉴定。在颁发职业资格证书的专业领域，力争使80％以上的毕业生能够拿到"双证"。培训的有关费用主要由教育系统承担，职业技能鉴定费由劳动保障部门适当减免。

二、积极推进"预就业"模式

"预就业"是把毕业生就业后的试用期前移至顶岗实习阶段，就是在学生离校的前一年，有意识地把毕业生组织到用人单位，边顶岗实习，边完成毕业设计，边接受用人单位的考察。"预就业"毕业生具有双重身份。即毕业生仍是在校学生，"预就业"只是他们必须完成的一门课程；在用人单位就是一名准员工，各方面都要以正式员工的标准来要求自己。在毕业生"预就业"阶段，实行以用人单位管理为主，学校管理为辅的管理机制。一方面，毕业生必须严格遵守"预就业"单位的各项规章制度，努力工作，在个人了解和认识用人单位的同时让用人单位了解学生并予以信任。另一方面，"预就业"期内又是毕业生，必须完成毕业实习课程，在此期间，因故不能继续实习的，必须由个人写出书面报告，由"预就业"单位提出意见，所在系部会同学校就业部门商榷批准后方能离开岗位。否则，视为没有完成毕业实习课。顶岗实习（预就业）结束后，由"预就业"单位根据毕业生在顶岗实习期间的综合表现，给出书面鉴定和实习成绩。成绩不合格者视为没有完成毕业实习课。

"预就业"解决了毕业生就业的盲目性、流动性，在一定程度上，稳定了学生的思想，使学生更加了解企业，了解自己，重新定位，也节约了企业的人力、物力和财力，深受用人单位欢迎。以新疆轻工职业技术学院为例，2006年该校推行"预就业"，据各用人单位反馈情况，毕业生稳定性好，保持在85％以上。"预就业"具有以下特点：

1．"预就业"有助于毕业生完成专业知识向职业能力的转化，缩短择业周期

职业能力是指通过后天的学习和实践而获得能够实现职业理想、满足社会需求，在社会生活中实现自身价值的本领。建立"预就业"制度，让学生提前接触与自己职业发展相关的实际工作，获得职业岗位的感性认识及职业素质，培养对未来职业的适应力，使学生根据社会需求不断充实自己和完善自己，顺利完成角色定位。

2．"预就业"有助于促进职业发展倾向的确立，提高就业质量

毕业生选择职业是自由的，但达成意向都是相对的、有条件的。如果择业脱离社会需要，他将很难被社会接纳。所以毕业生通过"预就业"，把社会需求作为出发点和归宿，结合自己的专业和兴趣来定未来职业发展方向，做出符合自己愿望及社会需求的理性就业选择，实现毕业生与社会需求的融合，这对毕业生知识的资本化以及职业再生能力的可持续性开发具有深远的历史意义，同时对社会经济增长又具有促进作用。

3."预就业"通过校企对接，促进产品、产业升级，培植新的就业机会

人、财、物、技术与信息是企业重要的五种战略资源，而"人"是这些资源中最重要的一种，对企业的发展起着至关重要的作用。学生进入企业，要想实现真正意义上的从"学校人"到"企业人"的转变，企业需要耗费时间和成本进行培训和培养。因此，高校与用人单位共建"预就业"，提前系统地培养学生就业能力、创新实践能力，让学生就业前认识社会、感知企业、感受岗位，就业时可降低企业的人才培养成本，企业对"预就业"实习的学生经过一段时间的了解、考察，有了较全面的了解，可以有把握地选择使用人才，聘用到更满意的员工。学校积极为企业提供技术服务和智力支持，促进企业产品、产业升级，提高企业产品的市场竞争力。科技生产力的提高又促进企业新的经济增长点，带动就业岗位的增加，形成经济增长与就业增长的良性互动，创新与发展并进。

4."预就业"模式一举多得

一方面，用人单位根据自身发展需要及人才规划，从高校全日制二年级、三年级专科生和本科生中选拔优秀学生作为人才储备与培养对象，通过与学生签订协议，明确学生毕业前应具备何种知识结构、能力和综合素质。这些学生毕业时，用人单位将进行考核，录用合格者。培养对象在校期间，由学校和用人单位联合培养。对专业学习和实践环节，将在原有专业培养计划的基础上，根据用人单位的要求修订，并由用人单位开出具体课程或提供实践机会。为了学到未来职业所需的知识，培养对象可以跨学院、跨学科学习，可以利用假期到用人单位学习、实践，还可以把生产实习、毕业实习和毕业设计（论文）等安排在用人单位进行。实行双导师制度，除学校导师外，企业定期派技术人员到校讲课，或以讲座、交流形式，给学生提供行业技术的最新动态，使培养出来的人才更符合用人单位的要求。

另一方面，它使毕业生就业的双向选择不再停留在浅层次的招聘或供需见面上，而是从"形式"走向了"实际"，是创新人才选拔机制，为毕业生充分就业创造了机会，同时将有力推动高等教育的改革。他们到企业实习或兼职后，不仅耳濡目染感受到了企业文化，也了解了一些行业知识，这样回到学校后就可以有针对性地学习，正式就业时，就能更好地为企业服务。这些进入"预就业"的学生，还把他们所了解到的业界信息传播给周围的同学，使这些同学也能找到学习的方向，为未来的就业打下基础。

5.对学生而言更是意义重大

过去，学生在初次就业时总会有一个相当长的不适应期，而"预就业"这种模式有利于学生在校期间就接受社会大熔炉的锻炼，提早接触就业，为毕业时的就业工作积累经验，提高就业能力和社会适应能力。

"预就业"模式是当前严峻就业形势下毕业生就业工作的新思路，是将实习与就业有效结合的新模式,也是经济社会发展的必然产物。部分高校(如福州大学)、职业院校(如新疆轻工职业技术学院)已经实行"预就业"模式,实践证明,这种新模式展现出了强大的生命力,很受社会、学校、用人单位及毕业生的欢迎,一定能为解决毕业生就业难题提供新的思路和帮助。

三、大学生就业制度

现行的大学生就业制度由毕业生就业的有关方针政策、就业管理体制和服务保障体系等内容构成。

1. 双向选择、自主择业

双向选择、自主择业是目前我国推行的高校毕业生根本的就业制度。根据国家教育部颁布的《普通高等学校毕业生就业工作暂行规定》、国务院批转教育部的《面向21世纪教育振兴行动计划》和国务院办公厅向教育部等四部委下发的《关于进一步深化普通高等学校毕业生就业制度改革有关问题的意见》等文件精神,我国现阶段高校毕业生就业制度主要有如下内容:

(1)高等学校毕业生就业应贯彻统筹安排,合理使用,加强重点,兼顾一般,面向基层,充实生产、科研、教学第一线的方针。

(2)在就业计划安排上,要优先考虑国家和地方重点建设的需要,尤其要保证在艰苦地区的国防军工和科研等重点单位的需要。

(3)国家采取措施,鼓励和引导毕业生到边远地区、艰苦行业和国家急需人才的集体企业、私营企业、联合企业和股份制企业等单位就业。

(4)建立由学校和有关部门推荐、学生和用人单位在国家政策指导下,通过人才劳务市场供需见面、双向选择、自主择业的就业制度。

我国现阶段高校毕业生就业制度内容很多,但根本的是双向选择、自主择业。而落实这一制度,市场导向、政府调控、学校推荐、学生和用人单位双向选择是其重要的保障机制;开展供需见面活动是其重要的实现方式。

①市场导向。就是学校根据市场需求设置学科专业、调整好学科专业结构,确定好培养目标,科学规划学校办学规模及招生数量,以适应市场的需要。

②政府调控。就是政府通过宏观政策引导学校的办学方向,通过制定宏观就业方针、政策,利用各种政策资源和信息资源指导广大毕业生就业,同时通过政府的就业服务机构和就业信息服务网络为广大毕业生搭建就业服务平台。

③学校推荐。就是学校根据国家的就业方针和政策,收集需求信息,积极开展毕业生就业供需见面活动,为毕业生提供就业服务。

④学生和用人单位双向选择。就是用人单位根据自己的需求和用人标准选择毕业生;同样毕业生也可根据自己的专业、特长、兴趣、爱好来挑选用人单位。

⑤供需见面。就是供需双方直接见面，互相了解对方的有关信息和需求，双向选择，以确定供需双方的关系。

2. 人才聘用制度

人才聘用制度是满足我国党政机关、社会团体、企事业单位的人员选拔任用、聘任任用的一系列规章制度的总称。其核心内容是以公开、平等、竞争、择优为导向，建立起有利于人才脱颖而出、充分施展才能的选人用人机制，是落实双向选择自主择业制度的重要保证。

我国基本单位的用人制度包括三个方面：一是党政机关和国有企事业单位领导干部的委任制；二是国家机关政务类公务员的招考制；三是事业单位人员的聘用制。

(1)企业人才聘用制度。随着人才聘用制度的实施，我国国有企业人才资源配置已由传统的行政计划配置转变为市场配置。国有企业实行专业技术岗位和行政管理岗位公开竞争、择优上岗。除少数应由出资人管理和由法定程序产生或更换的企业领导人员外，企业可以在全国范围内招聘各类人才，包括到高等学校招聘应届毕业生。凡招聘人员，都要签订劳动(聘用)合同。企业在人才流动中发生争议，由有关当事人按劳动(聘用)合同规定的条款协商解决；协商不成，可向政府劳动人事部门申请裁决。

(2)事业单位人才聘用制度。从2003年开始，我国开始在事业单位全面实行人员聘用制度。这一制度包括公开招聘、签订合同、定期考核、解聘辞聘、亲属回避及人事争议仲裁等内容。其核心内容是所有事业单位与职工都要按照国家有关法律、法规，在平等自愿、协商一致的基础上，通过签订聘用合同，确定单位和个人的人事关系以及各方的权利和义务。我国目前正按照统一部署、稳步推进的原则，用2~3年的时间，在事业单位全面试行人员聘用制度；争取用5年的时间建立起正常化、规范化的聘用制度。

3. 人事代理制度

一些毕业生认为，现在反正不包分配，有没有人事关系无所谓，只要有工作有工资，不管它什么档案、工龄、职称、身份、保险。直到有一天，需要某些方面的材料时，才发现自己的人事关系根本没有着落，造成了许多不必要的损失。

凡是毕业时没有找到用人单位的，或者已经找到了用人单位，但该单位却没有人事管理权，或者用人单位办理不了落户等手续的(如北京、上海等大城市的单位)，或者你根本就不想固定在某个单位而想自己创天下，都可以办理人事代理。

(1)什么是人事代理。所谓人事代理制度，是指县级以上政府人事行政部门按照管理权限主管人事代理工作，其所属人才服务机构具体承办人事代理业务。

(2)人事代理范围。外资企业、民营企业和其他自愿委托的各类企事业单位，暂未落实单位的大中专毕业生，自愿委托代理的各类专业技术人员和管理人员，出国留学人员与用人单位解除合同的人员等。

(3)人事代理程序。

①单位委托需提交申请书、工商营业执照(副本)、事业法人登记(副本)或其他能证明单位性质的材料。

②个人委托需提交个人申请书、辞职(辞退)证明或其他组织决定文件,以及个人身份证明(身份证、职称证书、毕业证)。

③经工作人员审核后,办理有关代理手续并收取档案管理费,需办理流动手续的,另按规定交付流动手续费。

(4)人事代理服务内容。

①代管人事档案、人事关系和工资关系。

②代办身份确认、出国(境)政审、工龄计算,出具有关证明。

③代办毕业生就业、人才引进手续。

④代办专业技术人员职务资格考评。

⑤代办社会保障事务。

⑥代办代理人员的户籍关系,将代理人员的户籍关系挂靠在人才服务中心设立的集体户口本上,由中心统一管理。

⑦代办代理人员的党团关系。

⑧代办对象委托的其他人事工作。

4. 国家公务员制度

(1)我国的国家公务员制度。我国的国家公务员制度,是关于政府机关从事公务人员管理的法律化、正规化和标准化的诸种规范性和规定性的制度总和,是一套完整的国家行政机关工作人员录用、考核、职务升降、培训、工资、保险福利、申诉、退休以及公务员管理机构和监督等管理行为的规范和准则体系。国家公务员是指各级国家行政机关中除工勤人员以外的工作人员,包括各级政府的组成人员,也包括行政机关中从事党务、社团事务管理等工作的专职工作人员。2006年1月实施的《公务员法》,标志着我国公务员管理制度迈入了法制化的新阶段。国家公务员制度的特点是:具有科学的激励竞争机制,能上能下,优胜劣汰,有正常的新陈代谢机制,在建立正常退休制度的同时,实行人员交流制度、职务聘任制度,以及辞退制度等,使国家公务员队伍能进能出,增强了政府机关的生机和活力;具有勤政廉政的保障机制,实行回避和交流制度,从制度上保证和促进国家公务员的廉洁奉公;具有健全的法律法规体系,公务员管理已逐步走上法制化管理的轨道。

(2)国家公务员考试录用。国家公务员考试录用是指国家行政机关按有关法律和法规的规定,从公务员系统之外的人员(包括应届大中专毕业生)中采取公开考试、严格考核的方式,吸收担任主任科员以下非领导职务的国家公务员。民族自治地方人民政府和各级人民政府民族事务部门录用国家公务员时,对少数民族报考者应当予以照顾。

（3）国家公务员考试内容。国家公务员考试包括笔试（公共科目、专业科目）和面试。公共科目笔试一般包括《公共基础知识》《行政职业能力倾向测验》《申论》三部分。公共科目笔试结束后，各招考部门在笔试合格人员中，按照笔试总成绩从高到低的顺序，按计划录用人数1∶3的比例确定专业科目笔试和面试人选。招考专业视具体情况可能涉及中文、法律、外语、文秘、计算机、经济、管理、财经等多种学科。

三个公共科目笔试内容分别为：《公共基础知识》，包括马克思主义哲学、邓小平理论、法律、行政管理、公文写作与处理等五个方面的内容。《行政职业能力倾向测验》，主要测查应考者从事国家机关工作必须具备的潜能，考试内容包括常识判断、语言表达和理解、数量关系、判断推理和资料分析等五个部分，全部为客观性试题。《申论》，主要通过应考者对给定材料的分析、概括、提炼、加工，测查应考者解决实际问题的能力，以及阅读理解能力、综合分析能力、提出问题能力和文字表达能力。

在招聘考试的过程中，招聘部门可以根据自己的具体情况对考试科目和内容进行取舍。

我国人事制度的改革，开创了人才辈出、人尽其才的新局面，为不拘一格选拔人才创造了良好的用人机制和用人环境。大学毕业生们应主动适应这一新环境的客观要求，努力创造条件，使自己能在日趋激烈的市场竞争环境中谋求理想的职业。

5. 就业准入制度

根据《劳动法》和《职业教育法》的有关规定，从事技术复杂、通用性强、涉及国家财产、人民生命安全和消费者利益的职业（工种）的劳动者，必须经过培训并取得职业资格证书方可就业上岗，这一制度就是就业准入制度。

就业准入制度是就业制度的一项重要内容，也是一种特殊形式的国家考试制度。它是指按照国家制定的职业技能标准或任职资格条件，通过政府认定的考试机构，对劳动者技能水平或职业资格进行客观公正、科学规范的评价和鉴定，对合格者授予相应的国家职业资格证书。与学历文凭不同，职业资格证书与某一职业能力的具体要求密切结合，反映特定职业的实际工作标准和规范以及劳动者从事这种职业所达到的实际水平。

我国目前已开始在一部分职业领域实施就业准入制度，并就准入做出了具体规定。按规定，实行就业准入的职业范围由劳动和社会保障部确定并向社会公布。职业介绍机构要在显著位置上公布实行就业准入的职业范围；各地印制的求职表中要有等级职业资格证书的栏目；用人单位招聘广告栏中也应有相应职业资格要求。职业介绍机构的工作人员在工作过程中，对国家规定实行就业准入的职业，应要求求职者出示职业资格证书并进行查验，凭证推荐就业，用人单位凭证招聘用工。

（1）职业资格证书及其级别。职业资格证书是表明劳动者具有从事某一职业所必备的学识和技能的证明。它是劳动者求职、任职和开业的资格凭证；是用人单位招聘、录用劳动者的主要依据;也是境外就业、对外劳务合作人员办理技能水平公证的有效证件。职业资格证书是选择相关工种就业的通行证。

我国职业资格证书分为5个等级:初级(5级)、中级(4级)、高级(3级)、技师(2级)和高级技师(1级)。

(2)职业资格证书的获取。高职高专大学生要取得职业资格证书,可到当地政府部门认定的职业技能鉴定机构申请参加技能鉴定。根据所申报职业的资格条件,确定自己申报鉴定的等级。如果需要培训,要到经政府有关部门批准的培训机构参加培训。职业技能鉴定分为知识要求考试和操作技能考核两部分。知识要求考试一般采用笔试形式;操作技能考核一般采用现场操作形式,如加工典型工件、生产作业项目和模拟操作等方式。考试一般采取百分制,两部分成绩在60分以上为合格,80分以上为良好,90分以上为优秀。经鉴定合格者,由劳动和社会保障部门核发相应的职业资格证书。

(3)部分需参加全国职业资格统一考试的职业。包括秘书、推销员、公关员、物业管理员、电子商务师、企业人力资源管理员、心理咨询师、企业信息管理员、营销师和项目管理员。

(4)"1+X"证书制度。2019年初,国务院印发《国家职业教育改革实施方案》(以下简称《方案》)。《方案》要求,从2019年开始,在职业院校、应用型本科高校启动"学历证书+若干职业技能等级证书"制度试点(以下简称"1+X"证书制度试点)工作。据了解,"1+X"证书制度鼓励学生在获得学历证书的同时,积极取得多类职业技能等级证书,是促进技术技能人才培养培训模式、评价模式改革以及提高人才培养质量的重要举措。

第三节　就业能力提升

"知者行之始,行者知之成",机遇总是青睐有准备的头脑,最好的职业并非总是由最佳的人选取得,而其总由准备最充分的人获得。大学生们要在变革迅猛、竞争激烈的当代社会中找到合适的位置,应在大学阶段就充分发挥自己的聪明才智,努力做到学会生存、学会做事、学会共事、学会学习,为就业做好充分的准备。

一、改变传统观念,全面进行教育

高校在对学生进行就业前的指导工作时,不应该只关注为学生寻找良好的工作机会、提升大学生的就业能力,这样的指导思想存在着不足和缺陷,应当全面认识到大学生的就业能力的系统性以及全面性,对大学生的就业能力指导教育工作也不要只停留在应届毕业生的身上,可以通过落实相应的教学制度,对各个年级的学生进行适当的就业指导教育工作。不要片面地看待教育问题,要认识到学生的未来发展与大学教育息息相关。高校领导应该将此种教育思想落实到学生的日常学习生活当中去,可以通过制定相关的教学计划,组织适时的教学实践活动,改善课堂氛围等方式对学生进行人才培养以及就业能力提升方面的指导教育。

二、政府部门加强鼓励和引导

政府部门可以积极地制定大学生就业能力教育指导工作的相关政策以及制度帮助大学生提升就业能力,提供技术和资金方面的支持和鼓励,从而推动高校为大学生提供就业能力教育的指导。政府部门也应该积极地调整就业市场,保证就业竞争的公平性、公正性和公开性,为即将毕业的学生提供丰富的就业机会。另外政府应鼓励校企合作,加强学校和企业的文化融合,令企业为大学生提供源源不断的实习机会,加强对于大学生的就业实践工作的指导,提高大学生的就业竞争能力和就业水平。最后,政府部门应当积极地帮助学生建立起未来职业生涯的规划体系,将职业生涯规划的教育落实在学生的大学生活的过程当中,帮助高校针对大学生的就业能力指导教育开展职业生涯规划的教育活动。

三、提高教师水平

教师应当拥有较高的教学水平,秉持先进、新颖的教学理念对学生进行培养和教育,高校要在教师培养方面做出深入的研究和探索,高校可以定期对高校在职教师进行培养教育,提升教师的教学水平以及转变教师的教育理念,完善教师的专业知识结构体系,拓宽教师的教育知识面。

另外,教师也应当加强自身管理,多利用课余时间加强锻炼和学习,令自己深入企业生活中去,了解所教专业的未来职业发展和方向目标,了解部分企业对于专业的要求和岗位工作的内容,完善自身的就业指导经验,加强自身的就业指导能力。

四、组织相对的就业前实践活动

高校可以加强与企业之间的合作交流,由学校培养优秀的企业人才,企业单位为学生提供合适的实践机会。组织就业前实践活动,帮助学生在活动中学习新知识,丰富自身的经验,从而更好地提升自己的就业能力,面对未来的社会生活。

总而言之,在对于新时期大学生就业能力提升路径的探索中,能够影响到大学生就业能力的因素有很多,存在的问题也不容忽视。因此,高校要加强自身的监督和管理,帮助学生提升就业能力,政府部门可以结合现实的情况,制定相应的制度和政策,而学生也要积极行动,不断提升自身的综合能力,认识到就业能力水平对于自己今后的发展有着至关重要的意义和影响。

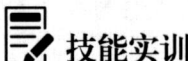 技能实训

看看你适合什么职业?

步骤:

假设有一天你乘坐时光机回到原始人部落,这时天气热得实在吓人,你又看到两男一女正在叽里呱啦地不知道在讲什么,看他们讲得面红耳赤,好像在吵架……请问,你觉得他们三个人"可能"在讲些什么呢?

A. 可能因伙食没着落的问题在烦恼

B. 可能因天气太热,食物容易腐烂在烦恼

C. 可能因村子暴发了一场流行病,苦无对策在烦恼

D. 可能是为了女人,争风吃醋在吵架

E. 可能为了外族入侵抢地盘的事在烦恼

分析:

A. 可能因伙食没着落的问题在烦恼

你可以是一个很称职的专业人士。例如你可以当个医生、律师或是工程师等。地位崇高,不仅收入多,也受人尊敬。只不过在成为这类人士之前,你必须付出相当的努力以及代价,努力去争取,这样你最后才能水到渠成、坐享其成。

B. 可能因天气太热,食物容易腐烂在烦恼

你可以从事专业的业务员或类似的工作。例如一般熟知的业务人员,或是卖场的销售人员,甚至是演艺圈的经纪人之类的,都很适合你。你天生拥有善于察言观色以及口若悬河的本领。当然,要想成功扮演这类角色,你的经验值将是你的决胜关键。

C. 可能因村子暴发了一场流行病,苦无对策在烦恼

你适合从事管理工作。领导力极佳的你天生最适合担任主管、总经理甚至是老板的工作。只是除非你是含着金钥匙出生的,否则这类的机会对你是可遇而不可求的。你也很容易在还没爬到这个位置之前就放弃了。成功绝非偶然,脚踏实地才是致富之道。

D. 可能是为了女人,争风吃醋在吵架

你适合从事创意类的工作,也习惯以一技之长来闯天下。只是你虽身怀绝技,却总是无法推销自己因自己未找到出路而使生活产生困难。困难就是困在家里万事难,出路就是出去走走就有路。广结善缘,累积人脉,借力使力你才能成功。

E. 可能为了外族入侵抢地盘的事在烦恼

你希望生活平静,能够有个稳定的工作环境,除了上班,剩下的就是你的时间了。所以,一般朝九晚五类的工作最适合你。这样的工作很多,你可以依照兴趣去选择你想要的。只是,也要让自己能时时学习,才不会因为突发状况而面临失业。

第三章 自我认知与职业探索

《孙子兵法》说:"知己知彼,百战不殆。"只有真正认识自己,才能在职业道路上一帆风顺,大学生在做职业生涯规划时首先应进行自我探索,分析自己的兴趣、气质、性格、能力、价值观等。

第一节 认识自我与自我评价

自我认识是自我意识的认知成分。它是自我意识的首要成分,也是自我调节控制的心理基础,它又包括自我感觉、自我概念、自我观察、自我分析和自我评价。自我分析是在自我观察的基础上对自身状况的反思。自我评价是对自己能力、品德、行为等方面社会价值的评估,它最能代表一个人自我认识的水平。

一、正确认识自我的重要性

你认识自己吗?当你听到这个问题的时候,是不是感到很惊讶呢?谁能不认识自己呢?那么就请先听个小故事吧。

小毛驴和小猴共同生活在一个主人家。一天,小猴玩得起兴,就爬到了主人家的房顶,上蹦下跳的,主人一个劲地夸小猴灵巧。为了得到主人的夸奖,小毛驴也爬上了房顶,费了好大劲,却把主人的瓦给踩坏了。主人见状,便大声赶它下来,还打了它一顿。小毛驴感到很委屈:为什么小猴能上房,而且能得到夸奖,而我却不能呢?你认为小毛驴的问题出在哪里呢?其实这就是它没有认识自己的缘故。这下你该知道认识自己是怎么回事了吧?那就是不光要认识自己的外表,还要认识自己的心理,自己的能力、个性、兴趣等。这才是真正能让你自己有所成长的前提,一个人连自己的能力、自己的水平都不知道,还怎么制定目标,奋发向上呢?我们每个人的潜能都是无穷无尽的,然而能发挥多少,全看我们如何认识自我,战胜自我。

自我认识是自我意识的认知成分。它是自我意识的首要成分,也是自我调节控制的心理基础。自我认识表现为主体的我对客体的我的认识,也就是人能将自己的情况,包括外观、生理情况及自己的感知、思考、体验、意图、行为等心理活动、心理过程、心理内容及特点报告给自己。以铜为镜,可以正衣冠;以史为镜,可以知兴替;以人为镜,可以明是非。大多数人都缺乏自省的能力,常会被自己蒙蔽。一个人成功的最大特点就在于他能认识自己，知错能改，善于利用自己的优点，及时改正自己的不足之处。

二、认识自我的方法

1. 自己不能跪下

你感到别人高不可攀的时候，其实是因为你自己跪着。如果你有不屈服的精神，许多事别人能做到，自己也可以。关键不在于跟别人争和比，只要能正确地认识自己便会坦然。要在心理上悦纳自己，自觉地控制好自己。

2. 打破认识的局限性

平时我们对于自身的认识和判断，往往只是依赖于身边一些人的看法和评价，范围实在太小，这样局限性很大，无助于自己适应更大的生活范围。比如在小的时候，有同学和老师的赞誉，是学校里的红人。可是到了群芳荟萃的大学，未必还是那么引人注目。这个时候如果找不到自己的位置，便会陷入困境。所以不要给自己过高的、不切实际的目标，那样心高气傲就很容易转入自卑，甚至气馁。

3. 获取真实的评价

注意学会从周围的世界中，获取关于自我的真实反馈和信息，避免自己主观上的误差。很多人并不会直接地表达出对你的真实评价，往往都是口是心非的。如果简单地相信别人的话，那么将越来越脱离真实的自我。在日常生活中，有的人故意诱发和猎取自己期望中的评价，却并不思索其评价的真实性。所以不必有意那么做，让别人对自己发出过高的评价，更要重视别人对自己的批评和改进建议，置之不理是不可取的。

4. 设定恰当的目标

如果自己的目标太低，不用费劲就可以达到，那么是毫无意义的。如果目标太高，超过自己的能力，或是实际条件不具备，即使付出巨大的努力，也无法达到，这样的行动只会招致失败，给自己带来打击和创伤。现实中有的人就是因为脱离实际，目标过高，有不切实际的期望，从而造成精神上的折磨和痛苦。

5. 多了解周围环境

为了适应世界、适应生活，必须十分清楚地了解自己以及周围的环境。如果对于自我和他人，都不甚了解，就容易焦虑和不安，甚至会感到紧张，不知如何表现自己。当自己处于一个新的环境时，要了解自己的能力，知道自己在群体中的地位，自己能发挥什么作用。

6. 学会欣赏别人

在别人身上多找些优点，将它们都写下来，并传达给对方。对于别人的肯定性评价，可以增强自己的信心。同时，也能从别人那里学到自己没有的优点，从而增进彼此之间的情谊。并通过自我控制，对于自身做出某些调整和改进，使自己不断地进步。

三、认识自我的最终意义

人是什么？苏格拉底早在两千多年前就说过："人是一个对理性问题能给予理性回答的存在物"。既然人相信理性可以解决自然的问题，那么，人也应该相信自己能够解决认识自身的问题。人必须在清醒地认识自身的基础上应用理性去解决自然问题，否则，人将迷失自我。人类对自我的认识是哲学的使命和责无旁贷的任务，人类只有清楚地认识自我才能为自身的发展保驾护航，认识自我是人类延续存在的必然选择。

我们都知道认识别人容易，认识自我困难。身体的自我认识容易，精神的自我认识困难。这就是自我概念，就是我是谁？这大到可以说是一个哲学问题。知人者智、自知者明、胜人者力、自胜者强。自我认识是一切自我发展的基础，认识自我的过程是漫长的探索过程，需要自我判断和自我评价。评价应该全面、准确、客观、恰如其分。但是许多人的认识自我有偏差，不是过高，就是过低。失败的原因归他人，成功的原因归自己。

一个人只有较好地认识自我，才能获得成功。认识自己的一切，包括健康、能力、心理、智力、性格等。人生合适的目标建立在准确地自我认识基础上。认识自我不仅是一个人的认识，也包括团队的自我认识，民族的自我认识等，只有认知全面才能寻找到自己真正的归属。

从逻辑角度来说，人类总是在认识自我和洞察自我之后，才可能去认识和改造外部世界。只有对自我有一个明确的认识、判断，我们才能真正开始独立于外部世界而发挥作用，从而开始真正的人生。另外，人类也正是在自我认识中，发现自我的潜能，从而实现自我，超越自我。

第二节　职业兴趣与职业倾向探索

兴趣是最好的老师，它可以使人集中精力做事情。如果可以从事自己感兴趣的职业，人们就能够全身心地投入工作、探索工作，在自己的工作岗位取得更大的业绩，因此，了解自己的职业兴趣非常重要。

如果把兴趣变成职业会怎么样？

一、兴趣和职业兴趣

1. 兴趣的基本概念

兴趣建立在需要的基础上,是在社会实践的过程中形成和发展起来的,它反映人的需要,成为人对事物认识和对知识获取的心理倾向。一个人只有对某种客观事物产生了需要,才有可能对这种事物发生兴趣。例如,一个人感到了学习知识的必要,才有了学习知识的要求,然后产生对学习知识的兴趣。皮亚杰指出:"兴趣,实际上就是需要的延伸,它表现出对象与需要之间的关系,我们之所以对于一个对象发生兴趣,是由于它能满足我们的需要。"但需要不一定都表现为兴趣。例如,人有睡眠需要,但并不代表对睡眠有兴趣。

在日常生活中,常把兴趣和爱好作为同义词使用,实际上二者既有联系又有区别。爱好是在兴趣的基础上发展起来的,爱好的事物必定是感兴趣的事物。兴趣只是认识的倾向,当它进一步发展为从事某种活动的倾向时,才成为爱好。爱好是活动中的倾向,是和活动紧密相连的。一个人对小说感兴趣,仅仅表现在阅读方面,当他积极从事写作活动时,就转化为了爱好。

人的需要是各种各样的,人的兴趣也是各种各样的,特别是人对精神和文化的需要是产生兴趣的重要基础。兴趣是人们认识和从事活动的强大动力。凡是符合人的需要和兴趣的活动,就容易提高人活动的积极性,使人轻松愉快地从事某种活动。兴趣对活动的作用一般有三种情况,即对未来活动的准备作用、对正在进行的活动的推动作用、对活动的创造性态度的促进作用。

(1)兴趣的种类。人的兴趣是各种各样的,可以按不同的标准加以分类。

①物质兴趣和精神兴趣。根据兴趣的内容,可以把兴趣分为物质兴趣和精神兴趣。物质兴趣主要指人们对舒适的物质生活(如衣、食、住、行等)的兴趣和追求;精神兴趣主要指人们对精神生活(如学习、研究、文学艺术、知识等)的兴趣和追求。儿童更多的是对物质的兴趣,青年以后,精神兴趣得到发展,开始对文学、艺术感兴趣。中小学生的人生观和世界观尚未完全形成,无论物质兴趣还是精神兴趣都需要师长积极引导,以防止在物质兴趣方面的畸形发展、在精神兴趣方面的消极发展和追求。

②直接兴趣和间接兴趣。根据兴趣的倾向性,可以把兴趣分为直接兴趣和间接兴趣。直接兴趣是指对活动过程的兴趣。例如,幼儿园的孩子对游戏有极大的兴趣,他们喜欢游戏过程带给他们的快乐,而很少去注意游戏的结果。间接兴趣主要指对活动过程所产生的结果的兴趣。有的中学生喜爱英语口语,当发现自己能和外国朋友自如地对答时,他会对自己取得的成绩表现出极大的兴趣。直接兴趣和间接兴趣是相互联系、相互促进的。只有把直接兴趣和间接兴趣有机地结合起来,才能充分发挥一个人的积极性和创造性,才能持之以恒、目标明确,直至取得成功。

③短暂兴趣和稳定兴趣。根据兴趣时间的长短,可以把兴趣分为短暂兴趣和稳定兴趣。短暂兴趣存在的时间短,往往产生于某种活动,又随着某种活动的结束而消失。稳定兴趣具有稳定性,它不会因活动的结束而消失。只有短暂兴趣而没有稳定兴趣,最终将一事无成;只有稳定的对某种事物的兴趣,而没有对其他事物的短暂兴趣,人生也会过于单调。因此,人既要有短暂兴趣,又要有稳定兴趣。

(2)兴趣的特点。

①广博性。兴趣的广博性又被称为"兴趣的广度",是指兴趣的范围大小或丰富程度。

在兴趣的范围上,存在着个体差异。有的人兴趣范围较广,对许多事物和活动都感兴趣;有的人则兴趣单调狭窄,对什么都不感兴趣、漠不关心。兴趣的广度和个人知识的丰富程度有关,个人的兴趣越广泛,知识越丰富,就越容易取得成功。历史上许多卓越的人物都有广泛的兴趣和渊博的知识。例如,爱因斯坦是最伟大的物理学家,但又非常喜欢音乐,小提琴拉得很好,钢琴也弹得很出色,甚至能撰写文学评论。兴趣的广博和兴趣的分散不同。兴趣的广博是指一个人兴趣丰富,但有中心兴趣。兴趣的分散是指一个人兴趣易变、肤浅,而且没有中心兴趣,好像样样懂,但样样都不精,忙忙碌碌,无所创造。因此,在中心兴趣基础上的兴趣的广博,才是兴趣珍贵的品质。社会要发展,需要具有广博兴趣的复合型高素质人才,但并不是要求所有人都要广泛学习。很多"望子成龙""望女成凤"的父母给孩子报了很多培训班,但由于没有结合孩子的特点,反而使孩子疲于应付,丧失了对一切培训班的兴趣。在培养兴趣广博性的基础上,要有所侧重,发展学生的中心兴趣。

②倾向性。兴趣的倾向性是指兴趣所指向的是什么事物。人与人之间在兴趣的倾向性上有很大差异。有人喜欢音乐,有人喜欢舞蹈,有人喜欢美术等。兴趣又有高尚和低级之分。高尚的兴趣是对有益于人类社会的事物发生兴趣;低级的兴趣是对有害于人类社会的事物发生兴趣。

③稳定性。兴趣的稳定性是指兴趣保持时间的长短。有的人兴趣保持的时间长,而有的人兴趣保持的时间短,变化无常。稳定的兴趣能使人长时间地专注于某项活动,一步一步地深入探索,有极大的热情和意志力,遇到困难能百折不挠,这样的人很容易在某领域取得成功。有的人很少专注于一项活动,兴趣多样而不稳定,朝秦暮楚,见异思迁,这样的人往往最终难有成就。

④效能性。兴趣的效能性是指兴趣对活动产生的作用的大小。兴趣对人的活动产生的作用有积极和消极两种,凡是能推动社会进步和个人身心发展的,就是具有积极效能的兴趣;凡是阻碍社会进步和个人身心发展的,就是具有消极效能的兴趣。同样,人们兴趣的效能性是有很大的个体差异的。有些人的兴趣是主动的、积极的;有些人的兴趣是消极的、被动的。例如,有的学生对上网很有兴趣,但主要用于玩游戏或聊天,影响了正常的学习和生活,这样的兴趣就是消极效能的兴趣。

2. 职业兴趣

职业兴趣是指人们对某种职业活动具有的比较稳定而持久的心理倾向。它是一个人探究某种职业或从事某种职业活动所表现出来的特殊个性倾向，它使个人对某种职业给予优先的注意，并具有向往的情感。由于兴趣爱好不同，人的职业兴趣也有很大的差异。有人喜欢具体工作，例如，室内装饰、园林、美容、机械维修等；有人喜欢抽象和创造性的工作，例如，经济分析、新产品开发、社会调查和科学研究等。职业兴趣对职业选择和职业发展都有一定的影响。

（1）职业兴趣的影响因素。职业兴趣是以一定的素质为前提，在职业生涯实践过程中逐渐发生和发展起来的。它的形成与个人的个性、自身能力、实践活动、客观环境和所处的历史条件有着密切的关系，因此，职业规划对兴趣的探讨不能孤立进行，应当结合个人的、家庭的、社会的因素来考虑。了解这些因素，有利于深入认识自己，进行职业规划。

①个人需要和个性。不管人的兴趣是什么，都是以需要为前提和基础的，人们需要什么就会对什么产生兴趣。由于人们的需要包括生理需要和社会需要或物质需要和精神需要，人的兴趣也同样表现在这两个方面。人的生理需要或物质需要一般来说是暂时的，容易满足。例如，人对某一种食物、衣服感兴趣，吃饱了、穿上了也就满足了；而人的社会需要或精神需要却是持久的、稳定的、不断增长的，例如人际交往、对文学和艺术的兴趣、对社会生活的参与则是长期的、终生的，并且不断追求的。兴趣是在需要的基础上产生的，也是在需要的基础上发展的。

有的人兴趣和爱好的品位比较高，有的人兴趣和爱好的品位比较低，兴趣和爱好品位的高低会受一个人的个性特征优劣的影响。例如，一个人个性品质高雅，会对公益活动感兴趣，乐于助人，对高雅的音乐、美术有兴趣；反之，一个人个性低级，会对占小便宜感兴趣，对低级、庸俗的文艺作品有兴趣。

②个人认识和情感。兴趣不足是和个人的认识和情感密切联系着的。如果一个人对某项事物没有认识，就不会产生情感，不会对它发生兴趣。同样，如果一个人缺乏某种职业知识，或者根本不了解这种职业，那么他就不可能对这种职业感兴趣，在职业规划时想不到。相反，认识越深刻，情感越丰富，兴趣也就越深厚。

例如，有的人对集邮很入迷，认为集邮既有收藏价值，又有观赏价值，它既能丰富知识，又能陶冶情操，而且收藏得越多，越丰富，就越投入，越情感专注，越有兴趣，于是就会发展成为一种爱好，并有可能成为他的职业。

③家庭环境。家庭作为最基本的社会单元，对每个人的心理发展都产生重要的影响，因此个人职业心理发展具有很强的社会化特征，家庭环境的熏陶对其职业兴趣的形成具有十分明显的导向作用。大多数人从幼年起就在家庭的环境中感受其父母的职业活动，随着年龄的增长，逐步形成自己对职业价值的认识，使得人在选择职业时，

不可避免地带有家庭教育的印迹。家庭因素对职业取向的影响，主要体现在择业趋同性与协商性等方面。

一般情况下，个人对于家庭成员特别是长辈的职业比较熟悉，在职业规划和职业选择上会产生一定的趋同性，同时受家庭群体职业活动的影响，个人的生涯决策或多或少产生于家庭成员共同协商的基础上。兴趣有时也受遗传的影响，父母的兴趣也会对孩子有直接的影响。

④受教育程度。个人自身接受教育的程度是影响其职业兴趣的重要因素。任何一种社会职业从客观上对从业人员都有知识与技能等方面的要求，而个人的知识与技能水平在很大程度上取决于其受教育的程度。一般意义上，个人学历层次越高，接受职业培训范围越广，其职业取向领域就越宽。

⑤社会因素。一方面，社会舆论对个人职业兴趣的影响主要体现在政府政策导向、传统文化、社会时尚等方面。政府就业政策的宣传是主导的影响因素，传统的就业观念和就业模式也往往制约个人的职业选择，而社会时尚职业则始终是个人特别是青年人追求的目标。如当前计算机技术和旅游事业都得到较大发展，对这两个职业有兴趣的人也不断增加。

另一方面，兴趣和爱好是受社会性制约的，不同的环境、不同的职业、不同的文化层次的人，兴趣和爱好都不一样。

⑥职业需求。职业需求是一定时期内用人单位可提供的不同职业岗位对从业人员的总需求量，它是影响个人职业兴趣的客观因素。职业需求越多、类别越广，个人选择职业的余地就越大。职业需求对个人的职业兴趣具有一定的导向性，在一定条件下，它可强化个人的职业选择，或抑制个人不切实际的职业取向，也可引导个人产生新的职业取向。

最后，年龄的变化和时代的变化也会对人的兴趣产生直接影响。就年龄来说，少儿时期往往对图画、歌舞感兴趣，青年时期对文学、艺术感兴趣，成年时期往往对某种职业、某种工作感兴趣。它反映了一个人兴趣的中心随着年龄的增长、知识的积累在转移。就时代来讲，不同的时代，不同的物质和文化条件，也会对人兴趣的变化产生很大的影响。

以上因素对每个人的影响都不同，需要在职业规划中予以考虑。

(2)职业兴趣的分类。见表3-1。

表3-1　职业兴趣的分类

类　　型	特点描述
农业兴趣	喜欢播种、耕地、观察庄稼生长、收割谷物，喜欢饲养牲畜和家禽
艺术兴趣	喜欢用颜料、黏土、织物、家具、服装等来表达美和色彩的协调

续表

类　型	特点描述
运动兴趣	喜欢体育活动，如跑步、跳跃和团队运动，通过运动保持身材，喜欢看体育节目等
商业/经济兴趣	喜欢参加买卖、销售、贸易产品和服务等商业活动，喜欢拥有企业或在企业里从事管理或工作，喜欢参与财政事务，关注经济结果
档案/办公室工作兴趣	喜欢从事商业记录、整理资料、打字、撰写报告，以及为计算程序准备数据等注重细节、准确和整洁性的工作
沟通兴趣	喜欢通过写作、演讲或抽象的形式来表达自己的思想和学识的活动，喜欢向别人讲述故事或提供信息
电子兴趣	喜欢电子方面的工作，如电报、拆收音机或电视机、组装或修理计算机等
工程兴趣	喜欢进行工程、机械、建筑、桥梁和化工厂等方面的设计
家务兴趣	喜欢家务活动，如打扫屋子、看管孩子、做饭、缝补衣服和管理家务等
文学兴趣	喜欢阅读小说、诗词、文章、论文等，喜欢读书、看杂志并讨论其中的观点
管理兴趣	喜欢为自己和别人制订计划、组织事务和监督他人
机械兴趣	喜欢用机械和工具进行工作、修理物品、在学校选修实践研讨课
医学/保健兴趣	喜欢能帮助人和动物的活动，喜欢诊治疾病和保健工作
音乐兴趣	喜欢摆弄乐器，喜欢参加音乐活动，如音乐会、唱歌、教音乐等
数学兴趣	喜欢与数字打交道，喜欢数学、代数、几何、微积分和统计等课程
团队兴趣	愿意作为团体或小组的一分子，并会为了自己所在的公司、机构、部门的进展而牺牲个人的一些爱好
户外/自然兴趣	大多数时间都喜欢待在户外，喜欢露营和户外活动，喜欢饲养动物和培育植物
表演兴趣	喜欢在人前活动、在聚会中给人娱乐、在戏剧中扮演角色或表演话剧等
政治兴趣	喜欢参加政治活动或选举，希望拥有权力、进行决策、制定政策来影响自我和他人
科学兴趣	喜欢对自然界进行研究和调查，喜欢学习生物、化学、地理、宇航和物理等课程，喜欢用理性、科学的方法寻求真理
手工操作兴趣	喜欢安装或操作机器、装备和工具，喜欢使用木制品或铁器，喜欢驾驶小轿车、大卡车和重型设备，愿意当木匠、机械维修工、管道工、汽车修理工、焊工、工具或金属模型加工师
社交兴趣	喜欢与人打交道，关心他人的福利，愿意为大众解决问题、教人技术、为人们提供服务（如环保、保健和交通等方面的服务）
技术兴趣	喜欢集管理和责任于一身的服务于人的工作（如当工程师），喜欢承接汽车、电子、工业和产品工业等技术性的项目

二、兴趣与职业匹配理论

广义地说，兴趣是一种人格特征。舒伯（D. Super）曾一再主张职业的选择是自我观念的延伸及完成。现在越来越多的研究指出，不同职业团体具有其特有的性格特征。例如，人们已经发现，具有科学兴趣的被试者，性格明显内倾；而与推销兴趣有关的则是攻击性。有人还证明，被试者在斯特朗—坎贝尔兴趣问卷（SGII）上的分数与人格问卷的分数（如爱德华个性偏好量表）之间有显著的相关。很多心理学家认为职业选择反映出个体基本的情绪需求，职业的调整一般是生活步调调整的主要成分。因此对职业兴趣的测量——或更精确地说，找出与个体的态度及兴趣最贴近的职业团体——就成了了解不同人格的一个焦点。

MBTI：有趣的性格测试

霍兰德就是持这种观点的人之一。他把职业爱好作为一种生活方式的选择——一种反映出个体自我观念和主要性格特征的选择。另外心理学家罗伊（A. Roe）也是持这种观点的人。本章重点介绍霍兰德的人格与职业类型说。

美国学者霍兰德（John L. Holland）是著名的职业指导专家，他的类型论源自人格心理学的概念，进一步完善了人格与职业匹配理论，把人格和职业进行了不同的类型分类，并且提出了具体的测量方法，有很强的科学性和预测力。霍兰德认为：

（1）职业选择是个人人格的延伸，个人的行为是人格与环境交互作用的结果，职业选择也是人格的表现。

（2）个人的兴趣组型即人格组型。人的兴趣也可以是多种兴趣的组合，比如一个人喜欢研究，但研究的是社会问题，它可能就是一个社会科学研究人员，社会科学研究人员就是研究型和社会型的组合。

（3）人格形态与行为形态影响人的择业及其对生活的适应，同一职业团体内的人有相似的人格，因此他们对很多情境与问题会有相类似的反应方式，从而产生类似的人际环境。

（4）人可区分为六种人格类型（即兴趣组型）：现实型（Realistic Type，简称 R）、研究型（Investigative Type，简称 I）、艺术型（Artistic Type，简称 A）、社会型（Social Type，简称 S）、企业型（Enterprising Type，简称 E）和传统型（Conventional Type，简称 C）。每个人的人格属于其中的一种。这六种类型按照一个固定的顺序可排成一个六角形（RIASEC），如图 3-1 所示。

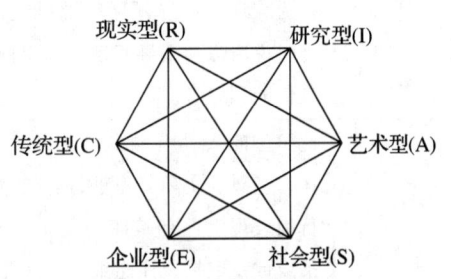

图 3-1 六种人格类型

（5）人所处的环境也可相应分为六种类型，即现实型、研究型、艺术型、社会型、企业型和传统型。六种人格类型和六种与之相对应的工作环境模式，见表 3-2。

表 3-2　人格(兴趣)组型与职业对应表

类型	人格特点与兴趣倾向	典型职业
R 现实型	此类型的人具有顺从、坦率、谦虚、自然、实际、有礼、害羞、稳健、节俭、物质主义的特征。 行为表现上：爱劳动，有机械操作的能力。喜欢做和物体、机械、工作、动物、植物有关的工作，是勤奋的技术家	人际要求不高的技术性工作，如：劳工、机械员、工程师、电工、飞机机械师
I 研究型	此类型的人具有分析、谨慎、批评、好奇、独立、聪明、内向、条理、谦逊、精确、理性、保守的特征。 行为表现上：有数理能力和科学研究精神。喜欢观察、学习、思考、分析和解决问题，是重视客观的科学家	要求具备思考和创造，社交要求不高，如：科研工作者，从事生物、医学、化学、物理、地质、天文、人类等研究的科学家、工程师
A 艺术型	此类型的人具有复杂、想象、冲动、独立、直觉、无秩序、情绪化、理想化、不顺从、有创意、富有表情、不重实际的特征。 行为表现上：有艺术、直觉、创作的能力。喜欢用想象力和创造力，从事美感的创作，是表现美的艺术家	艺术性的，直觉独创性的，从事艺术创作的，如：作家、音乐家、画家、设计师、演员、舞蹈家、诗人
S 社会型	此类型的人具有合作、友善、慷慨、助人、仁慈、负责、圆滑、善社交、善解人意、说服他人、理想主义、富有洞察力的特征。 行为表现上：有教导、宽容，以及与人温暖相处的能力。喜欢与人接触，以教学或协助的方式，增加他人的知识、自尊心、幸福感，是温暖的助人者	与人打交道的，具备高水平沟通技能，热情助人的，如：教师、心理师、辅导人员、教育工作者
E 企业型	此类型的人具有冒险、野心、独断、冲动、乐观、自信、追求享受、精力充沛、善于社交、获取注意、知名度高等特征。 行为表现上：有领导和说服他人的能力。喜欢以影响力、说服力和人群互动，追求政治或经济上的成就，是自信的领导者。	管理、督导、具有领导力的，善于言行，有说服力的，如：企业经理、政治家、法学家、推销员
C 传统型	此类型的人具有顺从、谨慎、保守、自抑、顺从、规律、坚毅、实际、稳重、有效率、缺乏想象力等特征。 行为表现上：有敏捷的文书和计算能力。喜欢处理文书或数字数据。注意细节、按指示完成琐碎的事。是谨慎的事务家。	注重细节讲究精确的，办公、事务性的，如：银行人员、财税专家、文书处理、秘书、数据处理人员

(6)霍兰德认为：环境造就了人格，反过来人格又影响着个体对职业环境的选择与适应；人们总是寻找能够施展其能力与技能、表现其态度与价值观的职业；职业满意

感、稳定性和职业成就取决于个体人格类型和职业环境的匹配与融合;职业行为是人格与环境相互作用的结果。

霍兰德用六角形模型来表示六种人格和职业类型的相互关系(如图3-1),边和对角线的长度反映了六种人格类型之间心理上的一致性程度,同时也代表着六种职业类型的相似与相容程度。

在六角形模型中任何两种职业类型之间的距离越近,其职业环境及人格特质的相似程度就越高,例如企业型和社会型距离最近,它们的相似度也最高,比如社会型和企业型的人都较其他类型的人更喜欢与人打交道。而企业型和研究型则具有最低程度的相似性。

六角形模型也表明了六种人格特质类型之间的一致性,一种人格(兴趣)与其相邻的类型组成了一个最一致的模型如"RIC"。而人格特质类型相反的模型如"企业型与研究型""传统型与艺术型"等,距离最远,其一致性最低。传统型的人多墨守成规,而艺术型的人则富有创新精神;传统型的人擅长自控,而艺术型的人则擅长表达等。

人与所选职业的适应与匹配也可从该模型中得以体现。六角形模型可以帮助我们对人格(兴趣)组型与职业环境类型之间的适配性进行评估,例如一个社会型人格特质占主导地位的人在一个社会型的职业环境中工作会感到更舒畅,但如果让他在一个现实型的工作环境中工作,他可能会感到不舒服、不满意。

大多数人都属于六种职业类型中的一种或两种以上类型的不同组合,某种人格(兴趣)类型或类型组合的个体在与之相对应的职业类型或类型组合中最能满足其职业需求,表现职业兴趣,发挥职业能力。

一种职业有它的主要兴趣类型,一个人会同时有几种职业兴趣,关键是要弄清自己哪些职业兴趣是强项,从社会需要和自己的能力优势方面选择和确定一种主要的职业兴趣。同学们在选择学业或人生职业规划时,应把自己的职业兴趣与个人的职业能力、人格特征结合起来。

活动项目:霍兰德职业兴趣六岛游戏
活动目标
(1)通过霍兰德六岛游戏,发现自己的职业兴趣类型。 (2)掌握自身霍兰德兴趣类型的特征。
活动要求
(1)活动场地:室内。 (2)参加者:班级同学。 (3)活动时间:约为10分钟。

活动内容设定

今年暑假你获得了一次免费度假的机会，可以去下列 6 个岛屿中的一个。唯一的要求是你必须在这个岛上待至少 3 个月的时间。请不要考虑其他因素，仅凭自己的兴趣挑出你最想前往的岛屿。
    A 岛（Artistic）：美丽浪漫岛。岛上有着美术馆、音乐馆，弥漫着浓厚的艺术文化气息。同时，当地居民还保留了传统的舞蹈、音乐与绘画，许多文艺界的朋友都喜欢来这里找寻艺术灵感。
    I 岛（Investigative）：深思冥想岛。岛上人较少，建筑物多僻处一隅，绿野平畴，适合夜观星象。岛上有多处天文馆、科博馆，以及科学图书馆等。岛上居民喜好沉思、追求真知，喜欢和来自各地的哲学家、科学家、心理学家等交换心得。
    C 岛（Conventional）：现代岛。岛上建筑十分现代化，是进步的都市形态，以完善的户政管理、地政管理、金融管理见长。岛民个性冷静保守，处事有条不紊，善于组织规划。
    R 岛（Realistic）：自然原始岛。岛上保留有热带的原始植物林，自然生态保护得很好，有动物园、植物园、水族馆等。岛上居民以手工见长，自己种植花果蔬菜、修缮房屋、打造器物、制作工具。
    S 岛（Social）：温暖友善岛。岛上居民个性温和、十分友善、乐于助人，社区自成一个密切互动的服务网络，人们互助合作，重视教育，弦歌不辍，充满人文气息。
    E 岛（Enterprising）：富庶岛。岛上的居民热情豪爽，善于企业经营和贸易往来。岛上的经济高度发展，处处是高级饭店、俱乐部、高尔夫球场。来往者多是企业家、经理人、政治家、律师等。

写出你的选择

请写出你最想前往的岛屿＿＿＿＿＿＿＿；
    如果你所选的岛屿已经没有名额，你还会选择＿＿＿＿＿＿＿；
    如果你所选的这两个岛屿都已经没有名额，你还会选择＿＿＿＿＿＿＿。

三、职业兴趣的培养方法

虽然职业兴趣一旦形成，便具有一定的稳定性，但根据实际需要，还是可以通过多种途径，加上自己的努力去改变、发展和培养的，在培养职业兴趣时，可从以下几个方面努力：

1. 培养广泛的兴趣

具有广泛兴趣的人，不仅对自己职业领域的东西有浓厚的兴趣，而且对其他方面也有一定的兴趣。这种人眼界比较开阔，解决问题时也可以从多方面得到启发，在职业选择上有较大的余地。如一个电视节目主持人,利用闲暇时间搜集古玩和旧家具。当他失去主持人的工作后,他原来的"业余爱好"使他能靠鉴定古玩、修复旧物继续职业生活。兴趣范围狭窄、涉足面小的人,对新事物的适应性就要差些,在职业选择上所受的限制也多些。

2. 重视培养间接兴趣

直接兴趣是由于对事物本身感到需要而引起的兴趣,间接兴趣则不是对事物本身的兴趣,而是对于这种事物未来的结果感到需要而产生的兴趣。人在最初接触某种职业时,往往对职业本身缺乏强烈的兴趣,必须从间接兴趣着手培养直接兴趣。可以通过了解职业兴趣在社会活动中的意义、对人类活动的贡献等以引起兴趣,也可以通过了解某项职业的发展机会引起兴趣,还可以通过实践逐步提高间接兴趣。

3. 要有中心兴趣

人的兴趣应广泛,但不能浮泛,还要有一定的集中爱好。既广且有重点,才能学有所长,获得深邃的知识。如果只具广泛性而无中心职业兴趣,人往往会知识肤浅,没有确定的职业方向,心猿意马,这样难以有所成就。所以,还应有意培养自己在某一方面的职业兴趣,促进自己的发展和成才。

4. 积极参加职业实践

只有通过职业实践,才能对职业本身有深刻的认识和了解,才能激发自己的职业兴趣。职业实践活动内容十分丰富,包括生产实习、社会调查、参观访问以及组织兴趣小组等。每一个人都可以通过参加各种职业实践活动调节和培养兴趣,根据社会和自我需要,有意识地去培养和发展兴趣,为事业的成功创造条件。

5. 客观评价自己的能力来确定职业兴趣

对某项职业有浓厚的兴趣是成功的前提,但事业要取得成功也必须具备该职业所要求的能力。因此在培养职业兴趣的同时也要客观评价自己的能力,看自己是否适合某种职业,在此基础上形成的职业兴趣才是长久的。

6. 保持稳定的职业兴趣

应在某一面有持久稳定的兴趣,不能朝三暮四、见异思迁,这样才能投入更多的热情和精力,深入钻研相关内容,在事业上才能有所发展和成就。

7. 培养切实的职业兴趣

兴趣的培养不能为追求清高而不考虑外界为其展开和深入所提供的客观现实条件。否则,过分清高,只能是画地为牢,自缚手脚。

四、大学生职业兴趣培养

就大学生来说,除了以上的方法外,在就业前还需做到:

1. 就业前拓宽职业认识面

首先要客观地评估和寻找自己的兴趣所在,不要把社会、家人或朋友认可和看重的事当作自己的爱好;不要以为有趣的事就是自己的兴趣所在,而是要亲身体验它并用自己的头脑作出判断;不要以为有兴趣就意味着自己有这方面的天赋,不过,你可以尽量寻找天赋和兴趣的最佳结合点,例如,如果你对数学有天赋但又喜欢计算机专业,那么你完全可以做计算机理论方面的研究工作。

在就业前,认识的职业种类越多,对职业的性质了解得越细致,你的职业兴趣就会越广泛。职业兴趣越广泛,你的择业动机就越强,择业余地也会相对宽广。

最好的寻找兴趣点的方法是开阔自己的视野,接触众多的领域。唯有接触你才能尝试,唯有尝试你才能找到自己最喜欢的东西。大学正是这样一个可以让你接触并尝试众多领域的独一无二的场所。因此,在大学学习中要充分利用学校的资源,通过使用图书馆资源、旁听课程、搜索网络、听讲座、打工、参加社团活动、与朋友交流、使用电子邮件和电子论坛等不同方式接触更多的领域、更多的工作类型和更多的专家学者,找寻自己感兴趣的领域。

2. 珍惜你的专业

我们要学习在理想与现实之间找到平衡点。有的同学认为一旦学了自己不太喜欢的专业,眼前的路似乎就只剩下两条:换专业或者漆黑一片的前途。在大学中,换专业并不容易,但前途也并不是想象中那样渺茫。

在这种情况下,除了"选你所爱",大家也不妨试试"爱你所选"。首先,大家应该尽力试着把本专业读好,并在学习过程中逐渐培养自己对本专业的兴趣。其次,一个专业里可能有很多不同的领域,也许你对专业里的某一个领域会有兴趣。现在,有很多专业发展了交叉学科,两个专业的结合往往是新的增长点。多接触、多尝试,也许就会碰到自己真正感兴趣的方向。

其实一个专业的学习需要一个人的很多能力,一个专业所包含的课程也能够培养一个学生多方面的能力,这些能力对个人职业发展的方向都会有一定的帮助。另外,当我们学习自己不喜欢的专业时,还可以安排自己的业余时间,从事我们真正感兴趣的事情。我们可以尝试课外学习、选修或旁听相关课程;也可以去找一些打工或假期实习的机会,进一步理解相关行业的工作性质;或者,努力去考自己感兴趣专业的研究生,重新进行一次专业选择。其实,本科读什么专业并不能完全决定毕业后的工作方向,大学期间的学习过程培养的是你的学习能力,只要具备了这种能力,即使从事的是全新的工作,你也能在边做边学的过程中获取足够的知识和经验。

3. 培养社会责任心

当就业环境和自身素质决定你必须做自己不喜欢的工作时,你应该拿出必要的对社会负责的态度,培养自己的职业兴趣,即所谓"干一行,爱一行"。事实上,在就业时，多数人并不总是能够挑选到自己的理想职业。当你还不能选择到自己满意的职业时，就必须尽快调整职业期望值，适应就业环境，在不理想的职位上，培养职业兴趣，干出一番理想的事业来。"把没有意思的工作很有意思地去完成"，美国钢铁大王卡耐基这样告诫人们。

4. 先就业，后择业

多数人的择业实践表明，走上职位的方法多种多样，有被别人安排的，有自己找到的，有撞上的，有捡来的。除去自己找到的职业外，其他几种就业方法都是被动的。被动得到的职业，你也会对它产生兴趣，其方法是"先就业，后择业"。不少职业，你刚开始从事它的时候，可能毫无兴趣。但是随着你从业时间的延长和职业技能的提高，加之对职业生涯意义的全面了解，特别是当你能够在这些职位上取得一定成绩的时候，你的职业兴趣就会大大增加。只要你专心地、深入地去从事某种职业，你会发现它有一种使你倾心的魅力。

5. "量体裁衣"

陶行知先生曾讲过一段发人深省的话："我觉得大学生有一个大问题，即择业问题。我以为择业时要根据个人的才干和兴趣，做事要有快乐，所以我们要根据个人的兴趣择业。"但是我们要成功，就必须要有那样的才干。才干，一般是指你最突出的某些知识或技能。在通常情况下，才干与兴趣有着互相推动的效应，即兴趣产生才干，才干助长兴趣；同时才干也能产生兴趣，兴趣又会强化才干。但在你初次择业时，应以自己所具有的才干，即擅长的知识和技能去选择职业。因为根据自己的才干适应职业的状况择业，往往更趋向于职得其人、人适其职的最佳状态。在这种最佳状态下，你的工作才能愈做愈有兴趣，最后的结果可能使你成为某一职业生涯领域内的骨干。

活动项目：霍兰德兴趣职业选择
项目参考材料：霍兰德职业兴趣多代码职业对照表
首先根据你的职业兴趣，在下表中找出相对应的职业，例如你的职业兴趣代号是 A 科技术人员陶工等是适合你兴趣的职业。然后寻找与你的职业兴趣相近的职业，如你的职业兴趣代号是 RIA，那么，其他由这三个字母组合成的编号（如 IRA、IAR、ARI 等）对应的职业，也适合你的兴趣。

霍兰德职业兴趣多代码职业对照表	
职业兴趣代号	相应职业
RIA	牙科技术员、陶工、建筑设计员、模型工、细木工、制作链条人员
RIS	厨师、林务员、跳水员、潜水员、染色员、电器修理、眼镜制作、电工、纺织机器装配工、服务员、装玻璃工人、发电厂工人、焊接工

RIE	建筑和桥梁工程、环境工程、航空工程、公路工程、电力工程、信号工程、电话工程、一般机械工程、自动工程、矿业工程、海洋工程、交通工程技术人员、制图员、家政经济人员、计量员、农民、农场工人、农业机械操作、清洁工、无线电修理、汽车修理、手表修理、管工、线路装配工、工具仓库管理员
RIC	船上工作人员、接待员、杂志保管员、牙医助手、制帽工、磨坊工、石匠、机器制造、机车（火车头）制造、农业机器装配、汽车装配工、缝纫机装配工、钟表装配和检验、电动器具装配、鞋匠、锁匠、货物检验员、电梯机修工、托儿所所长、钢琴调音员、装配工、印刷工、建筑钢铁工作、卡车司机
RAI	手工雕刻、玻璃雕刻、制作模型人员、家具木工、制作皮革品、手工绣花、手工钩针纺织、排字工作、印刷工作、图画雕刻、装订工
RSE	消防员、交通巡警、警察、门卫、理发师、房间清洁工、屠夫、锻工、开凿工人、管道安装工、出租汽车驾驶员、货物搬运工、送报员、勘探员、娱乐场所的服务员、起卸机操作工、灭害虫者、电梯操作工、厨房助手
RSI	纺织工、编织工、农业学校教师、某些职业课程教师（诸如艺术、商业、技术、工艺课程）、雨衣上胶工
REC	抄水表员、保姆、实验室动物饲养员、动物管理员
REI	轮船船长、航海领航员、大副、试管实验员
RES	旅馆服务员、家畜饲养员、渔民、渔网修补工、水手长、收割机操作工、搬运行李工人、公园服务员、救生员、登山导游、火车工程技术员、建筑工作、铺轨工人
RCI	测量员、勘测员、仪表操作者、农业工程技术、化学工程技师、民用工程技师、石油工程技师、资料室管理员、探矿工、煅烧工、烧窑工、矿工、保养工、磨床工、取样工、样品检验员、纺纱工、炮手、漂洗工、电焊工、锯木工、刨床工、制帽工、手工缝纫工、油漆工、染色工、按摩工、木匠、农民建筑工作、电影放映员、勘测员助手
RCS	公共汽车驾驶员、一等水手、游泳池服务员、裁缝、建筑工作、石匠、烟囱修建工、混凝土工、电话修理工、爆炸手、邮递员、矿工、裱糊工人、纺纱工
RCE	打井工、吊车驾驶员、农场工人、邮件分类员、铲车司机、拖拉机司机

IAS	普通经济学家、农场经济学家、财政经济学家、国际贸易经济学家、实验心理学家、工程心理学家、心理学家、哲学家、内科医生、数学家
IAR	人类学家、天文学家、化学家、物理学家、医学病理、动物标本剥制者、化石修复者、艺术品管理者
ISE	营养学家、饮食顾问、火灾检查员、邮政服务检查员
ISC	侦察员、电视播音室修理员、电视修理服务员、验尸室人员、编目录者、医学实验定技师、调查研究者
ISR	水生生物学者、昆虫学者、微生物学家、配镜师、矫正视力者、细菌学家、牙科医生、骨科医生
ISA	实验心理学家、普通心理学家、发展心理学家、教育心理学家、社会心理学家、临床心理学家、目标学家、皮肤病学家、精神病学家、妇产科医师、眼科医生、五官科医生、医学实验室技术专家、民航医务人员、护士
IES	细菌学家、生理学家、化学专家、地质专家、地理物理学专家、纺织技术专家、医院药剂师、工业药剂师、药房营业员
IEC	档案保管员、保险统计员
ICR	质量检验技术员、地质学技师、工程师、法官、图书馆技术辅导员、计算机操作员、医院听诊员、家禽检查员
IRA	地理学家、地质学家、声学物理学家、矿物学家、古生物学家、石油学家、地震学家、声学物理学家、原子和分子物理学家、电学和磁学物理学家、气象学家、设计审核员、人口统计学家、数学统计学家、外科医生、城市规划家、气象员
IRS	流体物理学家、物理海洋学家、等离子体物理学家、农业科学家、动物学家、食品科学家、园艺学家、植物学家、细菌学家、解剖学家、动物病理学家、作物病理学家、药物学家、生物化学家、生物物理学家、细胞生物学家、临床化学家、遗传学家、分子生物学家、质量控制工程师、地理学家、兽医、放射性治疗技师
IRE	化验员、化学工程师、纺织工程师、食品技师、渔业技术专家、材料和测试工程师、电气工程师、土木工程师、航空工程师、行政官员、冶金专家、原子核工程师、陶瓷工程师、地质工程师、电力工程量、口腔科医生、牙科医生

IRC	飞机领航员、飞行员、物理实验室技师、文献检查员、农业技术专家、动植物技术专家、生物技师、油管检查员、工商业规划者、矿藏安全检查员、纺织品检验员、照相机修理者、工程技术员、编计算程序者、工具设计者、仪器维修工
CRI	簿记员、会计、记时员、铸造机操作工、打字员、按键操作工、复印机操作工
CRS	仓库保管员、档案管理员、缝纫工、讲述员、收款人
CRE	标价员、实验室工作者、广告管理员、自动打字机操作员、电动机装配工、缝纫机操作工
CIS	记账员、顾客服务员、报刊发行员、土地测量员、保险公司职员、会计师、估价员、邮政检查员、外贸检查员
CIE	打字员、统计员、支票记录员、订货员、校对员、办公室工作人员
CIR	校对员、工程职员、海底电报员、检修计划员、发报员
CSE	接待员、通讯员、电话接线员、卖票员、旅馆服务员、私人职员、商学教师、旅游办事员
CSR	运货代理商、铁路职员、交通检查员、办公室通信员、簿记员、出纳员、银行财务职员
CSA	秘书、图书管理员、办公室办事员
CER	邮递员、数据处理员、办公室办事员
CEI	推销员、经济分析家
CES	银行会计、记账员、法人秘书、速记员、法院报告人
ECI	银行行长、审计员、信用管理员、地产管理员、商业管理员
ECS	信用办事员、保险人员、各类进货员、海关服务经理、售货员、购买员、会计
ERI	建筑物管理员、工业工程师、农场管理员、护士长、农业经营管理人员
ERS	仓库管理员、房屋管理员、货栈监督管理员
ERC	邮政局长、渔船船长、机械操作领班、木工领班、瓦工领班、驾驶员领班
EIR	科学、技术和有关周期出版物的管理员

EIC	专利代理人、鉴定人、运输服务检查员、安全检查员、废品收购人员
EIS	警官、侦察员、交通检验员、安全咨询员、合同管理者、商人
EAS	法官、律师、公证人
EAR	展览室管理员、舞台管理员、播音员、驯兽员
ESC	理发师、裁判员、政府行政管理员、财政管理员、工程管理员、职业病防治、售货员、商业经理、办公室主任、人事负责人、调度员
ESR	家具售货员、书店售货员、公共汽车的驾驶员、日用品售货员、护士长、自然科学和工程的行政领导
ESI	博物馆管理员、图书馆管理员、古迹管理员、饮食业经理、地区安全服务管理员、技术服务咨询者、超级市场管理员、零售商品店店员、批发商、出租汽车服务站调度
ESA	博物馆馆长、报刊管理员、音乐器材售货员、广告商售画营业员、导游、(轮船或班机上的)事务长、飞机上的服务员、船员、法官、律师
ASE	戏剧导演、舞蹈教师、广告撰稿人，报刊、专栏作者，记者、演员、英语翻译
ASI	音乐教师、乐器教师、美术教师、管弦乐指挥、合唱队指挥、歌星、演奏家、哲学家、作家、广告经理、时装模特
AER	新闻摄影师、电视摄影师、艺术指导、录音指导、丑角演员、魔术师、木偶戏演员、骑士、跳水员
AEI	音乐指挥、舞台指导、电影导演
AES	流行歌手、舞蹈演员、电影导演、广播节目主持人、舞蹈教师、口技表演者、喜剧演员、模特
AIS	画家、剧作家、编辑、评论家、时装艺术大师、新闻摄影师、男演员、文学作者
AIE	花匠、皮衣设计师、工业产品设计师、剪影艺术家、复制雕刻品大师
AIR	建筑师、画家、摄影师、绘图员、环境美化工、雕刻家、包装设计师、陶器设计师、绣花工、漫画工
SEC	社会活动家、退伍军人服务官员、工商会事务代表、教育咨询者、宿舍管理员、旅馆经理、饮食服务管理员
SER	体育教练、游泳指导

SEI	大学校长、学院院长、医院行政管理员、历史学家、家政经济学家、职业学校教师、资料员	
SEA	娱乐活动管理员、国外服务办事员、社会服务助理、一般咨询者、宗教教育工作者	
SCE	部长助理、福利机构职员、生产协调人、环境卫生管理人员、戏院经理、餐馆经理、售票员	
SRI	外科医师助手、医院服务员	
SRE	体育教师、职业病治疗者、体育教练、专业运动员、房管员、儿童家庭教师、警察、引座员、传达员、保姆	
SRC	护理员、护理助理、医院勤杂工、理发师、学校儿童服务人员	
SIA	社会学家、心理咨询者、学校心理学家、政治科学家、大学或学院的系主任、大学或学院的教育学教师、大学农业教师、大学工程和建筑课程的教师、大学法律教师，大学数学、医学、物理、社会科学和生命科学的教师、研究生助教、成人教育教师	
SIE	营养学家、饮食学家、海关检查员、安全检查员、税务稽查员、校长	
SIC	描图员、兽医助手、诊所助理、体检检查员、监督缓刑犯的工作者、娱乐指导者、咨询人员、社会科学教师	
SIR	理疗员、救护队工作人员、手足病医生、职业病治疗助手	

项目内容

根据霍兰德职业兴趣理论分析，从表中选出你可能会从事的职业

序号	编码	职业内容
第一志向		
第二志向		
第三志向		
第四志向		
第五志向		

第三节　价值观与职业选择

每一个取得巨大成就的人，都非常明确地知道自己的价值观。职业的成功完全受控于个人职业价值观的指引，它就像一股无形的力量，无时无刻不在影响着我们做出何去何从的决定，最后也就决定了我们的一生。

一、价值观与职业价值观的基本概念

1. 价值观

价值观，是指个人对客观事物（包括人、物、事）及对自己的行为结果的意义、作用、效果和重要性的总体评价，是对什么是好的、是应该的的总看法，是推动并指引一个人采取决定和行动的原则、标准，是个性心理结构的核心因素之一。它使人的行为带有稳定的倾向性。价值观是人用于区别好坏、分辨是非及其重要性的心理倾向体系。它反映人对客观事物的是非及重要性的评价。

（1）价值观的类型。人们的生活和教育经历均不相同，因此价值观也多种多样。行为科学家格雷夫斯为了把错综复杂的价值观进行归类，曾对企业组织内各式人物做了大量调查，就他们的价值观和生活作风进行分析，最后概括出以下七个等级：

①第一级，反应型。这种类型的人并未意识到自己和周围的人是作为人类而存在的。他们可能照着自己基本的生理需要做出反应，而不顾其他任何条件。这种人非常少见，实际等于婴儿。

②第二级，部落型。这种类型的人依赖成性，服从于传统习惯和权势。

③第三级，自我中心型。这种类型的人信仰冷酷的个人主义，自私和爱挑衅，主要服从于权力。

④第四级，坚持己见型。这种类型的人对模棱两可的意见不能容忍，难以接受不同的价值观，希望别人接受他们的价值观。

⑤第五级，玩弄权术型。这种类型的人通过摆弄别人、篡改事实，以达到个人目的，非常现实，积极争取地位和社会影响。

⑥第六级，社交中心型。这种类型的人把被人喜爱和与人善处看作重于自己的发展，受现实主义、权力主义和坚持己见者的排斥。

⑦第七级，存在主义型。这种类型的人能高度容忍模糊不清的意见和不同的观点，对制度和方针的僵化、空挂的职位、权力的强制使用，敢于直言。

这个等级分类发表以后，管理学家迈尔斯等人在1974年就美国企业的现状进行了对照研究。他们认为，一般企业人员的价值观分布于第二级和第七级之间。就管理人

员来说，过去大多属于第四级和第五级，现在情况在变化，这两个等级的人逐渐被第六、第七级的人取代。

(2)价值观的特性。

①价值观是因人而异的。由于每个人的先天条件和后天环境不同，人生经历也不相同，每个人的价值观的形成会受到不同的影响，因此，每个人都有自己的价值观和价值观体系。在同样的客观条件下，具有不同价值观和价值观体系的人，其动机模式不同，产生的行为也不同。

②价值观是相对稳定的。价值观是人们思想认识的深层基础，它形成了人们的世界观和人生观。它是随着人们认知能力的发展，在环境、教育的影响下，逐步培养而成的。人们的价值观一旦形成，便是相对稳定的，具有持久性。

③价值观在特定的环境下又是可以改变的。由于环境的改变、经验的积累、知识的增长，人们的价值观有可能发生变化。

(3)价值观的作用。价值观对人们自身行为的定向和调节起着非常重要的作用。价值观决定人的自我认识，它直接影响和决定一个人的理想、信念、生活目标和追求方向的性质。价值观的作用大致体现在以下两个方面：

①价值观对动机有导向的作用。人们行为的动机受价值观的支配和制约，价值观对动机模式有重要影响，在同样的客观条件下，具有不同价值观的人，其动机模式不同，产生的行为也不相同，动机的目的、方向受价值观的支配，只有那些经过价值判断被认为是可取的，才能转换为行为的动机，并以此为目标引导人们的行为。

②价值观反映人们的认知和需求状况。价值观是人们对客观世界及行为结果的评价和看法，因而，它从某个方面反映了人们的人生观和价值观，反映了人的主观认知世界。

价值观是一种基本信念，它带有判断的色彩，代表了一个人对于什么是好、什么是对，以及什么会令人喜爱的意见。每一个求职者由于其所受教育的不同和所处的环境的差异，在职业取向上的目标和要求也是不相同的。在许多场合，我们往往要在一些得失中作出选择，而左右我们选择的，往往就是我们的职业价值观。例如，是要工作舒适轻松，还是要高标准的工资待遇；要成就一番事业，还是要安稳太平；当两者有矛盾冲突时，最终影响我们决策的是存在于内心的职业价值观，而我们自己有时对自己的价值观并不是很清楚。通过本测试，就可以大致了解自己的职业价值观倾向，从而为自己选择理想的职业提供信息。

2. 职业价值观

(1)职业价值观的含义。职业价值观是指人生目标和人生态度在职业选择方面的具体表现，也就是一个人对职业的认识和态度以及他对职业目标的追求和向往。理想、信念、世界观对于职业的影响，集中体现在职业价值观上。

每种职业都有各自的特性，不同的人对职业意义的认识，对职业好坏有不同的评价和取向，这就是职业价值观。职业价值观决定了人们的职业期望，影响着人们对职业方向和职业目标的选择，决定着人们就业后的工作态度和劳动绩效水平，从而决定了人们的职业发展情况。哪个职业好？哪个岗位适合自己？从事某一项具体工作的目的是什么？这些问题都是职业价值观的具体表现。

(2)职业价值观的类型。职业专家通过大量的调查，把职业价值观分为六大类并将个人适合的职业类型与之相对应。

①自由型(非工资生活者型)。该类型职业价值观的人不受别人指使，凭自己的能力拥有自己的小"城堡"，不愿受人干涉，想充分施展本领；适合偏艺术性职业。

②小康型。该类型职业价值观的人追求虚荣，优越感也很强。很渴望能有社会地位和名誉，希望常常受到众人尊敬。欲望得不到满足时，由于过分强烈的自我意识，有时反而很自卑；适合的职业类型有记账员、会计、银行出纳、税务员、核算员、打字员、计算机操作员、统计员、秘书等。

③支配型(权力型)。该类型职业价值观的人想当上组织的一把手，飞扬跋扈，不顾他人的想法，为所欲为，且视此为无比快乐；适合的职业类型有推销员、进货员、商品批发员、旅馆经理、饭店经理、广告宣传员、律师、政治家、零售商等。

④自我实现型。该类型职业价值观的人不关心平常的幸福，一心一意想发挥个性，追求真理。不考虑收入地位及他人对自己的看法，尽力挖掘自己的潜力，施展自己的本领，并视此为有意义的生活；适合的职业类型有气象学家、生物学家、天文学家、动物学者、化学家、报刊编辑、地质学者、物理学者、数学家、实验员、科研人员、科技工作者等。

⑤志愿型。该类型职业价值观的人富于同情心，把他人的痛苦视为自己的痛苦，不愿干表面上哗众取宠的事，把默默地帮助不幸的人视为无比快乐；适合的职业类型有社会学家、福利机构工作者、导游、咨询人员、社会科学教师、护士等。

⑥技术型。该类型职业价值观的人认为立足社会的根本在于一技之长。因此钻研一门技术，认为靠本事吃饭既可靠，又稳当；适合的职业类型有木匠、农民、工程师、飞机机械师、机械工、电工、司机等。

⑦经济型(经理型)。该类型职业价值观的人断然认为世界上的各种关系都建立在金钱的基础上，包括人与人之间的关系，甚至父母与子女之间的爱也带有金钱的烙印。这种类型的人确信，金钱可以买到世界上所有的幸福；各种职业中都有这种类型的人，商人为甚。

⑧合作型。该类型职业价值观的人人际关系较好，认为朋友是最大的财富；适合的职业类型有公关人员、推销人员、秘书等。

⑨享受型。该类型职业价值观的人喜欢安逸的生活，不愿从事任何挑战性的工作；无固定职业类型。

随着社会的发展，一些职业可能会退出社会生活，还会出现一些新的职业，而各种职业自身所代表的社会声望、实际收入水平、工作环境背景也将会发生很大的变化，这些，都将影响个人的职业指向。要想确定个人的职业方向，还需综合考虑个人的个性、兴趣、能力以及社会环境等因素。

二、培养正确的职业价值观

1. 处理好职业价值观与金钱的关系

金钱是一种成就的报酬，它是在确定职业价值观时首先要面对的问题。有些经济条件不太好的大学毕业生在求职时，将赚钱作为工作的首要目的，从根本上讲这并没有错。但是对于一些人来说，他们所拥有的知识、能力、经验和阅历还不足以使其一走上社会就获得大量金钱回报。怀有一夜暴富的心理是不正常的，更是危险的，容易被社会上的不法分子利用，甚至误入歧途。特别是面对严峻的就业形势，更应理性地降低对金钱的期望值，把眼光放远一些，应尽可能地将自我成长和自我实现作为在毕业求职时的首选目标。

2. 处理好职业价值观与个人兴趣和特长的关系

职业价值观、个人兴趣和特长是人们在择业时需要考虑的最重要的三个因素。在确定价值观时，一定要考虑它是否与自己的兴趣和特长相适应。据调查，如果从事自己不喜欢的工作，有80％的人难以在该职业上成功；而如果选择了自己喜欢的工作则可以充分调动人的潜能，获得职业发展的原动力。此外，选择一项自己擅长的工作，也会事半功倍。

3. 处理好职业价值观的排序与取舍的问题

职业价值观的特性决定人们不会只有唯一的职业价值观，人性的本能也会驱使人们希望什么都能得到，但在现实生活中"鱼和熊掌"是不可兼得的。然而在职业选择中，人们却不能理性对待。既然是选择，就要付出代价，只有舍，才能得。所以，要对自己的职业价值观进行排序，区分出最重要的和次要的方面，并提醒自己不可能什么都得到。否则就会患得患失，终其一生也不清楚自己到底想要什么，更谈不上职业生涯的成功和对社会的贡献了。

4. 处理好职业价值观中个人与社会的关系

人不能离开社会而独立存在，个人只有在工作中为社会做贡献才能实现自己的职业价值。当然我们并不是说要忽略择业中的个人因素，只去尽社会责任，这样不但不利于个人，也是社会的损失。例如，让一个富于科学创造力、不善言辞的学者去从事普通的教师工作，可能使国家损失一项重大的发明，而社会不过多了一个也许并不出色的老师。

5. 处理好淡泊名利与追逐名利的关系

一个人有了名利才有资格去谈淡泊,没有名利说淡泊那叫"吃不到葡萄说葡萄酸"。名利是人的欲望使然,欲望可以使人成就大的事业,也可使人自我毁灭。以合理、合法、公正、公平的方式追名逐利在一定程度上对个人对社会都会有益,但它需要一定的度,该知足时则知足,该进取时则进取。

第四节 职业方向的发现

在职业发展的路口,迷茫的人总是会想:我适合什么职业?我喜欢哪一行?如何把自己的兴趣和未来职业结合在一起?不想从事本专业怎么办?一提到职业发展,大学生有很多困惑,职场人也是纠结不已。但往往大家想得太多,能做的却太少。那么如何行动起来找到自己的职业发展方向呢?以下的方法值得一试。

为什么频繁跳槽?
因为缺乏职业定位!

一、五个方法帮你找到职业发展方向

1. 尝试+反思

大多数在校大学生都是迷茫的,想去做点什么,却总感觉被困在原地。

万事开头难,但一旦走出第一步,并得到相应的反馈,第二步、第三步就会接踵而至。

大学是一个很好的平台,可以通过学校的社团,接触到各个学科、各个行业的老师和同学。如果对自己的职业生涯困惑,或者有比较感兴趣的学科,都可以直接与相关学科的老师和同学沟通,深入了解。

另外,在参加组织一些社团活动、学校比赛的过程中,也能够让自己发现自己的优势和短板,在历练中不断地认识自己,提升自己。

可现在很多大学生,自尊心极强,除非十分有把握的事情,否则绝不轻易尝试。然而,试错是找到职业发展的重要途径。尤其在大学,犯错的成本小,而且能在错误里反思成长,突破迷茫。

但要注意,在大学里,也不能盲目地参加各种活动,把自己搞得晕头转向,不明所以。那是一种瞎忙。做完一个活动,参加了一项比赛,一定要停下来认真反思,进行记录和改进。

2. 社会实习实践

大学期间,利用寒暑假,可以到实习生或者刺猬实习等平台上去找一个感兴趣的实习岗位，这是一个寻求职业发展方向的最佳方法。同时也能够提升自己的综合素质。

毕竟实践是检验真理的唯一标准。适不适合，喜不喜欢，来不来电，实践体验后自能下定论。校外的社会实践更能够刷新你的三观，当你去企业实习一段时间，再回头来过校园生活，会对自己有更清晰的规划。

在学校也许还能混，企业却不养闲人。

3. 研究自己欣赏的人

在年轻的时候，总会有几个自己欣赏的人，他们或是名人豪杰，或是智者大家，也可能是身边优秀的亲人、老师、朋友。

有的时候，我们不知道自己想要什么，想做什么。但却可以在自己欣赏的人的身上找到自己的潜在目标。

试着通过填写以欣赏之人为线索的探索表格，找到自己的方向：

列出5个自己欣赏的人，然后描述对这个人的印象，写出5个你欣赏他的点，从中找出2个你自己最想拥有的优势。这样就可以从他人身上找到自己的需求。

而对他欣赏之人的分析也可以看出该同学对文学和哲学都有一定兴趣，可以进行职业探索。

当自己进行这样的探寻时，想必会更加清晰地看到自己的向往和追求吧！

4. 职业访谈

如果你对一个职业领域感兴趣，那么最直截了当的方法就是找到从事这个职业的职场人，进行职业访谈。

当我们开始对一个职业感兴趣的时候，往往看到的是该职业的闪光点，但作为一个有经验的职业人却能看到职业的优势和劣势两个方面。有助于我们客观地评价该职业，而不是脑门一热，就冲动地闯进一个新领域。

在职业访谈中，我们需要了解一个职业的日常事务、性格需求、职业压力、平均待遇福利、人际关系及发展前景（横向、纵向）等相关问题。

在面对面的职业访谈中，通过观察访谈对象的谈吐气质、思想见解，也能了解到这个职业的一些眉目。

信息是由人传播而出的，所以直接通过合适的人来获取自己需要的职业信息是既高效又靠谱的。

5. 做好当前的事情

据研究表明，只有少数的学生，能在毕业后找到专业对口的工作。可想而知，在大学里，有多少人在本专业的课堂上睡着大觉，刷着手机。

可是，每行每业、每个学科都不是完全被阻断隔绝的。科学研究的思路是相通的，学习方法和能力在任何学科都可以锻造，解决问题的意识和能力在任何工作中都是必备的。

就算确定自己以后会转行,但做好手头的事情,仍会让自己有所收获。

也许,你觉得当前的事情对自己毫无意义。但能够快速地解决掉眼前无意义的事情,并给自己探寻其他领域留出时间,才是对这种无意义感最强大、最正确的破解方式。

走上社会岗位,你会发现,逃避永远不能解决问题,只能硬着头皮上。所以提前训练好这种解决问题的思维,能让你在往后的工作中把同龄人甩几条街。说不定,还能让你对当前专业成就感爆棚,从而喜欢上它。

没有认真去做,就不要矫情地谈什么意义和兴趣。有的时候,你以为的选择只是逃避。

二、应届生如何确定可行的职业方向

即便是尝试、探索,第一步也仍然是要确定几个可能的职业方向,然后制订具体的探索计划,一般来说,在毕业后的 3 年内,最终确定一个明确的职业发展方向,是比较适宜的。

应届生可能的职业方向选择,建议从以下几个方面来考虑:

1. 与个人专业相关的职业方向

如果当初选专业时已经经历过一番考证,再加上少则 4 年、多则 7 年甚至 10 来年的专业学习,与专业相关的职业方向肯定是第一个考虑的方向,因为这个方向你的积累最为深厚,可以有一个相对高的起点。

2. 与个人特长和兴趣相关的职业方向

一个人如果在大学毕业以前,就已经在某些方向表现出了浓厚的兴趣和一定的特长,在毕业找工作时一定不要忽略这一点,而要努力去深入了解与自己这些兴趣和特长能够结合的职业和工作方向有哪些,并尽力争取获得这样的工作机会,因为这是将来可以在事业上做出一番成就的最重要保障。

3. 代表着未来发展趋势的职业方向

一些代表着前沿科技和未来趋势的行业及岗位,会有比较大的可能性在未来的某一个时间点迎来爆发期。

如果我们坚信自己的判断,就像投资一样,提前打入这个领域,有了一定的经验和积累之后,再迎来行业和职业的爆发期,事业的发展就会比想象中还要快速和顺利。

4. 制订职业方向探索和行动计划

用毕业后 3 年的时间,来探索和尝试所有想要从事的职业,然后确定一个自己最终要选择的职业。

这从理论上来说,虽然是一个特别理想的方式,但现实执行起来,一定会遭遇很多困难：比如，频繁跳槽可能会被 HR 质疑；工作一段时间后选择一个完全没有经验的岗位从头做起，会因为没有相关工作经验而被拒之门外等。

正因如此，更需要一开始就做好规划，在毕业后 1~3 年内，尽快高质量地完成职业探索。具体做法可参考：

确定了可选的职业方向之后，先进行排序，优先考虑跟个人特长和兴趣相关的职业方向或与个人专业相关的职业方向，再考虑其他。

因为很有可能，在尝试了自己兴趣相关的职业，或者专业相关的职业后，就非常确定这就是自己今后想要长期从事的工作，不再考虑其他。

当然，因为应届毕业生的职场竞争力有限，同时还需要考虑能遇到的工作机会的情况，如果恰好有一两个排序相对靠后的想要探索的职业方向的 offer（即 offer letter，录取通知），也可以先接受 offer 试试看。

排好序之后，每一个职业方向具体的时间、探索期内自己要弄清楚哪些问题需要提前准备，然后带着问题和计划进入工作，才能最终达成目标。

5. 如何具体执行职业方向探索计划

从接受第一份 offer 开始，我们的职业方向探索计划就正式开始了。

这个岗位计划做多长时间，在这段时间里，要弄清楚哪些问题，是需要在入职之前就大致想好的。一般来说，建议在每份工作里，要弄清楚以下事项：

（1）了解公司的组织架构及相关岗位，看看你的职业在什么位置，将来可以达到什么位置。

（2）留意你理想中职业应达到的高度，现在是一位什么样的职场前辈，在这个行业里，这个位置上都有哪些人。

多去搜集这些职场前辈公开场合的演讲、发言，自媒体平台上的分享、出版的书籍等，了解他们的工作状态、对工作的满意度，对这份职业的理解和感悟，问问自己，多年以后，你想成为他们中的一员吗？

（3）了解这个职业初级、中级、高级及管理岗位，各自主要的工作内容和主要目标是什么，在不同性质、规模的企业里有何不同，看看跟自己想象中差距如何。

经过这样的实践和调研，才能对可能的职业方向有一个全面客观的了解。也只有在此基础上确定下来的职业方向，才是可靠的。

三、不同的人找准不同的职业发展方向

1. 技术类人员的职业发展方向

几乎每个企业都需要技术人员的支持，生产制造型企业需要现场生产控制和工艺流程方面的技术人才；IT 等高科技行业需要大量软件研发和设备维护的硬件工程师；房地产、建筑工程领域需要建筑设计师、土木工程师和施工技术人员。此外，不论是

国企、民营企业还是外资公司，都需要大量的基础技术工人。甚至很多在豪华写字楼内工作的白领，从事的工作都是和技术相关的。

不过，一个严峻的现实是，大量的技术类人员对自己的职业定位和职业生涯规划都非常迷茫和困惑。中国有句古话：劳心者治人，劳力者治于人。与管理类岗位相比，技术人员往往被人看低一等，他们虽然从事着非常重要、烦琐的技术性工作，但更多的是扮演着幕后英雄的角色。在社会地位、经济收入方面与风光无限的各级管理层普遍存在差距，这一现实造就了技术人员的巨大心理落差。第二个造成职业规划困惑的现实是部分技术性工作的局限性。拿 IT 行业来说，由于技术和知识更新的速度太快，软件开发人员普遍被认为是吃"青春饭"的职位，谁学习得更快、谁的精力更旺盛、谁更能熬夜，谁就更有竞争力，因为这时经验已经不再重要。如果超过 35 周岁还从事软件开发的话，将很难在本职岗位取得突破。

那么，对于技术类人员来说，难道他们的职业发展前景真的如此黯淡？事实当然不会如此悲观，做技术工作同样有着非常广阔的空间，当然，关键一点是要让自己的视野更开阔些，从长远的角度来看待这个问题。根据职业与行业的发展趋势，技术人员的职业方向可以有以下几个选择：

(1)项目经理。对于很多从事技术工作的人员来说，发展成为项目经理是一个非常好的工作。项目管理工作既需要扎实的技术背景支持，又涉及多方面的管理工作，最适合那些技术出身但又不甘于只做技术工作的人员。成为项目经理，一方面可以充分发挥技术人员的专业优势，同时又可在团队管理、协调各方资源、内外部沟通等工作中体验和发挥作为管理者的角色和作用，从而让自身价值更为充分地实现和得到认可。优秀的项目管理人才，也是今后很长时期内的一个热门职业方向。

(2)资深专家。如果的确非常喜爱技术工作，而不擅长和不喜欢与人沟通，则可以完全专注于自身的领域，以发展成为行业资深专家为方向和目标，当然，这一发展过程可能会比较漫长，任何一个领域的顶尖技术人才都需要长期的行业经验的累积和个人孜孜不倦的投入。不过这类人才的一个优势是越老越吃香，当别人随着年龄的增长而开始担心饭碗问题时，此类人才则渐入佳境，开始进入职业发展的黄金时期。

(3)研发经理或技术总监。事实上，在某些行业和企业，技术研发人员的地位是非常高的。譬如在阿里巴巴、腾讯、华为等 IT 产业，技术的支持和研发的速度，成为企业利润增长的最主要来源。在这些行业，技术研发部门就是企业的主战场。在不少国企和政府部门，也非常重视科技和技术工作，例如，广州市市政园林局，就设有总工程师、副总工程师等技术职位，其中总工程师的职务级别相当于副局级，在这种氛围下，技术岗位人才和行政领导同样受人尊敬。所以，在一个尊重和重视技术工作的行业和企业中，发展成为研发经理、技术总监或总工程师都是一个很好的选择。

(4)技术型销售和服务人员。技术工作的领域其实非常广泛，若感觉纯技术工作发展潜力小，可以考虑转向做销售或技术支持方面工作。例如，华为、中兴等通信技术公司的销售人员，很少是不具有专业技术背景的；再如，甲骨文等软件巨头的市场推广，常常是从销售工程师拜访客户开始的。这类高价值、高科技的产品销售推广，非常需要具有丰富技术经验的销售人员。

技术人员转向售后服务，也是非常有前途的。例如，某人大学是施工机械专业，毕业后一直在市政工程行业做非开挖顶管施工，在几年的工作中积累了丰富的地下顶进设备的应用和维修经验，一个合适的机会跳槽到著名的顶管设备生产商——德国海瑞克公司，成为其售后服务工程师，工作上得心应手，收入也有了数倍的增长。

(5) 转向管理岗位。总有一些人，虽然是理工科出身、从事着技术岗位工作，但他们似乎天生就是具有管理天赋的人。这些人会在工作中逐步展现出管理潜质和优秀的领导能力，他们往往更喜欢跟人打交道，更喜欢与外界沟通。在这种条件下，以技术经验为基础和依托，适当补充学习一些管理方面的知识，例如可以在职攻读MBA，假以时日，完全可以成长为出色的职业经理人。

(6) 高级技术操作人员。对于数量众多的中等专科学校、技校毕业的一线技术工人来说，成为行业技术专家或研发总监的机会较小。这一群体的职业人士，最佳的技术发展路线是立足本职岗位，成为高级操作型技术人员。

2. HR 人员的职业发展方向

一般来讲，一个努力工作的HR管理者首先受益的是眼界的开阔，能够有更多的机会接触到最新最强的管理理念和管理知识，是管理知识的第一受益人。同时，HR工作对从业的管理者自身素质要求很高。HR人员的沟通范围，上至公司老总，下达普通员工，内与组织各个职能部门，外与管理咨询公司、培训机构等。其业务范围，除了自身的员工招聘、薪酬福利、绩效考核、职位设计、培训等职能外，还要求熟悉组织的企业文化、战略规划、业务流程和劳动法规等领域。因此，HR管理者的综合素质往往是比较高的，否则将很难胜任。

HR的发展前景虽好，但一定要考虑自身所处的层次和经验。要依据HR层次，寻找最佳位置。譬如，有的企业里，HR只负责基础人事工作；有的公司HR部门属于中高级管理，制定绩效考核等工作；有些大公司，HR就是高层管理，从事人力资源整合，参与企业决策等重大工作。具体到HR部门内部人员来说，并不是所有的HR人员都是招聘经理、培训经理、人力资源总监等，很多人都还只是普通的部门职员，做着大量简单的基础性的工作。对于这些职位比较低的人来说，首先要考虑的事情是学习HR的业务知识、积累丰富的工作经验、进一步提高自身素质和核心能力，在此基础上再规划自身的职业生涯，将会事半功倍。通常情况下，HR助理经过1~2年的锻炼就能成专员。在中型企业中，3~5年一个专员就能成长为经理。顺利发展的话，1~2年的助理，3~5年的主任，7年以后即可达到经理。

(1) 企业高层或职业经理人。水往低处流，人往高处走。良好的工作平台和丰富的工作经验，加之HR管理者的出众的个人素质，使他们的眼界更开阔，思维更具有全局性、前瞻性，也理所当然成为企业高层的候选对象。许多在企业里做HR管理者的人员认为,"成为企业决策层或者职业经理人"是他们努力工作的动力源泉。

而在其他人眼里,HR管理者丰富的与人打交道的经验和阅历,在有了机遇之后更容易把握和适应,所以HR管理者可以做职业经理人,而且更有实践经验和阅历。事实上,许多企业的行政副总、董事长秘书等副总级高层人物都出身于HR。

(2)转行到业务部门。有的HR人员,虽然对公司内部各个岗位的职责了如指掌,但在管理、沟通上感觉力不从心。并且,很多老板似乎把人力资源部门当成一种摆设,和公司核心部门相比地位很低。这种条件下,如果觉得工作发展出现"瓶颈"时,不妨换个思路考虑一下,轮岗或是转部门。HR人员由于比较了解各个职位的工作内容,可以进入公司其他的业务部门,从事一些管理工作。当然,转行的前提是,要具备一定的业务部门的专业知识。

(3)成为管理咨询师。随着国内管理咨询行业的迅速发展,HR人员发展也出现了另外一条路子,就是当HR管理者在积累了一定的经验之后,凭借自己的丰富阅历和实践经验,为企业提供管理诊断咨询,转向从事专业咨询工作。以企业工作经验为依托,咨询会更有底气,并且有实战性,也容易得到企业的认可。当然,要从事咨询工作,对各种管理案例必须很熟悉,特别是要有自己的一套良好的可操作的解决办法。同时,最好有著名公司的工作背景和较高的学历。

(4)成为培训师。在企业日益注重培训的今天,随着国内企业培训市场的升温和火爆,培训师已经被视为"金领"般的职业。但要成为培训师,门槛还是比较高的。第一,你最好具有国外留学经历或国内名牌大学硕士以上的学历;第二,最好有著名外企或大型企业的工作经历,如做过中高层管理人员更佳;第三,要有丰富的培训经历和相关工作业绩(比如给某某企业做过培训);第四,有良好的沟通能力和口才;第五,在某一领域具有自己独特的见解或行之有效的解决方案(这往往是成为高级培训师最重要的一点)。

(5)成为专业人士。人力资源管理包含了许多领域,如员工招聘、绩效考核、薪资管理、企业培训、人力资源规划、企业文化建设、高绩效团队管理、沟通管理、时间管理,等等,这些都是可以结合自己的特长、兴趣发展成为自己的专长。不过,要成为某一行的专家就必须要做得足够专业。比如,成为以下方面的专业人士:专业猎头。HR管理者在企业的人事管理中积累了丰富的招聘经验和用人知识,培养自己的独特用人理念和招聘眼光,走出去的一个出路就是到猎头公司做猎头工作。利用自己的人力资源界的关系,及对某一行业人才需求的了解,可逐步形成某方面的专业猎头。

①薪酬福利专家。薪酬在企业的作用不可忽视,人力资源管理者凭借丰富薪酬管理经验和知识,作为薪酬专家一定能有所发展。

②绩效经理。绩效管理的核心作用使得它可以独成一家,拥有丰富绩效管理经验的HR管理者做绩效管理会更有发挥的精力和时间,更能提供独特的管理工具和管理经验。

③劳动争议处理专家和法规咨询。丰富的法律法规知识使他们完全有理由成为这

方面的专家。HR 从业者完全可以依据自己所处层次和特长寻找到最佳位置。

(6) 知识管理总监。如果说从 HR 管理者到业务部门、企业管理咨询师是"平衡过渡",那么有一种职业更具挑战性,即知识管理总监。这个职位赋予 HR 管理者更多的内涵、更多的职能,它将涉及更广的范围和更宽的发展道路。

届时,HR 管理者不仅是个管理专家,更是一个知识专家,拥有丰富的行业知识和专业知识,经济、政治、法律、微机、网络,无所不包,人力资源部也会是一个知识库,进行信息和知识的收存、分发,随时给各个部门提供相关信息和知识。当然,目前这还只是一个趋势,但可以相信,随着时代的发展和 HR 管理者的努力,这一定是一个非常有前途的职业。

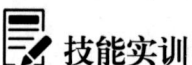
技能实训

兴趣发展计划

自己的兴趣中,有的可进一步发展成为未来的职业,有的则可以发展为调剂生活的休闲活动,所以它们和自己未来职业生涯发展的关系非常密切。请回想一下,你一般采取什么样的方式来满足这些兴趣?或者你将计划用什么样的途径来培养这些兴趣?

现在请从自己的兴趣中,挑出三项最喜欢的,然后针对每一项写出未来你将进一步发展该项兴趣的方式或计划,填入表 3-3。

例如喜欢研究计算机的人,会通过如下的方式来满足这项兴趣:不断地通过自觉学习来充实计算机知识、尽量选修学校所开的各种计算机课程、参加校内计算机培训班、参加校外计算机俱乐部、参观每年举办的 IT 产品展示会等。

表 3-3 兴趣发展计划表

兴趣名称	满足此项兴趣的方法

第四章　求职准备及计划

"知者行之始，行者知之成"，机遇总是青睐有准备的人，最好的职业并非总是由最佳的人选取得，而是总由准备得最充分的人获得。大学生们要在变革迅猛、竞争激烈的当代社会中找到合适的位置，应在大学阶段就充分发挥自己的聪明才智，努力做到学会生存、学会做事、学会共事、学会学习，为就业做好充分的准备。

未来改变世界，哪些职业会被取代

第一节　信息收集与处理

就业信息指求职者通过某种途径获得，并经过加工整理，能被自己所理解，并对求职择业有价值的新消息、知识、资料和情报。大学生顺利就业不仅取决于整个社会的政治、经济状况及自身的能力素质，也取决于是否拥有就业信息。

一、就业信息的作用

就业信息在毕业生择业的过程中发挥着至关重要的作用，具体表现在以下几个方面：

1. 有助于找准自己的位置

不同时期、不同地域，就业政策会有一定的差异，社会对不同专业毕业生也有不同的需求，大学生必须根据国家及地区的就业政策和社会需求状况适时调整自己的就业期望，并制订有针对性的择业计划，就业信息能帮助大学生在择业过程中有的放矢，有效地减少就业的盲区。

2. 有助于顺利解决就业中遇到的问题

毕业生在择业过程中可能会遇到各种各样的问题：如何签订就业协议，如何办理毁约手续，如何办理出国手续，毕业离校时还没有找到接收单位该怎么办，如何办理改派手续……对于这些问题和可能发生的情况，各省毕业生就业主管部门和各高校制定了一些措施。毕业生熟悉或了解这些信息，就能清楚地知道在各种情况下自己该如何应对，从而避免事到临头不知所措或想当然应付的情况。

3. 有助于以最小的代价找到最理想的工作

在择业的过程中，毕业生通过各种渠道收集需求信息，从中筛选出符合自身条件并且自己满意的用人单位，再通过多种渠道与单位联系，从而达成意向，最后签订就业协议。这种落实就业单位的方式同毕业生漫无目的地到处递送推荐材料比较起来，具有针对性强、成功率高、省时、省力、花销少等优点。

4. 有助于适时调整自己的知识技能

毕业生可以通过收集到的就业信息的要求来发现自己的不足，及时调整自己的知识结构，提高自己的能力水平。一旦发现自己欠缺哪方面的技能，就去参加必要的补习，进行相应的训练，主动学习和掌握相应的技能，从而使自己在择业中拥有更强的竞争力。

除了在毕业生就业方面发挥重要作用外，就业信息还对高校的学科、专业建设有着重要的参考价值。在毕业生就业市场竞争日益激烈的情况下，各学科、专业毕业生的就业形势直接与市场需求挂钩。各专业毕业生的就业落实率和就业层次与该专业的社会需求量密切相关。一般来讲，就业率和就业层次高的专业，社会的需求量就大。因此，就业需求信息可以直接反映出市场和社会对各专业的需求度与认同度，反映出专业的"冷"与"热"。

课堂故事：

在某大学学生宿舍，小赵在计算机前不停查找着各种HR网站的信息，智联招聘、前程无忧……他根据自己的专业和兴趣选择着就业岗位。而他邻床的小杨早已胸有成竹，手中握着几个单位的就业意向书，从国企到民企，小杨在犹豫不决，但脸上有着灿烂的笑容。

是什么让同一个专业、同一个宿舍的他们在就业的紧要关头面临不同的情况呢？采访记者发现，原因在于他们对于就业信息掌握的情况不同。

小赵只是单一地定位在传统的网站搜索就业信息，小杨则有更多的想法，他说："我觉得自己能在就业上脱颖而出，主要是因为手头有很多就业信息可以选择。从综合学校就业指导中心提供的就业信息，到我自己去心仪企业网站链接上搜集招聘信息，我在尽可能多地搜集和利用就业信息，我是赢在起跑线上。"

二、就业信息搜集、筛选与应用

1. 就业信息的搜集

（1）就业信息收集的原则。

① "早下手"原则。"早下手"原则是指要及早做好收集就业信息的准备，并且对收集到的信息及时处理。越早开始做准备，越能掌握就业的主动权。千万不要被动地等待机会的降临，要知道，找工作不是一朝一夕的事，而是一个需要付出努力的过程。所以要主动出击，先下手为强。

②广泛性原则。广泛性原则是指收集就业信息的渠道要广。同时，要注意不要将就业信息仅仅局限在自己预期的目标上，而忽略了其他与目标有关联的信息。目前，大学生求职的一大误区是只注意那些符合自己预先设定的某些行业、某些岗位，这种做法是不科学的。大学生应注意广泛收集信息，将视野变得开阔一些。

③具体性原则。具体性原则是指收集的信息要具体，避免空泛。对于用人单位的基本情况要了解清楚，包括用人单位情况和对应聘岗位的要求。用人单位情况包括用人单位的名称、性质、生产经营方式、管理理念、未来发展、用人制度等。对于招聘岗位的具体要求，包括用人单位所需人才的学历、生源所在地、性别、专业、外语、计算机能力、专业知识、相应技能、职业资格证书等方面的要求。其中，还要注意的是，就业信息具有很强的时效性，大学生一定要保证自己收集的信息是在有效时间内，否则会浪费个人的时间和精力，错过其他的好机会。

④真实性原则。真实性原则是指所收集信息的真实可靠性。就业信息传播的渠道和媒介多种多样，存在着信息不对称的客观事实，即求职者与用人单位之间存在信息不对称的现实情况。从求职者角度来说，很难掌握用人单位所有的信息，而且目前我国人才市场机制并不十分健全。这两方面原因使一些企业有机可乘——对外发布不实的信息，这些虚假信息在目前的就业市场上大量存在。最近几年，常有一些大学生被虚假信息所蒙蔽，被培训费、违约金等形式骗取了钱财；还有的误入非法传销公司，导致人身自由受限制。因此，对就业信息要认真分析、客观对待。对于那些从非正规渠道获取的信息要抱着怀疑的态度，认真考察、求证，对于模糊的就业信息要与用人单位及时联系或向别人请教，避免上当受骗。

(2)就业信息收集的渠道。

①招聘会。为了更好地帮助毕业生就业，每年各省、市人才市场以及高校都会举办不同规模、针对不同专业的人才招聘会。在人才招聘会上，企业提供的信息量比较多，同时提供了毕业生与用人单位直接接触的机会。人才招聘会是大学生求职的重要途径之一，但其效果并不理想。因为几乎每一场招聘会都是人山人海，用人单位收到的简历很多，有时候根本不能看完简历再做筛选，也没有办法和求职者在短时间内充分沟通。甚至一场招聘会之后，有的用人单位直接将简历留在现场，不带回单位，导致很多毕业生投出去的简历如石沉大海，毫无音讯。

目前，专场招聘会越来越受到毕业生的欢迎，"专场"可以根据所招聘的岗位划分，如"文秘、营销类招聘会"；也可以根据所招聘的对象划分，如"中高级人才洽谈会""应届毕业生双选会"等。这种专场招聘会专门面向某一类求职者，针对性较强。同时，各高校举办的校园招聘会也受到了毕业生的青睐。在校园招聘会上，用人单位主要针对本校的毕业生选拔人才，学校在举办招聘会之前，会对用人单位进行筛选，相对于其他形式的招聘会，校园招聘会所发布的就业信息比较安全、可靠性高。同时，这种招聘会成本较低，毕业生的投入较少，节省了费用。

②学校就业指导中心。学校就业指导中心是负责毕业生的就业主管部门，也是毕业生获取就业信息的主要渠道之一。就业指导中心是单位和学生之间的纽带与桥梁。用人单位在决定到学校招聘人才后，就会与就业指导中心进行联系。就业指导中心会通过网络、张贴信息、通知的方式公布用人单位的需求信息。同时以电话、网络等方式征集应聘单位的信息。相对来说，学校就业指导中心收集的就业信息数量大，针对性、可靠性都要优于其他渠道。同时，毕业生也可以通过就业指导中心了解到宏观的就业信息，包括就业形势、就业政策等。可见，就业指导中心在毕业生求职方面起到的重要作用是其他任何一个部门都无法达到的。

目前，在对待学校就业指导中心的态度上，存在着一种误区，即大多数毕业生宁可到社会上参加那些针对性差的招聘活动，也不愿意到就业指导中心去寻求帮助和查找信息。这部分学生没有意识到就业指导中心在自己求职、择业方面的重要作用。在目前就业竞争日趋激烈的环境下，高校就业指导中心从信息收集和公布、提供咨询、就业指导等方面入手，热忱地为学生提供咨询意见、指导和帮助。因此，毕业生要更多地依靠学校的就业指导中心。

③媒体渠道。媒体的传播特点是涉及范围广、速度快。在就业信息收集的渠道中，媒体是一个包含巨大信息量的正规渠道。媒体渠道包括广播、电视、报纸、杂志、网络等。现代人力资源管理中，企业招聘的重要手段之一就是媒体。通过媒体，可以公布企业的基本信息、发展前景和招聘需求等。

目前为毕业生提供就业指导的公开发行出版物并不多，比较常见的有教育部主办的《中国大学生就业》、前程无忧网主办的《前程周刊》，另外，《手递手周刊》《北京人才市场报》《南方人才报》也提供相关信息。这些报纸杂志是高校毕业生收集就业信息的重要渠道之一。

另外一种渠道就是网络求职。随着互联网的发展，网络已成为重要的供求信息交流平台，网络求职是一种非常方便的求职方法，毕业生要充分利用网络将自己的简历挂放到人才网站上，并通过电子邮件投递简历，同时也可以通过企业网站获取招聘信息，直接投递简历。

网络求职的优点是成本低、信息量大、方便快捷。在网上求职要注意计算机病毒，建议不要把简历放在附件里。对于你感兴趣的企业和职位，可以多发几封E-mail。目前还有一种网络求职方法，即制作一个个人主页，从而引起用人单位的注意，可能会有意想不到的效果。

④社会关系渠道。在毕业生求职的过程中，社会关系渠道也是不容忽视的。这里所说的"社会关系"，不能简单理解为"托关系""走后门"，即利用你的家人、朋友的特殊身份，采用不正当、不光明的手段去求职，而是指一种有可能收集到信息的渠道，这也是企业招聘人才的手段。通过内部员工推荐，可以减少企业招聘的成本。还有一些世界级的大公司鼓励员工推荐优秀的人，并设有奖励。如果你通过社会关系求职，

可能会多一些机会,避免出现简历被直接丢弃的情况。与毕业生求职有关的社会关系包括家庭成员、亲戚、邻居、朋友、同学、老师、科研伙伴、校友等。在就业过程中,可以多和这些社会关系联系,更多地了解企业。一般来说,这种渠道得到的信息相对比较准确。

通过社会关系渠道要注意对于别人提供的就业信息要表示重视和感谢,这样才能得到更多的信息。同时要尽量向你的社会关系阐明你的求职意向。当你得到对方推荐时要问清楚去应聘时是否方便提及推荐人。

⑤个人主动渠道。个人主动渠道是指求职者自己对于感兴趣的公司和职位主动进行联系。这种渠道要求有较强的主动性,并且对目标单位和企业有大致的了解。

个人主动渠道的具体方式为打电话或登门拜访。毕业生可以通过网络、黄页等方式找到联系电话,从而与目标单位取得联系,询问他们是否招聘你这样的人员。打电话时要注意条理清楚,力求音量适中、语速适中,显示出诚意,表示希望得到见面的机会。登门拜访也是一种方式,你可以通过其他方式了解到企业的地址,然后登门拜访。但是这种方式对那些明确表示谢绝来电、来访的企业不适用,如果强硬使用这种方式,效果会适得其反。

⑥实习单位渠道。这种渠道是指大学生通过实习单位的实习锻炼,获得实习经验,最后被实习单位录用或凭借实习经验被其他单位录用。这种渠道需要毕业生早做准备。在当今就业竞争激烈的环境下,企业非常喜欢那些有实习经验的应届毕业生,因为有实习经验的毕业生往往更加懂得如何工作,如何与人相处、沟通、交流。同时,招聘有实习经验的毕业生可以降低企业在培训方面的成本。因此建议大学生及早投入社会实践和专业实习。在实习期间,如果与用人单位相处愉快,他们能够肯定你的工作能力、工作态度,很有可能直接把你作为正式员工录取。即使他们不录用你,这份实习经验也可以帮助你在应聘其他岗位时赢得更好的筹码。

2. 就业信息的筛选

一方面,求职者为了找到一份满意的工作,打电话、跑会场、托亲访友,真可谓"八仙过海,各显神通"。为了尽可能多地获得有用的职位信息,他们南下北上,不停地奔波。他们坚信,一个人掌握的就业信息越多,就越有可能选择到切合自身的工作职位。

另一方面,他们不得不面对就业信息数量大、范围广和时效快的现实。对一项特定的职业而言,它就包含大量的相关信息,比如单位性质、工作内容、每月收入、福利措施、工作地点、人际气氛、上班时间、考核方式、培训机会、升迁发展和领导方式等内容。诸如国家、地方针对毕业生制定的就业方针、政策和法规也非常庞杂。

广泛收集就业信息仅仅是择业工作的第一步,收集的信息越多,机会就越多。但是对这些信息进行去伪存真,去粗取精的鉴别筛选更是一项必不可少的工作。后一项工作处理好了，有用的信息才会对一个人的求职活动发挥积极推动作用，达到事半功倍的效果。

在对信息进行筛选时应当遵循求真、求新和求专的原则。求真就是要了解信息的真实程度。外界的信息可谓真假难辨，有的求职信息纯粹是子虚乌有、空穴来风；有的信息则仅仅是单位出于一种宣传的目的，而非真心实意地想录用新人，这样的招聘广告含有大量的水分；有的则是一些单位尤其是一些非法机构发布的具有欺骗性、欺诈性的聘用信息，它们常通过收取报名费、中介费和面试费等达到骗取学生钱财的目的。由于信息的虚假常会导致求职者决策失误，给就业工作带来多方面的麻烦和损失。因此，求职者一定要对那些值得怀疑、可信度低的用人信息多加了解、考察、分析和核实，及早将虚假性或欺骗性的信息排除在外。

求新就是要求自己掌握的就业信息要具有时效性。一般而言，就业信息具有一定的有效期，越是新近发布的信息，使用价值越高，单位招聘计划、相关就业政策等尤其如此。过时的信息、政策常会干扰或误导当事人的求职活动。因此，对求职者来说，及时拥有新的职位信息，或许就多了一分胜算。

求专就是要有的放矢，缩小范围，从接触的信息中找到适合自己情况的。就业信息并非数量越多对一个人的求职进程越有益。因为人们接触的信息往往包括高相关的、低相关的、无关的以及错误的几类。如果无关或错误的信息过多，它们反而会成为就业决策中的负担和额外的干扰源，对合理决策会造成消极影响。毕业生应当格外关注那些与自己的专业、性格、兴趣、能力和特长相符的职位信息，因为它们更适合自己的发展，成为自己未来职业的可能性更大。

对于一则招聘广告来说，真实性、有效性和适合性只是评判其使用价值的一般原则，好的用人信息还应当包括以下诸方面：单位情况的简单介绍，包括单位名称、性质以及上级主管部门；单位的发展历史、现状及远景规划；在本行业中的实力或排名等。单位的整体发展状况为应聘者提供了一个实现自我价值的大环境。对应聘人员的具体要求，包括对当事人思想政治、人品修养和职业道德等内容的要求；对年龄、身高、体重、相貌和体力之类生理内容的要求；对学历、专业方向、学习成绩和职业技能的要求；有的单位还可能对个人的职业兴趣、职业能力、性格和气质等心理特点提出要求。

招聘职位情况的介绍，包括所设立职位的收入及福利、工作地点、工作时间、工作环境和发展前途等方面。这方面的信息与毕业生切身利益的关系最为密切，也最能够吸引他们的目光。毕竟，现在对该职位感兴趣的毕业生说不定就会成为该单位未来的正式员工。

通过过滤这一程序，广而杂的就业信息就只剩下最重要、最有价值的部分了，要发挥它们的价值，求职者就需要立即行动，及时向用人单位反馈，以免错失良机。

对就业信息要提高警惕。要对信息的真实性、可信度进行判断，警惕虚假信息和

"就业骗局"。现在市场上经常出现试用期陷阱、收费陷阱、传销陷阱、非法中介陷阱等。应对各种陷阱,首先毕业生要确定一个合理明确的择业目标,使整个就业过程有条不紊,避免虚假信息乘虚而入;其次在求职过程中要遵循正规渠道、实地考察单位、"不付钱"等原则,尽可能降低上当受骗的可能性。

要注意个人资料的隐私保密。现在好多高校毕业生都通过网络找工作,但有些专业人才网络缺乏严格的审查制度,容易出现违法招聘。毕业生应该去信誉度高的招聘会和专业人才网站应聘,填写个人信息的时候,要对自己的个人信息做必要的保留。当今社会瞬息万变,及时、广泛地掌握和了解就业信息,并具有鉴别和运用信息的能力对于高校毕业生来说尤为重要,它可以帮助毕业生确定就业意向,有针对性地、正确地选择就业单位。因此,作为高校的就业指导者要想使学生顺利就业、择业,就应该运用各种方法让学生把握一切机会,通过各种渠道,主动、广泛地搜集各种就业信息,并能够鉴别真伪,使之为己所用,避开信息误区,为未来的职业生涯和人生奠定坚实的基础。

毕业生对于收集到的需求信息,应结合自己的实际情况,加以筛选处理,去粗取精,去伪存真,有目的、有针对性地进行排列、整理和分析。筛选需求信息应注意以下几点:

(1)善于对比。通过多种途径获得的需求信息可能会显得杂乱无序,这就需要进行科学的排序。在这里首先需要注意的是识辨真伪,剔除过时的、虚假的信息;其次是将与自己的专业及兴趣有关的信息提取出来。

(2)把与自己有关的信息按重要程度排列,标明并注意留存,一般的信息则仅供参考。信息具有明显的时效性,谁赢得时间,谁就可能抢占主动。

(3)对于重要信息,毕业生要注意寻根究底,争取对该单位和职位有一个较为深入的认识。一方面要核实用人单位的性质、隶属关系、工作条件、发展前景、管理状况、地理环境等基本情况及有无进人权、主管部门的进人规定、户口要求等;另一方面要查实用人单位对求职者的要求。详细掌握这些材料,就能在随后进行的面试中掌握主动权,让主考官在面试时拿你当"自己人",在情感上首先予以接纳,这点对求职很重要。

(4)人职匹配。在信息选择中,要把握"适合自己的就是最好的"的原则,这一点应是筛选信息的核心。要结合自己的兴趣、爱好、能力等,决定自己能够适应和胜任的职业,不要好高骛远、人云亦云、迷失自我。不顾自己的专长,以待遇、地点作为首选原则的毕业生,即使侥幸在求职中取得"成功",在未来的发展中也会逐渐暴露出自己的弱势,发展后劲也不足。

3. 就业信息的应用

大学毕业生在对就业信息进行筛选之后,还应尽快应用就业信息,及时与用人单位联系,向用人单位递交本人的简历,到用人单位去面试。因为求职信息不仅有时效性的特点,而且就业信息一般都是公开的,如果你动作慢,别的毕业生就有可能会捷足先登。所以毕业生在使用就业信息时要当机立断。

第二节 求职信

求职信是一种介绍性、自我推荐的信件,它通过表述求职意向和对自身能力的概述,引起对方的重视和兴趣。一封好的求职信可以向招聘方展示求职者的才干。一般来说,打开求职文案,首先看到的便是求职信。正是有了求职信,阅读者才会对求职者简历上所写的经历与业绩感兴趣。所以,求职信无论在格式上还是内容上都必须给阅读者留下好印象。

她凭一封自荐信
敲开红楼梦的大门

一、求职信的结构内容

求职信一般包括称呼、引言、正文、结尾、署名、日期、附录七个部分。

1. 称呼

求职信的称呼往往比一般书信的称呼正规,求职者要针对招聘单位的性质选用不同的称谓。如果是政府机构就用"尊敬的处长(科长、负责人等)"称呼;如果是企业负责人,则用"尊敬的×××董事长(或总经理)先生""尊敬的×××厂长(或经理)";如果写给学校校长或人事部门负责人,则称之为"尊敬的×××教授(或校长、老师等)"。这部分是称呼,一般不直呼"某某同志",而是称呼其职务、职称或官衔。如果不清楚对象身份,则可用"尊敬的领导"一语代替。称呼要求严肃谨慎,有礼貌地写在第一行顶格。其语气既不能随随便便,又不能过分亲昵,以免有唐突之嫌。称呼后的问候语一般为"您好"而非"你好",更不能用"您们好"。

2. 引言

一般情况下,引言部分需要开宗明义,自报家门,直截了当地说明求职意图,应力求简洁,使求职信的主旨明确、醒目。引言的作用有两点:一是吸引用人单位看完材料,二是引导对方进入你所设计的主题而不感到突然。切忌客套问候,离题万里,让对方产生厌恶情绪。写出求职的理由和目的:说明你为什么选择该公司。可以通过暗示你与公司雇员的亲属关系来表达你对公司的兴趣;或者你一直通过新闻了解该公司或者这个行业;也可表明你干的是同一行业,有着同样的工作经验。

例:我写此信应聘贵公司招聘的某某职位。我很高兴地在招聘网站得知你们的招聘广告,我学习某某专业。我一直期望能有机会加盟贵公司。

3. 正文

一般说来，这部分先简述个人基本情况，写明求职的理由及目标，要合乎情理、符合实际，做到充足、可信。接着要重点突出自己的主要成绩、特长、优势适合所应聘的岗位，可以多提一些有代表性的工作经历，使之具有吸引力和新鲜感，要表明自己诚恳的求职态度和敬业精神，并附带说明对未来的设想等。主体部分是求职信的重点，要简洁而有针对性地概述自己的简历。要突出自己的特点，使对方觉得你的各方面情况与招聘条件相符，与有关职位要求、特点相吻合。

常见的求职信一般采用信函的形式，正文除了用一般信笺的礼貌用语，主要包括以下内容：说明个人的基本情况（学历、工作简历）；说明工作能力和潜在能力；明确向用人企业提出申请；说明如被录用，能为用人单位作出什么贡献；写明自己的详细联系方式。

在写求职信之前，同学们应该做好以下几件事情：尽可能多地了解招聘单位；了解你应聘的企业需要什么样的人才；了解你能为招聘单位提供所需的独到优势；了解你应聘的企业为其招聘的人提供的工作条件和薪资；了解你所应聘的企业提供的工作条件和薪资与就业市场同类职位薪资的差距。

4. 结尾

结尾主要是进一步强调求职愿望，可以恰当地表达求职的迫切心情，恳请用人单位考虑你的求职请求，期望得到用人单位的认可及接纳。一般结尾应写明：第一，希望对方给予答复，并盼望能有机会参加面试，表示希望早日成为该公司一员的急切心情，并写明详细联系地址和联络电话。第二，写上简短的表示敬意、祝愿之类的话，如"祝贵公司兴旺发达""深表谢意"等语句，也可用"此致、敬礼"之类的普通用语。

5. 署名

署名应注意和自己的身份一致。

6. 日期

一般写在署名右下方，最好用阿拉伯数字，将年、月、日写全。

7. 附录

求职信一般都要同时附一些有效证件复印件，如学历证、学位证、专业技术等级证、身份证、工作证、获奖证书等复印件及简历（附有照片），还有通信地址、联系电话等，便于招聘单位审核、通知。

二、求职信的注意事项

1. 实事求是,恰如其分

写求职信务必抱着实事求是的态度,应做到正确介绍自己。对自己的能力、水平、特长应有恰如其分的评价,不可弄虚作假和虚构自己的学习成绩,也不能夸大自己的工作能力和特长,更不能虚构荣誉。真实是求职信的基本要求,但毕业生要做的不是向招聘单位袒露自己的缺点,而是要证明自己的实力,在有限的篇幅里扬长避短,使招聘单位对自己的才干和能力留下深刻的印象。

2. 谦逊诚恳,详略得当

写求职信要注意表现出自己谦虚的品质、诚恳的态度。语气要委婉,做到自信而不自大、自谦而不自卑。求职信中关于能够突出个性和吸引对方、打动对方的内容要详写,而且要写得有自己的风格。主要内容包括专业知识、工作经验、自身特长和个性特点。若你的求职信落入俗套,毫无特色的话,阅信人有可能"一扫"而过,然后扔进废纸篓。相反,如你的求职信写得与众不同,一开始就引起了读信人的注意,表述得体,阅信人会很有兴趣地将其看完,这样,你的名字就很有可能列入候选人名册了。

3. 有的放矢,开门见山

写求职信应讲究分寸。通过多种渠道尽可能多地了解招聘单位的基本情况,特别是现状。只有这样,才能针对不同性质的单位及岗位要求写出你现在能做什么、将来能为单位做什么的内容,来表达你对招聘单位的了解和关心,从而赢得好感,切忌不分青红皂白地用一种求职信的版本复印后到处投递。

写求职信就是要"察其所需、供其所求",并且恰当表现出你"供其所求"的本钱。对不同的单位和行业,不同的工作岗位,写求职信要"量体裁衣",结合自身的特点来写。对这样有针对性的求职信,用人单位会认为求职者有诚意和较好的应聘条件。

4. 文字精练,简洁明了

求职信是一种功能性很强的应用文体,不是越长、越详细越好,而是要简洁明了、重点突出、具有特色。求职信的篇幅一般不超过一页,同时还要特别注意语言是否得当,文法和标点符号是否准确,字迹是否清楚,要杜绝错别字。一封精练的求职信,配上工整或清秀的书法,既能显露你的才华,又能博得招聘者对你的好感,加深对你的印象。文字冗长、没有条理,是白白浪费别人的时间,不但不会令人感兴趣,还妨碍了对信中重要内容的理解。一封好的求职信要回答好三个问题:一是为什么申请这份工作;二是为什么你适合这份工作;三是你准备怎样为公司作贡献。

5. 祝词热诚,符合格式

正文后虽然只用几个字的祝词,但表示写信人对收件人的祝愿,不可忽视。

三、求职信的写作技巧

1. 了解对方、有的放矢

求职信是交际的一种形式,它可以反映出一个人的专业水平,从用人单位的角度考虑问题是使求职信产生积极效果的重要方法。求职者应该采取换位思考的方法,针对某一单位的某一职位而求职,通过分析用人单位提出的要求,了解用人单位的需要,然后有针对性地向其提供自己的背景资料,表现出自己独到的智慧与才干,使他们从自己身上看到希望,并做出对自己有利的决定。

2. 整体条理、个性鲜明

从阅信人的角度出发组织内容,根据求职的目的来谋篇布局,把重要的内容放在篇首,对相同或相似的内容进行归类组合,段与段之间按逻辑顺序衔接。信件要具有个人特色且能体现出专业水平,意思表达要直接、简洁,书写要清晰,内容、语气、用词的选择和对希望的表达要积极,充分显示出求职者是一个乐观、有责任心和有创造力的人。

3. 实事求是、恰如其分

用成就和事实代替华而不实的修饰语,恰如其分地介绍自己。求职信是用人单位对求职者的一次非正式的考核,用人单位可以通过信件了解求职者的语言修辞和文字表达能力,可以说求职信是用人单位对求职者的第一印象。

4. 篇幅适宜、精简概括

求职信不宜太长,一封求职信不能多于一页。不宜有文字上的错讹,切忌有错字、别字、病句及文理欠通顺。不宜是履历的翻版,应与履历区别开,自成一体。要自存副本档案。A4纸打印。

最后,提醒求职者在写求职信时,注意避免以下六点:错字连篇,主次不分;长篇累牍,无的放矢;条理不清,逻辑混乱;好高骛远,炫耀浮夸;过分谦虚,缺乏自信;用词不当,礼节欠缺。

第三节 个人简历撰写

个人简历是自己生活、学习、工作、经历、成绩的概括集锦。个人简历的真正目的是让用人单位全面了解自己,从而为自己创造面试的机会,最终达到就业的目的。个人简历一般作为自荐信的附件,呈送给用人单位。

一、简历的结构内容

个人简历又称履历表，是求职材料的重要组成部分，也是一份独立的文书。它浓缩了求职者的经历、学历以及求职所必需的信息，一般作为求职信的附件。求职信或自荐信是书信求职的主要材料，要根据求职目标或意向，结合自己的实际情况做精心准备。

个人简历真正的用处就是让用人单位充分了解自己，从而提供可能的就业机会。因此简历要写得简洁精练，切忌拖泥带水。简历的格式要便于阅读，有吸引力，从而使用人单位对自己有良好的印象。简历的内容要重点突出，用语要得体，书写要工整清楚。

1. 个人基本情况

包括性别、出生年月、籍贯、家庭地址、户口状况、政治面貌、民族、血型、身高、婚姻状况和健康状况等。

2. 通信联系资料

包括姓名、联系电话、地址及电子邮箱。该部分内容不多，但绝对不能遗漏，它是招聘单位与求职者建立联系的主要途径，在简历中应重点突出这些内容。

3. 求职目标

根据招聘单位的招聘信息说明自己主要应聘什么职位，一般写上1~2个，而且这两个求职的目标不要相差太远。如果你写了应聘的职位是机电技术员，同时又写应聘业务员的职位，招聘人员会因你的目标飘忽不定而做出对你不利的决定。

4. 教育和培训背景（学历）

要证明你的知识水准、所拥有的技能和能力，包括正规教育、非正规的成人教育和专业培训。

5. 工作经历

包括雇用型的工作和实习、勤工助学、兼职工作、志愿者和义务性及社区性的工作。重点说明本人在以上活动中做了哪些工作，取得了什么成绩。

6. 常规性技术和技能

计算机技能、语言技能、沟通能力、交际能力和团队精神等。

7. 专业技能

与应聘职务有直接联系的相关专业技术技能鉴定证书，应附有复印件。

8. 特长和兴趣爱好

诸如文艺、体育、旅游、摄影、写作等方面的特长和兴趣爱好。

9. 奖励记录

各级各类的奖励记录，应附有复印件。说明在什么时候获得什么样的奖励，如："三好学生""先进个人""优秀班干部""诚信证""优秀团员""××模范""××能手"等。企业人力资源部的领导是比较关注这些信息的。

> **课堂故事：凸显长处　脱颖而出**
>
> 有一家著名的电脑公司公开向社会招聘高层管理人员，有一位没有学过电脑也没有从事过任何与电脑相关工作的女士，也跑去应聘。而她所面对的竞争对手，不是受过专门训练的有业绩的从事电脑工作的人员，就是在电脑方面有专长的专家。有人知道后嘲笑她不自量力。出人意料的是，最终只有她被录取了，这是为什么呢？这个幸运者是谁呢？
>
> 原来，聪明的她意识到自己的弱点后，不断地向公司询问有关管理方面的问题：公司董事会目前最关心的是什么问题？公司继续发展下去，应该成为一个什么样的公司呢？公司需要什么样的人才呢？根据她的观察，她发现公司缺少的是战略思想以及管理方面的人才。于是，经过周密的思考和认真的整理之后，她向公司递交了一份有关这方面的详细报告，并在后面附上了自己的意见和建议。这份报告对公司发展很有帮助，公司领导看到了她的才能，因此，她被录用了。
>
> 这家电脑公司，就是世界上著名的电脑公司——惠普公司，被录用的幸运者就是菲奥里纳，如今的惠普掌门人。菲奥里纳在求职中另辟蹊径，凸显自己的长处，最终，她脱颖而出，达到了自己的目的。

10. 自我评价

在简历的结尾留出一格，用100～200字写一份个人鉴定。

11. 学院《毕业生就业推荐表》

学院的推荐表是重要的求职材料之一，占有举足轻重的地位。可以说这是官方认证，具有权威性。因此，把它放在求职材料中加大了材料的可信度及自荐力度。《毕业生就业推荐表》(表4-1)的内容主要包括：个人及家庭的基本情况，在校期间的学习成绩及奖惩情况；自我鉴定，组织鉴定等。

推荐表是统一栏目，统一格式，统一规范。要求每个毕业生在填写"自我鉴定"时，要在有限的版面内，用最少的文字"刻画"真实的自我。但在其他材料中不能照搬，应适当增加内容。对于组织的鉴定意见和其他对求职有利的内容，可在其他材料中引用或复印做求职材料的附件。

二、简历的格式规范

1. 按形式划分

个人简历是描述自己过去的一份完整的正式的总结性报告，同时也是毕业生推销自己的广告。简历一般有固定的格式,是求职人员必备的一份资料,表达要完整清楚。简历的写法按表现形式可以分为表格式、文章记述式和小册子式。

(1)表格式。这种格式综述了多种资料,易于阅读,通常适用于年轻、缺乏工作经历,但具有诸如所学课程、课外活动、业余爱好和临时工作经验等背景的大学毕业生。这是因为资历低浅的应聘者必须显示各种不同的资料,他们不深的资历很少需要分析和说明。

(2)文章记述式。这种格式可以用较少的表格、较长的文字记载,表格的数量和文字记载的长度也可以变化。它特别适合年长的和资历丰富的应聘者,因为他们的科研成果、主持某项工程的工作经验或在某项工作上的专长,通过文章形式表达出来,更能引起用人单位的重视。当然,太多的叙述有时会影响简历的目的,这是使用这种方法做简历时需要注意的。

表 4-1 毕业生就业推荐表

姓名		性别		民族		出生年月		政治面貌	
职务		班级		学制		综合评分		班级排名	
专业				有何特长				健康状况	
联系电话			招生来源			身份证号			
家庭住址						E-mail			
专业技能取证情况									
在校奖罚情况									
家庭主要成员及其工作单位									
班主任推荐意见						班主任(签章)　　　年　月　日			
系及就业指导部门审核意见		系党总支(章)　　　　年　月　日				就业主管部门(章)　　　年　月　日			

(3)小册子式。做简历时用多页的半文章式的活页格式组成履历。这种简历可以有4页、8页,甚至20页。这种格式的优点是能在小册子简历中放入一份分别打印、专门设计的求职信,将求职信和个人简历合为一体。目前有很多院校都统一制作这种形式的《就业推荐表》,个人做这种格式的简历需专门的技能设计和撰写。

2. 按内容划分

简历按表达内容可分为时序式、功能式及创造式。

(1)时序式。即按照时间顺序来排列个人受教育、工作的经历以及其他个人资料的简历。这是一种最常用的简历表,这种简历的优点是简洁、清晰、明了,大多用人单位招聘人员都比较喜欢,但这种时序式简历并不一定对应聘者有利,尤其是应聘者最近从事的工作并不能给人较深刻的印象时。

(2)功能式。这种简历只强调曾经工作的种类(功能),而不含任何特别的时间顺序。功能式简历的主要优点是突出自己的实际成就,引起招聘者的注意。其缺点是招聘者不得不排出他们自己推算的时间顺序。这种简历较适合那些已有一定工作经验的应聘者,不太适合刚刚毕业的学生。

(3)创造式。艺术界、广告界、宣传界和其他创造性领域里的求职者在准备简历时往往会打破标准的简历格式。当创造式简历寄给其应聘单位时,这种简历是有利的,它证明了求职者富有创造性,并提供了一种具有创造性和想象力的例子。创造式简历必须运用想象力,但也必须同时向招聘者提供他们需要的内容。创造式简历只能用于创造性行业,一般要避免在银行业、商业、交通运输业和制造业运用。

第四节 面试礼仪与应对技巧

社会关系是人们交往的产物,是人们在生产、生活过程中形成的,不以人的意志为转移的客观关系。作为联结人与人之间纽带的社交礼仪,它有其产生的条件与基本特点,也有其禁忌和应当遵循的基本原则。社交有了礼仪规范,纷繁复杂的人际关系才能奏出和谐共鸣的音符。

一、面试礼仪

1. 礼仪的概念、特点及原则

(1)礼仪的概念。礼仪是指人们在社会交往活动中形成并共同遵守的行为规范和准则,它是以一定的、约定俗成的程序、方式来表示尊重对方的过程和手段,是在人类历史发展中逐渐形成并积淀下来的一种文化。对个人来说,礼仪是一个人的思想道德水平、文化修养和交际能力的外在表现;对社会来说,礼仪是一个国家和地区生活习惯、道德风尚的综合反映，是社会文明程度的重要标志。所以说，礼仪是一门综合性很强的行为科学。

礼仪可具体表现为礼貌、礼节、仪表、仪式和礼仪器物等。礼貌是指人们在相互交往中表示敬意、友好、得体的行为规范；礼节是指人们在社会交往中表示尊重、祝颂、致意、问候、哀悼等的形式和规范；仪表是指人的外表，是礼仪在个人形象方面的体现，包括容貌、服饰、姿态、举止等；仪式是指在一定场合举行的具有专门程序、规范化的活动，如发奖仪式、签字仪式、开幕仪式等；礼仪器物是指表达敬意、寄托情意的一些物品。

①礼仪是一种行为规范或准则。个人要进入某一地域，就应了解那里的习俗和行为规范，并按照这样的习俗和规范约束自己的言行。

②礼仪是人们约定俗成、共同认可的行为。规范在社会实践中，礼仪往往表现为一些不成文的规矩、习惯，然后逐渐上升为大家认可的，以语言、文字、动作进行准确描述和规定的行为准则，并成为人们自觉学习和遵守的行为规范。

③礼仪是一个人的学识、修养和价值的外在表现。可以有效地展现施礼者和受礼者的教养、风度与魅力，它体现着一个人对他人和社会的认知水平、尊重程度，一个人只有在尊重他人的前提下，才会被他人尊重，人与人之间的和谐关系也只有在这种互相尊重的过程中，才能逐步建立起来。礼仪是人际交往的通行证，遵守礼仪是一个人获得成功的重要手段和途径之一。同时，由于礼仪是社会、道德、习俗、宗教等方面对人们行为的规范，所以它又是人类文明程度的一种外在表现形式。从个人修养的角度来看，礼仪可以说是一个人修养和素质的外在表现。

礼仪是人类文明进步的重要标志，是适应时代发展、促进个人进步和成功的重要途径。现代社会的人们已经越来越意识到，一个有修养、有风度、明礼、诚信的人更容易在社会上立足。各行各业的从业人员都迫切需要用礼仪规范来充实自己，完善自我形象，改进人际关系，从而在社交中游刃有余，实现自己的人生价值。

(2)礼仪的特点。

①普遍认同性。所谓认同性是全社会的约定俗成，是全社会共同认可、普遍遵守的准则。一般来说，礼仪代表一个国家、一个民族、一个地区的文化习俗特征。但我们也看到不少礼仪是全世界通用的，具有全人类的共性。例如：问候、打招呼、礼貌用语、各种庆典仪式、签字仪式等，大体是世界通用的。礼仪的普遍认同性，主要源于共同的经济生活和文化生活。

经济的共同性必然导致礼仪的变化。比如，现代经济的快节奏、高效率，使现代礼仪向简洁、务实方向发展。共同的文化孕育了共同的礼仪。礼仪的普遍认同性表明社会中的规范和准则，必须得到全社会的认同，才能在全社会中通用。

②规范性。所谓规范性，主要是指它对具体的交际行为具有规范性和制约性，这种规范性的实质是一种被广泛认同的社会价值取向和对他人的态度。无论是具体言行

还是具体的姿态，均可反映出行为主体的思想、道德等内在品质和外在的行为标准。

③广泛性。所谓广泛性特点，主要是指礼仪在整个人类社会的发展过程中普遍存在，并被人们广泛认同。礼仪无处不在，无时不在。

④沿袭性。所谓礼仪的沿袭性特点，是指礼仪形成本身是个动态发展过程，是在风俗和传统变化中形成的行为规范；在这种发展变化中，沿袭性表现为一种继承和发展。礼仪一旦形成，就有一种相对独立性。今天的礼仪形式就是从昨天的历史中继承下来的，有不少优秀的还要继续传承下去。而那些封建糟粕，则会被逐渐抛弃。所以交际礼仪的沿袭和继承是个不断扬弃的社会进步的过程。世界上任何事物都是发展变化的，礼仪虽然有较强的独立性和稳定性，但它也毫不例外地随着时代的发展而变化。随着人们社会交往范围的扩大，各国民族的礼仪文化都会互相渗透，尤其是西方礼仪文化引入中国，使中华礼仪在保持传统民族特色的基础上，发生了更文明、更简洁、更实用的变化。

(3) 礼仪的原则。

①遵守的原则。在社会交往过程中，每一位参与者，无论其身份高低、职位大小、财富多寡，都应自觉自愿地遵守礼仪，以礼仪规范自己在交际活动中的言行举止。否则，交际就难以成功。

②自律的原则。"己所不欲，勿施于人"，所谓自律，其实强调的就是严于律己。学习、应用礼仪，最重要的就是要自我要求、自我控制、自我对照、自我反省、自我检点，即按照礼仪规范严格约束自我行为，使其符合行为准则。

③敬人的原则。孔子云："礼者，敬人也。"人际交往过程中，要求我们对交往对象谦让、尊敬、重视、友好，要做到敬人之心长存，不可伤害他人的尊严，更不能侮辱对方的人格。

④宽容的原则。人际交往中，每个人的思想、品格以及认识问题的能力是有差别的。我们不能用一个标准去要求所有的人，而应宽以待人，要容忍、体谅、理解他人。千万不要求全责备，斤斤计较，过分苛求，咄咄逼人。

⑤平等的原则。礼仪交往的核心就是平等。在具体运用礼仪时，允许因人而异，根据不同的交往对象，采取不同的具体方法。但是不能因为交往对象年龄、性别、种族、性格、文化、职业、身份、地位、财富以及与自己的关系远近等的不同，就厚此薄彼、区别对待，对任何交往对象都应该一视同仁，给予同等程度的礼遇。

⑥从俗的原则。由于国情、民族、文化背景的不同，在人际交往中，实际上存在着"十里不同风，百里不同俗"的局面。面对这一客观事实，切勿目中无人，自以为是，随意批评，指手画脚，而应该入乡随俗，与绝大多数人的习惯做法保持一致。

⑦真诚的原则。真诚是人与人相处的基本态度，是一个人外在行为与内在道德的统一。礼仪要求我们在人际交往中，务必待人以诚，言行一致，表里如一。只要做到这一点，即使是没有潇洒的外表、优雅的谈吐，也同样能得到他人的信任和礼遇。

⑧适度的原则。凡事过犹不及,因此在应用礼仪时必须注意技巧,把握分寸,做到谈吐适度,举止规范,交往态度自然,做得过了头或做不到位,都不能正确地表达自己的自律、敬人之意。

2. 面试礼仪的要点

(1)时间观念。守时是职业道德的一个基本要求,提前 10~15 分钟到达面试地点效果最佳,可熟悉一下环境,稳定一下心神,提前半小时以上到达会被视为没有时间观念,但在面试时迟到或是匆匆忙忙赶到却是致命的,如果你面试迟到,那么不管你有什么理由,也会被视为缺乏自我管理和约束能力,即缺乏职业能力,给面试者留下非常不好的印象。不管什么理由,迟到会影响自身的形象,这是一个对人、对自己尊重的问题。而且大公司的面试往往一次要安排很多人,迟到了几分钟,就很可能永远与这家公司失之交臂了,因为这是面试的第一道题,你的分值就被扣掉,后面的你也会因状态不佳而搞砸。

(2)第一印象。到了办公区,最好径直走到面试部门,而不要四处张望,甚至被保安盯上;走进公司之前,口香糖和香烟都收起来,因为大多数的面试官都无法忍受你在公司嚼口香糖或吸烟;手机坚决不要开,避免面试时造成尴尬局面,同时也分散你的精力,影响你的面试成绩。一进面试单位,若有前台,则开门见山说明来意,经指导到指定区域落座;若无前台,则找工作人员求助。这时要注意用语文明,开始的"您好"和被指导后的"谢谢"是必说的,这代表你的教养;一些小企业没有等候室,就在面试办公室的门外等候;当办公室门打开时应有礼貌地说声"打扰了",然后向室内考官表明自己是来面试的,绝不可贸然闯入;假如有工作人员告诉你面试地点及时间,应当表示感谢;不要询问单位情况或向其索要材料,且无权对单位进行品评;不要驻足观看其他工作人员的工作,或在落座后对工作人员所讨论的事情或接听的电话发表意见或评论,以免给人肤浅嘴快的印象。

(3)等待面试。进入公司前台,要把访问的主题、有无约定、访问者的名字和自己名字报上。到达面试地点后应在等候室耐心等候,并保持安静及正确的坐姿。如果此时单位为使面试能尽可能多地略过单位情况介绍步骤,尽快进入实质性阶段,准备了公司的介绍材料,应该仔细阅读以先期了解其情况。而不要来回走动显得浮躁不安,也不要与别的面试者聊天,因为这可能是你未来的同事,甚至是决定你能否入职的人,你的谈话对周围的影响是你难以把握的,这也许会导致你应聘的失败。更要坚决制止的是:在接待室恰巧遇到朋友或熟人,就旁若无人地大声说话或笑闹,吃口香糖、抽香烟、接手机。

3. 仪表举止

在面试中,仪表举止是一个重要的测试要素。这种测试从考生叩门时就开始了,考生在进入面试室前轻轻叩门时,就必须以应考职位的形象出现。按照下列要求完成

每一细节:

(1)进门。进入面试室之前,应轻叩房门两三下,得到考官的应允后才可进入(若有工作人员导引则不必如此了)。走进后,背对考官,将门关上。如果门上是碰锁,最好先旋起锁舌,关上门后,再放开,以减轻关门声对他人的干扰。然后,缓慢转身面对考官。

这时,考生可以很自然地扫视一下整个房间,确定面试考场的基本布局(包括自己的座椅位置)。然后面带微笑,用目光逐一向各位面试考官致意,这就充分表现了考生的修养、稳重、信心和力量。请注意,保持自然的、热情的微笑,是很重要的,它不仅说明考生自己是放松的,而且在表现考生的风采的同时,微笑已经开始在考生和面试考官间进行积极的感情交流了。

(2)步入考场。接着考生就要迈着优美、稳健的步子走向面试考官。优美的步态应该具有一种轻快自然、从容不迫的动态美。要想显出朝气蓬勃、矫健有力,就应该以大腿为主动点,用双胯上提的力量带动双腿,抬头挺胸,伸直全身,重心落在脚尖上,两臂自然摆。目光保持与主考官的视线接触,不要看着天花板或盯着自己的脚尖,考生的步伐可以比平时加快四分之一。

不要小看这些关于步态的建议,一个垂着肩、驼着背的考生,会给人悲观消极的印象;而缓慢的步伐,会显示出考生对自己、面试以及面试考官的消极和不愉快的态度。聪明的考生会用他略快的步伐向面试考官声明:"我要去做非常重要的事情——面试,并且我的面试会获得成功。"除此之外,这样的步态会增强考生的信心,挺胸、抬头、加快步伐,考生会发现自己信心倍增。走路时比较忌讳的是:摇头晃脑、东张西望、左右摇摆。

面试官给一个肯定的正面答复,不妨脸带诚恳的微笑,女孩子可以微微歪着头。

4. 身体语言

(1)好的坐姿。入座(离座时也一样)时动作要轻盈和缓。从容不迫,不要像挤公共汽车抢座位那样慌张,也不要双腿一软,径直跌坐在位子上。落座后,请不要坐得太满,身体稍向前倾,坐姿要端正。尤其是软椅或沙发,坐到椅面的一半到三分之二就可以了。两脚平稳着地,平行放好。挺直腰身坐在椅子上,坐得自然些、放松些,当然还要大方优雅,事先练一练,让自己不至于手足无措。若对自己还不放心,就在手上拿个稍有重量的物件,如辞典等,它的重量会使自己在说话时没那么容易忘形地动手动脚。此外,若特地为面试而买了新衣服,则最好先穿一两次,觉得自然舒服了再穿去面试。

另外,女士要并拢双腿,否则在穿裙子的时候,尤其显得难看。即使不穿裙子,也要把腿靠拢。新加坡就有一种习惯,即不管男女,在说话时都应把腿靠拢。男性两膝之间可空出一个拳头左右的位置,而女士两膝应并拢,一起摆向一边或小腿交叉,但不要向前伸直。坐着，脊椎下部抵住椅背，上身略向前倾。一副端庄、大方、自然的坐姿既显得精神十足，又表现了对考官的尊重。坐下来之后，要小心坐好。考生要应考的职位，将来是要让考生"坐"的，所以此时此刻，请保持得体的坐姿。不仅要符合体态美的礼节，而且要让考生的表情、语言协调一致，也要与面试情景相符。别僵着身子坐，那会显得很不自然。面试时间太长的话，可在适当的时候换个姿势。

从考生入座之后，面试就正式开始了，考官们这时将全神贯注地注意考生，捕捉考生的一举一动、一言一行，其中考生的姿势语言将作为"背景"而存在，所以务必坐好，不要随心所欲。

(2)注意身体动作。考生坐得再端正，如果不停地晃腿、跺脚、搓手，或者伸懒腰、打哈欠，这些举动不是表明考生疲倦了，就是表明考生不耐烦了——这是对考官极大的不尊重，会让考官们反感。

(3)谈吐举止三大忌。下列动作在考官眼里被界定为不老实，一定要避免。

摸脸的动作：手在嘴巴及脸颊间游移，这被认为是不够自信及说谎的特定动作，而且形象猥琐。专家认为，面试时手抬高至下巴以上均非好事，切记双手不要举得太高。

双手交叉或环抱胸前：这在对方看来是紧张与自我保护的姿势，也许考生认为这个姿势最舒服，并无他意，可是"做者无心看者有意"，面试时这种动作还是免了吧。

不正视对方：不是叫考生从头到尾瞪着对方看，只是，在回答问题时，眼睛必须望着对方。将视线移开会让人怀疑考生因回避某些问题而感到不安。在对方说完之后，可以在开始回答前暂时将视线移开，不过，回答问题时记得要望着考官。

5. 应避免的坏习惯

面试时，个别考生由于某些不拘小节的不良习惯，破坏了自己的形象，使面试的效果大打折扣，导致求职失败。

手：这个部位最易出毛病。如双手总是不安稳，忙个不停，做些玩弄领带、挖鼻、抚弄头发、掰关节等动作。

脚：神经质般不住晃动、前伸、翘起等，不仅人为地制造了紧张气氛，而且显得心不在焉，相当不礼貌；弯着腰，弓着背，似一个"刘罗锅"，考官如何对你有信心？

眼：或惊慌失措，或躲躲闪闪，该正视时却目光游移不定，给人缺乏自信或者隐藏着不可告人秘密的印象，极易使考官反感；另外，若死盯着考官的话，又难免给人压迫感，招致不满。与考官交谈时不需要始终注视对方，但也不能漫不经心地四处张望。在交谈时应当显得自然，平时怎么和别人交谈的，就怎么去做。

脸：或呆滞死板，或冷漠无生气等，如此僵硬的表情怎么能打动人？得快快改掉。一张活泼动人的脸很重要。

行：其动作有的手足无措，慌里慌张，明显缺乏自信；有的反应迟钝，不知所措，这会自贬身价，不被考官看"扁"才怪呢。

总之，面试时，这些坏习惯一定要改掉，并自始至终保持斯文有礼、不卑不亢、大方得体、生动活泼的言谈举止，不仅可大大增强考生的形象，而且往往使成功的机会大增。

二、面试准备

1. 有效准备

(1)了解面试单位及岗位。为了保证面试前的准备工作做得更充分、更主动，面试前应试者必须对面试单位进行摸底调查，全面了解，做到心中有数，尽可能使一些问题处理得合理一些，其工作思路从以下几方面着手考虑：

①了解面试单位概况。用人单位的性质、规模、产品、效益、发展前景、应聘岗位职责、待遇、违约金、单位主管部门等问题都要详细地了解。如果应聘单位是企业，应从单位性质、注册资金、资产总值、职工人数、专业技术人员层次结构、产品经营、人事制度、工资奖金等方面进行较全面的了解；若是应聘学校等事业单位，应了解其职位性质、规模、师资、学生状况、工资待遇、发展前景等方面；若是应考公务员，应熟知所报考公务员职位的基本情况、职责、任务、待遇及发展前景等。

②实地考察。面试前，如果面试单位确实是你想去的，那么有必要去实地考察，进一步增加自己的感性认识。主要了解一下该单位所处的地理环境、员工的工作环境以及企业文化和企业精神。去学校应聘还要了解学校的软硬件设施、学生学习及校园文化氛围等情况。

总之，在面谈前最好弄清你想去单位的各种情况，以便厘清思路，明确该采取什么策略，从而在面谈时把握主动。

(2)语言能力训练。对应试者来说，流利自如的谈吐是面试成功的必备条件。在面试前做如下准备：

①口头表达能力训练。自从跨进大学校门，就要积极参加各种集体活动，有意识地加强语言表达能力的训练，逐步养成与陌生人自如交谈的习惯，多参加集体活动，课堂讨论大胆发言。也就是说，口头表达能力的训练不能等到面试时才去做，否则，见人脸红、遇事心慌、心中无谱、口中无词，说不上几句话，让摆在面前的就业机会白白流失。

②书面表达能力训练。面试单位要对应试者的文学水平、书法水平进行考查，也就是说，要考查应试者是否具备一定的人文素质，对文字的理解能力如何。字相当于一个人的外表，也是工作过程中最基本的能力。如果这方面的能力欠缺，往往就会给用人单位留下文学修养不高，字也写得不怎么样的印象，直接影响面试结果。

③交流协调能力。面试主考官出一道工作难度较大、人事关系较复杂的问题让你

解决，即在复杂的人际关系中如何协调工作中的各种矛盾，就是直接考察你交流、沟通、协调能力如何。因此，作为高校毕业生应该善于处理在校期间学习、工作、生活中的各种矛盾，遇到问题不要回避，久而久之，这方面的能力就会提高。

④问题归纳能力。讲述一件事或做自我介绍时，如果讲了半天，听者不知道你在讲什么，那就说明表述没有抓住重点，思路比较乱。因此，面试前，要将需要表达的问题进行重点和一般的分类，按照前后次序整理归纳，以此来提高面试效果。

(3)自我介绍。

①重点突出。把在大学里擅长的方面表达出来，也就是说把一个人最为得天独厚的才能表达出来。如果荣誉称号很多，那么就讲层次最高的，没有必要统统报出来。

面试时如何
自我介绍

②语言精练。自我介绍时，语言简短、清楚、准确，切忌漫无边际、毫无主题的瞎扯。古人云："言不在多，达意则灵。"语言是传递信息和交流思想的工具，求职者的技巧和表现手法主要体现于语言的运用上，要语不烦，字字珠玑，简洁有力，能使人不减兴味；冗词赘语，语序唠叨，不得要领，必令人生厌。

③一分为二。介绍自己时不能只讲优点，不讲缺点，有时把缺点讲得恰到好处，会收到事半功倍之效果。例如，某毕业生在几位考官面前介绍自己时，打破常规、独辟蹊径，先介绍自己的缺点，然后介绍自己的优点，扬长避短，掌握较好，一下子就得到了考官的好感，觉得该生诚恳、谦虚、实事求是。

④用词恰当。自我介绍时，讲一句就是一句，讲话要严谨，如果出现不切实际的话，易被面试考官质疑，几个问题一问，把整个思路全部搞乱，自己慌了手脚，影响面试效果。

2. 自我认知

要自信地应对面试，首先要对自己有清楚的认识。

(1)写出几件自己认为成功的事情，并逐一分析这些成就，列出你最主要的几项技能。

(2)同一件事情，各人有各人的处理方式，这取决于每个人的个性。为弄清自己的个性，可以通过分析成就，用一些形容词来归纳。

(3)确定与你的个性、兴趣相符的工作环境。工作环境不仅指具体的环境，更重要的是工作单位的文化背景。一位求职者到一家由几个工程师开设的公司面试，她说："那里给人的感觉就像军队，棕色的地毯、黄色的屏风、陈旧的家具……我不会在这儿工作的。"

3. 心理准备

面试就好比一场考试，不仅在测试每个人的能力，也在测试每个人的心理素质和临场发挥能力。心理素质,是人的整体素质的组成部分。它是以自然素质为基础,在后天环境、教育、实践活动等因素的影响下逐步发生、发展起来的。心理素质是先天和后天的合金。心理潜能、心理能量、心理特点、心理质量与心理行为的有机结合,称为心理素质。而这五个方面又都蕴含在智力因素与非智力因素之中。也就是说,所谓培养心理素质,就是要发挥、发展、培养、提高、训练智力与非智力因素的潜能、能量、特点、质量与行为。

要成功面试,首先要充满信心。"天高任鸟飞,海阔凭鱼跃。"保持良好的状态、快乐的心情,会大有好处。其次,要抓住招聘者的心。招聘者可能会先评价一个求职者的衣着、外表、仪态及行为举止;也可能会对求职者的专业知识、口才、谈话技巧做整体性的考核;还可能会从面谈中了解求职者的性格及人际关系,并从谈话过程中了解求职者的情绪状况、人格成熟度、工作理想、抱负及上进心。

三、面试的内容

1. 基本内容

面试过程中,面试官对毕业生一般要了解的内容有:

(1)毕业生的基本情况:姓名、专业、学历等。提问的方式有:请你用1～3分钟的时间简单介绍你自己。一般招聘应届毕业生时,安排的面试比较集中,很多时候面试官问这样的问题是了解基本情况,或者趁应聘者介绍的时候快速浏览简历,以便根据应聘者的情况进一步提问,同时看看应聘者的表达能力。这部分内容可以提前准备好,针对应聘的岗位和自己的优势进行准备,要有重点、有条理。

(2)根据简历和介绍的基本情况进行深入提问。主要内容涉及学习成绩、社会活动、兼职实习等内容。并且可能会要求举出一个实例来说明应聘者谈到的活动或能力。面试官主要希望从应聘者的过往经历和表达中发现应聘者的优缺点,考察应聘者的逻辑思维能力、团队合作等基本素质。应聘者在回答时应该以事实为依据,前后一致,逻辑严密,表达清晰。

(3)求职目标及对所应聘单位的了解。面试官问这方面的问题主要是了解应聘者希望工作的岗位、地点、应聘原因,对所应聘单位和岗位的熟悉程度。应聘者提前做好充分准备,对所应聘的单位和职位了解得越多越深入越好,这样如果被录用,工作的适应力就强。

(4)对个人未来职业发展的规划。一般单位到大学招聘应届毕业生是希望培养一些后备骨干,希望他们有比较长远的工作和发展打算。应聘者对自己三五年之后做什么应该有一个比较清晰的认识,有一个比较长远的职业规划。

(5)对薪酬的期望。在面试的后半部分或第二、第三次复试时,很可能会问到这个问题。一方面,面试官通过这个问题了解应聘者的薪酬期望是否与公司可提供的标准吻合，另一方面，也想了解应聘者对自己的定位和对所应聘岗位的了解程度。应聘者没有什么不好意思的，也不必过于谦虚，最好根据当地市场行情来回答，如果自己足够优秀，可以比市场行情略高一些。

（6）专业知识。在面试官的构成中，一般有人事主管、所招聘岗位的直接主管，有的最后需要公司的总经理面试。除了以上谈到的内容外，在面试中还会涉及一些与应聘岗位有关的专业知识，并且一般由直接主管来提问，这部分内容就看应聘者的基本功和专业能力，面试前要准备一些与所应聘岗位有关的专业知识。

2. 如何针对问题进行回答

每一个求职者，最大的困难就是如何回答面试人员的问题了。对于没有任何求职经验的毕业生来说，面对面试人员的提问，真的会防不胜防，被打个措手不及。往往是东拉西扯、胡说乱侃。但实际上，面试人员的提问并没有那么可怕，虽然每家公司的问法五花八门、千变万化，但万变不离其宗，提出的所有问题都有其清晰明确的目的，如果能够好好准备，掌握了常规的方法技巧，抓住面试中的关键点，加上临场镇定的表现和充分发挥，针对不同类型的问题，以不同的方式应答。在灵活机动应对各种提问的同时，只有会推销自己，才能有助你轻松过关，马到成功，这是面试的一个法宝。

（1）一般性提问。

①关于求职动机。

——为什么选择我们公司？

——对在公司工作的预期（工作条件、目标薪酬等）？

目的在于：考察求职者的求职动机，判断求职者的工作期望和公司实际条件是否一致。

②关于仪表与性格。面试全过程进行有意识观察。目的在于：考察求职者的形态、穿着、举止、礼貌动作、习惯和性格特点等。

③关于个人价值观。

——你择业考虑的主要问题是什么？

——个人对未来职业生涯的预期？

——如何理解幸福的人生和成功的事业？

④关于敬业精神。

——谈一件你的经历中最值得自豪的事件，你是如何获得成功的？

——你的职业态度是什么？

目的在于：考察以往的业绩、职业态度、责任感、进取精神、开拓精神等。

⑤关于专业知识、特长及经验。

——简单描述一下你的受教育经历（包括学校教育和工作中的培训）。

——如何使你的工作对公司更有价值？

目的在于：从专业角度了解求职者特长及知识的深度与广度，是否具备岗位所需的专业知识和专业技能。

⑥自制力和控制力。

——你最大的优点、最大的缺点是什么？

——如何发挥优点、改正缺点？

——你遇到压力时的处理方法。

⑦表达能力。

——观测面谈过程中口头表达的准确性、发音的准确性。

——观测体态语，语言感染力、音量、音调、节奏。

目的在于：考察求职者的语言组织和表达能力。

⑧未来发展能力。

——如果工作需要实行计算机自动化办公，你认为你能适应吗？

——假设公司未来几年获得高速发展，你将如何适应工作环境的变化？

目的在于：考核求职者的知识面、自我学习能力、身体状况、对未来的预期等。根据一般性问题，为避免面试过程中思考时间有限而仓促应对，有针对性地准备答案很有必要。准备答题应遵循以下原则：回答问题把握重点；叙述力求具体；回答紧扣内容；尽可能表现自己的特色。面试中可能遇到其他一些问题，你只要本着诚实守信的态度回答，都可以取得主试人的好感。

(2)压力式提问。当招聘者想了解你如何处理压力时尤其是他们提出一连串颇难对付的问题时，你就会遇到这种充满压力的面试。一位求职者描述面试的经历时说："面试官不断提问，很专注，听得很仔细。我也一直处于戒备状态，受尽折磨，直到最后才有稍微松懈。"

招聘者用这种方式想看看你在压力下是否变得沮丧、戒备、捕捉你的疏漏，千万不要让他挫伤你的锐气。如果你觉得问题来得太快，不能很好回答，那么做一次深呼吸，笑一笑，说："我可以一次只回答一个问题吗？我想那样我会答得好些。"

(3)假设性提问。当招聘者想了解你处理问题的能力时常用这个办法。这会帮助他们知道你过去的表现及推测你将来的表现。通常会虚拟某种情况，看你将怎样处理。

——如果你负责的一件工作不能按时完成，你会怎么做？

——如果你必须和一个很难相处的人共同完成一项工作，你会怎么办？

——如果你最要好的同学告诉你，在考试时他严重违反校规校纪(未被任何人发现)，你怎么办？

回答这类问题要有针对性。例如，关于不能按期完成工作的问题，招聘者想知道的是：怎么处理它；你会用什么策略；你是不是足智多谋；你是否想增加人手；你是否能走捷径而不损害工作；你是否具有原则性和政策素质。

具体问题具体分析是一个不错的方法。你可以给出一个遇到过的相似的情况的例子，告诉招聘者你是怎么完美地画上句号的。

(4)随机式提问。招聘者有时还要看看你在日常情况下和关键时刻的表现,看看你在处理将要遇到的问题时是否有涵养和技巧。例如:一位应聘高级管理职位的求职者回忆公司邀请他到一家餐厅共进晚餐的情况:"吃完饭,服务员来结账,他们一个个地出去了,我坐着等他们回来,但他们没有回来。我以为这是一个玩笑,但经理说他们都已经走了。于是我对服务员说这一定误会了,但我会付账的。后来才知道这是公司安排好的。想看看我在这种情况下怎样冷静得体地代表公司处理此事。"

这类面试,要求求职者时刻小心谨慎,当然求职者也可以事先做些准备。例如:

——列出可能出现的各种日常问题;

——列出可能遇到的紧急情况;

——回顾过去在处理日常生活和紧急情况时所使用的技巧。

以上列出了一些应对面试的方法,在实际面试中,你应该审时度势地加以运用。

(5)机关常见测评项目。以具有代表性的机关招考工作人员 65 个面试测评项目模型作为研究样本,归纳统计后发现:65 个模型中出现的测评项目一共有 26 个(对名称不同而实质相同的项目做了简单合并)。但各个项目出现的总次数大不相同,有的在多个模型中出现。各个项目的活跃程度、常见程度,研究者采用"出现频率"这个概念来反映,即各个项目出现次数与 65 个样本模型之比,整理排列后得出(表 4-2)。

表 4-2 机关常见测评项目

顺序	项 目 名 称	出现次数	出现频率(%)
1	语言表达能力(含清晰性、逻辑性、准确性,个别模型曾出现两个以上的语言表达因素)	71	90.2
2	应变能力(含回答迅速、灵敏度、灵活性等)	53	81.5
3	综合分析能力	50	76.9
4	实际业务知识与操作技能(含工作经验、业务水平等)	38	58.5
5	举止(含仪表、气质、风度等)	34	52.3
6	逻辑思维能力	33	50.8
7	知识面	22	33.8
8	思想政策水平(含思想境界、纪律性等)	18	27.7
9	进取精神(含事业心、进取心、竞争意识、成就感等)	10	15.4
10	态度	8	12.3
11	人际关系(含协调交往)	8	12.3
12	兴趣爱好	7	10.1
13	性格	5	7.7
14	创造能力	5	7.7

四、面试的技巧

1. 介绍

作为人们彼此相识的一个重要方式，犹如一座桥梁，它能由此到达四面八方。介绍是社交活动中人们互相认识、建立联系的必不可少的手段，是交谈的形式之一。自我介绍要注意镇定自信、落落大方；语音清晰、语速适中；掌握分寸、突出重点；感情充沛、友好待人；幽默生动、辅以表情。

介绍自己的方法有很多种。

(1) 直截了当式介绍。先报姓名，然后说工作单位、职业、文化程度、特长或兴趣等。语言质朴、态度诚恳、实事求是，容易被对方接受，给人留下良好而谦逊的印象。

(2) 自嘲式介绍。在友好、真诚、欢快、喜庆的语言氛围中，用自我解嘲的介绍往往能活跃气氛，在善意的笑声中给人们留下深刻的印象。

(3) 援引式介绍。在特定的语言环境中用援引式介绍，不仅是一种幽默，还有助于记忆。如某业余节目主持人接受采访时即兴作答："我的姓名多奇志，出自毛主席的诗句'中华儿女多奇志，不爱红装爱武装'。可是时代不同了，我不爱武装爱红装，这和职业有关，我是南阳市幼儿教师。"

(4) 谐音式介绍。谐音能由人的名字生产联想，情趣横生。谐音式介绍用得巧，能有弦外音。例如，学校有关部门为了了解学生的学习、生活情况，请参加会议的同学作自我介绍，一位同学说："我是班上的生活委员，姓李名佳，最希望能得到大家的信任和理解，所以常有人开我的玩笑李佳(理解)万岁！"

(5) 转折式介绍。转折能增加感受的层次，转折式介绍能帮助那些缺少某种公认优势的人，具有后发制人的特征。例如："我王英俊一点儿也不英俊，又黑又瘦，但我有二百零六块傲骨，一点儿也不为自己的形象自卑。"

(6) 矛盾式介绍。人是矛盾的组合体。矛盾耐人回味，使自己个性丰满。矛盾式介绍多为性格复杂、深沉、内心丰富的人所用。在交际对象期待感强、富有领悟力的条件下，更能给人以思索的余地。例如，铁道部某工程局举行笔会，一位来自工地的诗作者描述着自己："一个胸藏锦绣的黑脸大汉，一个朋友如潮的孤独者，一个人人说他自信、幽默而他内心却时时产生危机感的年轻人，这就是我刘长青，爱诗歌的大桥工人。"

2. 答问技巧

面试时若招聘者问你有没有问题，你可以适当问一些问题，并且应该把提问的重点放在招聘者的需求以及你如何能满足这些需求上。通过提问的方式进行自我推销是十分有效的，所提问题必须是紧扣工作任务、紧扣职责的。你可以询问诸如以下的问题：应聘职位所涉及的责任以及所面临的挑战；在这一职位上应该取得怎样的成果；

该职位与所属部门的关系以及部门与公司的关系；该职位具有代表性的工作任务是什么。当然也要注意不要问一些通过事先了解就能够获得的公司的信息，这会让人对你的面试目的是否明确表示怀疑。

(1)把握重点，条理清楚。一般情况下回答问题要结论在先议论在后，先将中心意思表达清楚，再做叙述。

(2)讲清原委，避免抽象。招聘者提问是想了解求职者的具体情况，切不可简单地以"是"或"否"作答，有的需要解释原因，有的则需要说明程度。

(3)确认提问，切忌答非所问。面试中，招聘者提出的问题过大，以致不知从何答起，或求职者对问题的意思不明白是常有的事。通过"你问的是不是这样一个问题"将问题复述一遍，确认其内容，才会有的放矢，不致南辕北辙、答非所问。

(4)讲完事实以后适时沉默。保持最佳状态，好好思考你的回答。

(5)冷静对待，宠辱不惊。招聘者中不乏刁钻古怪之人，可能故意挑衅，令人难堪。这不是"不怀好意"，而是一种战术提问，让你不明其意。故意提出不礼貌或令人难堪的问题，其意在于"重创"应试者，考察你的"适应性"和"应变性"。你若反唇相讥，恶语相对，就大错特错了。

(6)要知之为知之不知为不知。面试中常会遇到一些不熟悉、曾经熟悉现在忘了或根本不懂的问题。面临这种情况，回避问题是失策，牵强附会更是拙劣，诚恳坦率地承认自己的不足之处，反倒会赢得招聘者的信任和好感。

3. 谈话技巧

(1)交谈原则。应聘者与招聘者交谈应该把握以下"四个度"的原则。

①体现高度，在交谈中展示自己的水平。一方面是政治思想水平和强烈的敬业精神，另一方面是专业水平。对问题不能满足于"知其然"，还要答出"所以然"。

②增强信度，在交谈中展示自己的真诚。首先，态度要诚恳，交谈不要心不在焉；其次，表达要准确，少用"可能""也许""大概"等模棱两可的词语；最后，内容要真实，尤其对于自己的优缺点要一分为二，实事求是。

③表现风度，在交谈中展示自己的气质。一方面要体现自身的外在美，另一方面要体现内在气质。言语是一个人内在气质、涵养的外在体现，要注意用自己的语言魅力展示自己。

④保持热度，在交谈中展示自己的热情。要注意做到：主动问候，精神饱满，悉心聆听。

(2)谈话的技巧。

①谈话应顺其自然。不要误解话题，不要过于固执，不要独占话题，不要插话，不要说奉承话，不要浪费口舌。

②留意对方反应。交谈中很重要的一点是把握谈话的气氛和时机，这就需要随时

注意观察对方的反应。如果对方的眼神或表情显示对你所涉及的某个话题已失去了兴趣，应该尽快找一两句话将话题收住。

③有良好的语言习惯。不仅要表达流利，用词得当，同样重要的还有说话方式。发音清晰：有些人个别音发音不准，如果影响讲话整体质量的，应少用或不用含有这个音素的字词；语调得体：得体的语调应该是起伏而不夸张，自然而不做作。

④声音自然。音调不高不低，不失自我，不仅听来真切自然，而且有利于缓解紧张情绪；音量适中：音量以保持听者能听清为宜；语速适宜：要根据内容的重要程度、难易度及对方注意力情况调节语速和节奏。

此外还要警惕容易破坏语言意境的现象：过分使用语气词、口头语，不仅有碍于听者的连贯理解，还容易引人生厌。

(3)交谈心态。应届毕业生初次参加招聘，如何摆正自己的心态很大程度上关系着应聘的成败。

①展示真实的自己。面试时切忌伪装和掩饰，一定要展现自己的真实实力和真正的性格。有些毕业生在面试时故意把自己塑造一番，比如明明很内向，不善言谈，面试时却拼命表现得很外向、健谈。这样的结果既不自然，很难逃过有经验招聘者的眼睛，也不利于自身发展。即便通过了面试，人力资源部门往往会根据面试时的表现安排适合的职位，这对个人的职业生涯也是有害的。

②以平等的心态面对招聘者。面试时如果以平等的心态对待招聘者，就能够避免紧张情绪。特别是在回答案例分析问题时，一定要抱着我是在和招聘者一起讨论这个问题的心态，而不是觉得他在考自己，这样就可能做出很多精彩的论述。

③态度要坦诚。招聘者一般都认为做人优于做事，因此，面试时求职者一定要诚实地回答问题。某企业的一位人事主管说，以前面试过一个女孩，面试时她说自己有男友，进入公司后又说没有男友。问她原因，她说曾在一些书里看到，如果说有男朋友就会给人稳重、有责任感的印象。实际上这样做非常不好，面试时的欺骗行为是不利于以后发展的。

4. 聆听技巧

一位不听人言、只顾自己说话的人，多半惹人生厌。谈话时不要打断对方，而要全神贯注地聆听。要留意对方说话的内容、声调、神态，判断对方的心态，体会对方的暗示。这样对方就会觉得受到尊重，并认为你对他的言论产生了兴趣，相对地他也会对你产生兴趣。

(1)聆听的基本要求。

①听话要有耐心：在对方兴致勃勃地说话时，你应保持耐心，出于礼貌，不可露出不耐烦的神色。

②听话能够专心：听人讲话时应全神贯注，始终保持饱满的精神状态，专心致志，

以表明你对他的谈话感兴趣。

③理解还要细心：要具备足够的敏感性，善于从对方的话语间找出他没有表达出的意思，理解对方的"弦外之音"。

(2)聆听的主要技巧。

①采取适合倾听的体态：如身体微向前，倾向主试者，以缩短与谈话者的距离，表示你对他的谈话有兴趣。

②采用专心的眼神：要聚精会神地注视对方，目光不要左右移动。

③恰当地表达你的关注：对方说话时，听话者应细心体会对方的感觉，并产生相应的反应，与说话人同乐同忧。

④理解对方谈话的要点和实质：听的过程中，注意把问题听清、弄懂，尤其要理解对方的话外之音。

⑤聆听的技巧可以通过练习而获得。如果我们在日常生活中时时留心，处处注意他人的说话，不仅可以兼采众家之长，还可以在说话人的心理上产生"酒逢知己千杯少"的共鸣。

5. 讲错话的应对技巧

人在紧张的场合最容易说错话。比如在称呼时，把别人的职务甚至姓名张冠李戴。经验不足的应试者碰到这种情况，往往会懊恼万分，心慌意乱，越发紧张，最好的应付方法是保持冷静。若说错的话无关紧要，也没有得罪人，可以若无其事，专心继续面试，且无须懊悔不已。通常主试者不会因为求职者一次小小的错误，而放过合格的人才。若说错的话比较严重，为防止误会，可在合适的时间更正并道歉。例如："对不起，我刚才紧张了点儿，好像讲错了，我的意思是……请原谅。"出错之后，坦诚地纠正自己的错误说不定会博得主试者的好感，还有希望被录用。面试时，大家都渴望成功，害怕失败，往往因过于在意小节，或过分紧张，而不能发挥正常水平。所以，最好的方法是抱着锻炼自己的心态，去参加面试，即使出错，也不要遮盖，坦然承认，相信你会成功的。

6. 做好碰壁的心理准备

古人云："胜败乃兵家常事。"择业面试也是如此。当你面试失败，没有被用人单位录用时，绝不能气馁，更不能灰心丧气，因为做任何事不可能次次成功，事事如愿。一定要调整好心态，振作精神，认真地总结，冷静地分析失误的原因，为下次应聘做好准备。

对于涉世未深的大学毕业生，在面试时出现这样或那样的失误是不足为奇的。关键是在你处于尴尬境地时，如何摆脱。其实，对于自己在面试中出现的小过失，不必太在意，结果不一定会那么糟，主试者也不会因为一些小过失而不录用你。特别是女孩子，决不能因自己说错话，就伸伸舌头，或者低头不讲，最好的方法是不要把它放在心上，集中精力回答好后面的问题。假如为一开始出现的一点错误患得患失，把你的整个思路打乱，面试就很难成功。尤其是当主试者的提问触及你的弱点时，不要因此影响应试情绪，更不要表现出愤怒或气馁的情况。只要你保持良好心态，树立坚定的信心，就能顺利通过面试。

7. 应对主试者的技巧

面试是一项专业性很强的工作，主试者同样受这种职业的限制，他必须评价应试者而且含而不露。主试者在面试内容上大同小异，目的性也是十分明确，但由于每个主试者的性格迥异，兴趣不同，处世大相径庭，对问题的看法也不相同，就会使我们面对的问题格外复杂。因此，在面试时要根据不同类型的主试者采用不同的策略。

(1)文明礼貌，不卑不亢。大学毕业生在面试时，应懂得起码的礼仪，无论面对何种类型的主试者，都应注意礼貌，但也不能过分殷勤。有些应试者为了达到录取的目的，对主试人员大献殷勤，对招聘单位极尽吹捧之能事，个别人甚至丧失人格到令人作呕的地步。这样的应试者，成功的机会很小。任何单位都是挑选一些有作为、能为单位发展作出贡献的人，谁也不愿接受溜须拍马、卑躬屈膝、阿谀奉承的人。也有一些应试者应聘时本身并不想表现出阿谀的态度，但在言谈举止中透露出不正常的行为。例如，一进考场，先向每一个主试人员深度大鞠躬；在面试过程中，过于夸大单位长处；面试结束后走出房门，又突然返回，再向主试人员90度大鞠躬，口里还不停地念叨："谢谢！谢谢！"搞得主试人员啼笑皆非，十分反感。

有些毕业生尽管毕业于名牌大学，成绩优秀，自身条件优越，笔试成绩良好，但在面试中却屡遭失败，究其原因不是自恃条件优越趾高气扬、盛气凌人，就是自命清高、表情冷漠、缺乏热情，这些都会引起用人单位的反感。虚荣心太强，也会导致你的面试失败。当自己被考官发现了短处，自知找不到理由来解释，却又强词夺理，牵强附会，拼命狡辩，这样会给人一种不虚心、不诚实之感。

(2)因人而异，区别对待。主试者的身份不同，他的用人观念和价值标准也不相同，因此面对不同的主试者，要采用不同方法。如果主试者是技术干部，他就可能注重专业知识和技能；如果主试者是人事干部，他就会注重应试者的社会意识和处世能力。为取得面试成功，求职者可事先了解主试者的身份，再采取相应措施。若在面试前未能了解到他们的情况，可向面试完的同学咨询。

应试者尤其要注意主试者的性格。一个"谦虚"的主试者，一见面就会与你握手，请你入座，这一类主试者，表面看来谦虚可亲，容易交往，但他们内心严谨，洞察力敏锐，即使你想掩饰内心的不安，伪装平静地谈话，也会被他们识破。面对这种类型的主试者，应试者必须保持警觉，诚心诚意地谈出自己的想法。绝对不要一味地去迎合主试者，更不要妄自尊大。妄自尊大最令谦虚的主试者反感，所以面对这样的主试者，求职者采取的策略是：他谦虚，你比他更谦虚。

面对一个冷冰冰的主试者，再高明的社交能手都会感到难以接近，一般的新手就更不知如何是好。这一类主试者一般性格内向，比较固执，但他们坚持原则，对人的考察方式一板一眼，对人的评价以书本中的条条框框为准。所以面对这样的主试者，你只需按部就班地发挥，便可取胜。

面对一个慢吞吞的主试者，求职者需要的是耐心和韧劲。慢吞吞的人一般做事迟缓，工作效率较低，为人不够爽快，对他人总是不放心。但慢吞吞的主试者通常都是有耐心的人，他们总是把一切弄得仔仔细细、明明白白。求职者面对这种主试者一定要耐得住性子，说话保持温和谦虚的口气，耐心、仔细、周全地回答问题，最好不要发问，少些辩驳。在语气上、表达方式上尽量配合他，千万不要走神或有倦意的神态。只要这样，求职者就能打动这一类主试者的心。

如果求职者在面试时遇到一位喋喋不休、说个没完的主试者，算是幸运的。因为说话多的人会放松对他人的观察与把握。但是求职者一定不能懈怠，或流露出不耐烦的神情。此时，你需要注意聆听，不插话，除非他向你提问，自己不要另起话头。让主试者充分说话，尽情表达，兴趣盎然，这样，你多半会被录用。所以，此时此刻对求职者来说，最重要的是对他所讲的内容报以浓厚兴趣，并不断利用表情，促使他把话说下去。不要担心拉长时间，或表现出焦虑不安的神态，这样会使他扫兴，当然结果自然不会美妙。

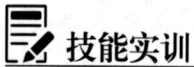 **技能实训**

STAR 法则助力面试

STAR 法则（图 4-1）是情境（Situation）、任务（Task）、行动（Action）、结果（Result）四项的缩写。面试官经常使用 STAR 法则，收集面试者与工作相关的具体信息和能力。比起传统的面试手法，STAR 法则可以更精确地预测面试者未来的工作表现。

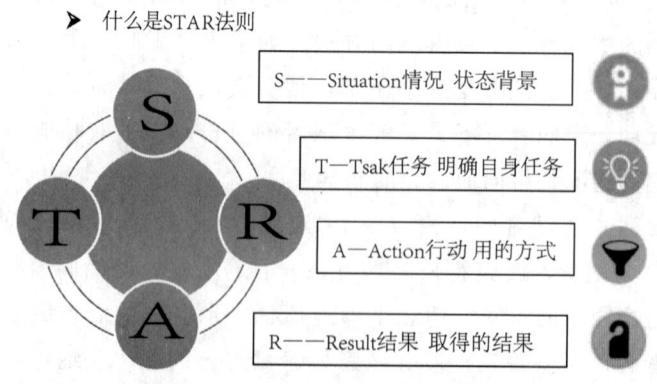

图 4-1　STAR 法则

写简历时就要准备好面试时的个人故事，以便应付千奇百怪的开放性问题。为了使大家轻松应对这一切，可以尝试使用 STAR 法则，以使自己迅速完成这看似庞大的工程。

1. 头脑风暴

在脑海里仔细回想从大一到大四自己参与过的所有活动(尤其是能突出你某些能力的活动)，包括：

(1)社团活动、职务、时间、所做事情。

(2)在公司实习的经历、职务、时间、所做过的事情。

(3)与他人一起合作的经历(课题调研，帮助朋友办事)。

2. 应用 STAR 法则

将每件事用 STAR 四点写出，将重要的事情做成表格。

事件：大一辩论比赛获得冠军。

S：系里共有 5 支队伍参赛，实力……，我们小组……

T：熟悉辩论流程，掌握辩论技巧，获得系冠军。

A：自己主动整理资料，组织小组学习流程，编制训练题，小组训练，根据每个人的特点，分配任务(尽量详细，包括当中遇到的困难都要回忆起来，自己是怎么解决的)。

R：获得系辩论赛冠军。

以上这个例子中，可以让 HR 迅速了解你整个活动的前因后果，同时，也突出了你在这个活动过程中的领导能力、沟通能力、主动解决问题的能力等。将刚才在头脑风暴中，想到的事情都用这个方法做出表格。一般来说，特别突出的事情应该要达到七八件。

3. 挖掘闪光点

每一个开放性问题都在考察自己的一项能力，如领导能力、沟通能力、适应能力等。而挖掘闪光点就是在这些事件模块中找出你所能体现的这些能力，如上例辩论赛中所体现的领导能力、沟通能力、主动解决问题的能力。这时候，就可以在下面多加一行——能力体现。

事件：大一辩论比赛获得冠军

S：系里共有 5 支队伍参赛，实力……，我们小组……

T：熟悉辩论流程，掌握辩论技巧，获得系冠军。

R：获得系辩论赛冠军。

能力：沟通能力、协作能力、领导能力、主动解决问题的能力。

第五章　职场情商和职业心理

人生的幸福和工作息息相关，它占据了大量时间，而时间是人生最珍贵的资源。但当年轻人从校园走进职场时，却常常面临困境。因为职场和学校是完全不同的场所，游戏规则大相径庭。人们会惊奇地发现，曾经的学霸可能在职场中屡屡碰壁，而那些学业上资质平庸的同学常常混得风生水起。这是因为，学校和职场所需要的核心素质不一样——除了少数岗位，智商差别对工作成果影响很少，而情商则对职场发展至关重要。

第一节　情商概要

美国前总统布什曾经说过："您能调动情绪，就能调动一切。"要了解情商，必须要弄清楚什么是情绪。

一、情绪

1. 了解情绪

普通心理学中对情绪的定义：情绪是指人对认知内容的特殊态度，是以个体的愿望和需要为中介的一种心理活动。情绪包含情绪体验、情绪行为、情绪唤醒和对刺激物的认知等复杂成分。

生物学中对情绪的定义：情绪亦称情动。一般把情感中像愤怒、悲哀、恐惧等这种短暂地、急剧地发生的强烈的情感称为情绪。

按照通俗的理解，情绪是指个体受到某种刺激后所产生的一种身心激动状态。情绪状态的发生每个人都能够体验，但是对其所引起的生理变化与行为却较难加以控制。人们处于某种情绪状态时，个人可以感觉到，而且这种情绪状态是主观的。因为不同的情绪体验只有当事人才能真正地感受到，别人固然可以通过察言观色去揣摩当事人的情绪，但并不能直接地了解和感受。情绪经验的产生，虽然与个人的认知有关，但是在情绪状态下所伴随的生理变化与行为反应，却是当事人无法控制的。每个人都会有情绪，心理学上把情绪分为四大类：喜、怒、哀、乐。再把它们细分还有很多，基本包括我们身上所发生的所有体验。

一般而言，情绪有以下几个特点：

（1）是一种主观的经验。俗话说，"如人饮水，冷暖自知"，只有自己才能真正地感到喜怒哀乐各种不同的情绪。

（2）是个体内在的反应，如自主神经系统的反应。

（3）是对特定事物的信念或认知评估，这种信念或认知评估会使个体产生正面或负面的情绪。

（4）情绪会借由脸部表情来表现。

（5）对于知觉到的情绪可表现出来，如行为上之反应。

2. 情绪智能

当我们接收到一个刺激时，小脑会自动产生一种生物生理化学反应，这就是情绪。

例如，当我们漫步在一个风景优美、空气清新的森林公园里时，我们自然而然感到心情愉悦舒畅，这样的情绪令我们脚步平稳、悠闲，身体动作自然放松。而如果此时您突然听到一声狼的嗥叫，或一头凶猛的野兽突然出现在您的面前，您的情绪就会立刻转为恐惧紧张，之后则有可能发出恐惧的惊叫，转身逃跑。

上述的这两种情绪及行动的发生状况其实就是我们的小脑的自发反应而形成的，所以，情绪的产生是源自自动的生物生理化学反应，这是属于我们生理上的一种自我保护的原始机制，是比我们的理性思维、智力，也就是我们的大脑，速度快8000倍的反应模式。

由小脑产生的情绪所引发的行动，并没有经过我们数学逻辑的分析中心——大脑的思考，因此所采取的行动是被动的、非理性的反应，我们通常称其为"非条件反射"。从"非条件反射"到经过大脑分析后采取理性行动，就是情绪智能的反应。这个过程的时间差约6秒钟，也就是说，自小脑自发产生情绪后的6秒钟左右的时间，小脑才能将信息传递到大脑，进而由大脑进行逻辑分析，做出理性判断，采取理性的行动。由大脑对小脑的情绪进行理性分析后选择采取行动的能力就是情绪智能。

例如，卓别林在深夜回家的途中遇到了携带手枪的歹徒，他的第一个念头就是转身就跑，但是，他在迟疑片刻之后，把自己的钱包交出来，并且可怜兮兮地请求劫匪："您在我的帽子上开两枪吧，我好向我的老板交差。"歹徒二话不说，拿起他的帽子就打了两枪。卓别林又请求道："这样不够惨，您在我的裤脚上再打两枪吧！"歹徒不耐烦地对着卓别林的裤腿又开了两枪。卓别林脱下外套，又接着请求："您好人做到底，在我的外套上再打两枪吧！"歹徒恼怒地对着卓别林的外套开枪，却发现子弹已经用完了。卓别林于是拔腿就跑，成功脱险。

那么在这个例子中，卓别林转身就跑的冲动就是未经理性控制的情绪，而后交钱以求自保,诱使歹徒用完子弹从而成功脱险的心理活动,就是情绪的智能处理过程。

1900年,美国耶鲁大学心理学院院长及教授彼得·塞拉维和新罕布什尔大学的教授约翰·梅耶最早研究并定义了情绪智能:情绪智能是识别、面对和运用情绪来引导思考的一种能力。1995年,《纽约时报》第一次将情绪智能的学术概念用"情商"来简化。

二、情商

1. 情商的概念

EQ是Emotion Quotient的简称,它是近年来心理学家们提出的与智力和智商相对应的概念,主要是指人在情绪、情感、意志、耐受挫折等方面的品质。以往认为,一个人能否在一生中取得成就,智力水平是第一重要的,即智商越高,取得成就的可能性就越大。但现在心理学家们普遍认为,情商水平的高低对一个人能否取得成功也有着重大的影响,有时其作用甚至要超过智力水平。那么,到底什么是情商呢?

正式提出"情感智商"这一术语的是美国耶鲁大学的彼得·塞拉维教授和新罕布什尔大学的约翰·梅耶教授。他们在1990年把情感智商描述为由三种能力组成的一种结构。这三种能力是:

(1) 准确表达和评价情绪的能力;

(2) 有效地调节情绪的能力;

(3) 将情绪体验运用于驱动、计划和追求成功等动机和意志过程的能力。

1993年,塞拉维和梅耶对情感智商作了进一步的研究,把它定义为社会智力的一种类型,并对其应包含的能力内容作了重新界定:"(1)区分自己和他人情绪的能力;(2)调节自己和他人情绪的能力;(3)运用情绪信息去引导思维的能力。"这个界定比1990年的界定更加明确,但作为概念,这个界定仍然停留在描述的层面上,基本含义变化不大。

1995年10月,美国《纽约时报》专栏作家丹尼尔·戈尔曼出版了《情感智商》一书,把情感智商这一学术研究新成果以非常通俗的方式介绍给大众,正式提出了与智商(IQ)相对应的概念情商(EQ)。该书的出版,激起了全球对情商广泛的研究兴趣。在戈尔曼看来,人类有两个大脑,一个是理智的大脑,另一个是情感的大脑。人生的成功是情商与智商并驾齐驱的结果。戈尔曼认为"情感智商包含了自制、热忱、坚持,以及自我驱动、自我鞭策的能力",主要包含五个方面:

(1) 自我认知:是当某种情绪一出现便能觉察到的能力,它是情商的核心。认识情绪的本质是情感智商的基石,当人们出现了某种情绪时,应该承认并认识这些情绪而不是躲避或推脱。只有对自己的情绪有更大的把握才能成为生活的主宰,才能更好地指导自己的人生,更准确地决策婚姻、职业等大事;反之,不了解自身真实情绪的人,必然沦为情绪的奴隶。

(2)自我管理:是指能够自我安慰,能够调控自我的情绪,使之适时、适地、适度。这种能力具体表现在通过自我安慰和运动放松等途径,有效地摆脱焦虑、沮丧、激怒、烦恼等因失败而产生的消极情绪的侵袭,不使自己陷于情绪低潮中。这方面能力较匮乏的人常需与低落的情绪交战;而这方面能力高的人可以从人生挫折和失败中迅速跳出,重整旗鼓,迎头赶上。

(3)自我激励:指能将情绪专注于某项目标上,为了达成目标而调动、指挥情绪的能力。任何方面的成功都必须有情绪的自我控制——延迟满足、控制冲动、统揽全局。拥有这种能力的人能够集中注意力、自我把握、发挥创造力、积极热情地投入工作,并能取得杰出的成就。缺乏这种能力的人,则易半途而废。

(4)认知他人的情绪:即移情的能力,是在自我认知的基础上发展起来的最基本的人际技巧。具有这种能力的人,能通过细微的社会信号敏锐感受到他人的需要与欲望,能分享他人的情感,对他人处境感同身受,又能客观理解、分析他人情感。此种能力强者,特别适合从事监督、教学、销售与管理的工作。

(5)人际关系的管理:就是管理他人情绪的艺术。大体而言,人际关系的管理就是调控与他人的情绪反应的技巧。这种能力包括展示情感、富于表现力与情绪感染力,以及社交能力(组织能力、谈判能力、冲突能力等)。人际关系管理可以强化一个人的受欢迎程度、领导权威、人际互动的效能等。能充分掌握这项能力的人,常是社交上的佼佼者;反之则易攻击别人、不易与人协调合作。因此,一个人的人缘、领导能力及人际和谐程度,都与这项能力有关。

戈尔曼认为,情绪商数是另一种智力,是个体与心理素质相关的人格因素和社会因素的各项指标中的情绪方面的素质。高情商者表现为有良好的情绪自控能力、丰富而稳定的情感、稳定持久的注意力、坚强的意志品质、完整和谐的人格特性、良好的社会交往能力和适应能力,以及面对挫折与失败的良好的耐受力等。相反,低情商者,表现为情绪自制力差,情感贫乏,注意力涣散,意志品质差,人格障碍,缺乏交际能力,难以适应社会,受挫能力差等。因此,有人认为,与人类生活息息相关的情商,是影响人的成功的关键。

2. 情商的作用

情商理论应用范围很广,研究对象涉及多个年龄阶段和各种职业领域。众多研究证实,情商对个人的成长、人生的成功、企业的发展都具有积极的作用。

(1)情商与人生。在生活中,我们常常遇到这样一种现象:一些智商很高的人并不见得会成功，而一些情商很高的人则必定会成功。为什么呢？因为智商高的人一般都是专家，而情商高的人却具备一种综合与平衡的能力。如果以我们的中华古训来解释一下，那就是一个成功的人应是一个人情练达的人。

大量研究显示，一个人在校成绩优异并不能保证他一生事业的成功，也不能保证他能攀升到企业领导地位或专业领域的巅峰。虽然我们并不否定在校的学习能力，但在今天这个竞争日益激烈的社会中这绝不是成功的唯一条件。换句话说，在现代社会中情商的重要性绝不亚于智商，值得研究的是如何在理性与情感之间求得平衡，否则徒有智慧而心灵贫乏，在这个复杂多变的时代极易迷失方向。

轰动全国的女研究生被拐卖案，向我们证实了我国情商教育的空白和匮乏。而震惊全国的马加爵事件，更是在国人心中掀起痛心和惋惜的波澜。在与同学打牌时别人的一句话，就使他丧失理智，失去控制，最后在毁灭了别人的同时，也毁灭了自己。马加爵留给自己短暂人生的最后总结是"没有理想是我人生最大的失败"。

诸多证据显示，情商较高的人在人生各个领域有较多优势，无论是谈恋爱还是处理人际关系，成功的机会都比较大。此外，情感能力较佳的人通常对生活较满意，较能维持积极的人生态度。反之，情感生活失控的人必须花更多的心力与内心交战，从而削弱了实际理解力与清晰的思考力。

在美国流行一句话："智商决定录用，情商决定提升。"事实上，智商和情商都很重要。只不过，在今天这个竞争日趋激烈、知识爆炸、人际关系复杂的社会中更显出情商的重要性。对于与人打交道的职业经理人来说，情商是一项十分重要而又必不可少的职业素质。

(2)情商与事业。戈尔曼曾为188个公司开发所谓的"能力模型"，来帮助公司发现、培训和晋升管理人员，研究目标确定哪些个人能力能带来高绩效。研究结果表明：对于组织中任一职位的工作，情绪智力的重要性是专业技能和认知能力的两倍；而且随着管理者在组织中的层级越高，情绪智力的作用越重要，而专业技能的差别却是可以忽略的。在高级领导职位上，将高绩效者与普通绩效者比较，其中差异的90%可以归因于情绪智力因素而非认知能力。现在成千上万的企业顾问、公司和企业培训导师纷纷将情商作为评估公司员工的重要一条。2001年，强生公司开始在消费产品部测量员工的情感倾向商，选拔重要职位的管理人员。雅芳公司使用相似的情感能力测试来评估员工和培训经理。据统计，《财富》1000强企业中10%的公司在员工招聘及培训中使用着情商测试。

活动项目：测测你的情商有多高

这一组测试共 33 题，测试时间为 25 分钟，最高情商为 174 分。

第 1～9 题：请从下面的选项中，选择一个和自己最切合的答案。

1. 我有能力克服各种困难：_____
   A. 是的　　　　　　B. 不一定　　　　　　C. 不是的

2. 如果我能到一个新的环境，我要把生活安排得：_____
   A. 和从前相仿　　　B. 不一定　　　　　　C. 和从前不一样

3. 一生中，我觉得自己能达到我所预想的目标：_____
   A. 是的　　　　　　B. 不一定　　　　　　C. 不是的

4. 不知为什么，有些人总是回避或冷淡我：_____
   A. 不是的　　　　　B. 不一定　　　　　　C. 是的

5. 在大街上，我常常避开我不愿打招呼的人：_____
   A. 从未如此　　　　B. 偶尔如此　　　　　C. 有时如此

6. 当我集中精力工作时，假如有人在旁边高谈阔论：_____
   A. 我仍能专心工作　B. 介于 A、C 之间　　C. 我不能专心且感到愤怒

7. 我不论到什么地方，都能清楚地辨别方向：_____
   A. 是的　　　　　　B. 不一定　　　　　　C. 不是的

8. 我热爱所学的专业和所从事的工作：_____
   A. 是的　　　　　　B. 不一定　　　　　　C. 不是的

9. 气候的变化不会影响我的情绪：_____
   A. 是的　　　　　　B. 介于 A．C 之间　　C. 不是的

第 10～16 题：请从下面的选项中，选择一个和自己最切合的答案。

10. 我从不因流言蜚语而生气：_____
    A. 是的　　　　　　B. 介于 A、C 之间　　　　C. 不是的

11. 我善于控制自己的面部表情：_____
    A. 是的　　　　　　B. 不太确定　　　　　　　C. 不是的

12. 在就寝时，我常常：_____
    A. 极易入睡　　　　B. 介于 A、C 之间　　　　C. 不易入睡

13. 有人侵扰我时，我：_____
    A. 不露声色　　　　B. 介于 A、C 之间　　　　C. 大声抗议，以泄己愤

14. 在和人争辩或工作出现失误后，我常常感到震颤、精疲力竭，而不能继续安心工作：_____
    A. 不是的　　　　　B. 介于 A、C 之间　　　　C. 是的

15. 我常常被一些无谓的小事困扰：_____
   A. 不是的　　　　　　B. 介于A、C之间　　　C. 是的
16. 我宁愿住在僻静的郊区，也不愿住在嘈杂的市区：_____
   A. 不是的　　　　　　B. 不太确定　　　　　C. 是的

第17～25题：请从下面的选项中，选择一个和自己最切合的答案。

17. 我被朋友、同事起过绰号挖苦过：_____
   A. 从来没有　　　　　B. 偶尔有过　　　　　C. 这是常有的事
18. 有一种食物使我吃后呕吐：_____
   A. 没有　　　　　　　B. 记不清　　　　　　C. 有
19. 除去看见的世界外，我的心中没有另外的世界：_____
   A. 没有　　　　　　　B. 记不清　　　　　　C. 有
20. 我会想到若干年后有什么使自己极为不安的事：_____
   A. 从来没有想过　　　B. 偶尔想到过　　　　C. 经常想到
21. 我常常觉得自己的家庭对自己不好，但是我又确切地知道他们的确对我好：_____
   A. 否　　　　　　　　B. 说不清楚　　　　　C. 是
22. 每天我一回家就立刻把门关上：_____
   A. 否　　　　　　　　B. 不清楚　　　　　　C. 是
23. 我坐在小房间里把门关上，但仍觉得心里不安：_____
   A. 否　　　　　　　　B. 偶尔是　　　　　　C. 是
24. 当一件事需要我作决定时，我常觉得很难：_____
   A. 否　　　　　　　　B. 偶尔是　　　　　　C. 是
25. 我常常用抛硬币、翻纸、抽签之类的游戏来预测吉凶：_____
   A. 否　　　　　　　　B. 偶尔是　　　　　　C. 是

第26～29题：下面各题，请按实际情况回答，仅需回答"是"或"否"即可，在你选择的答案旁打"√"。

26. 为了工作我早出晚归，早晨起床我常常感到疲惫不堪：
   是_____ 否_____
27. 在某种心境下，我会因为困惑陷入空想，将工作搁置下来：
   是_____ 否_____
28. 我的神经脆弱，稍有刺激就会使我战栗：
   是_____ 否_____
29. 睡梦中，我常常被噩梦惊醒：
   是_____ 否_____

第 30～33 题：本组测试共 4 题，每题有 5 种答案，请选择与自己最切合的答案，在你选择的答案下打"√"。

30. 工作中，我愿意挑战艰巨的任务。
    A. 从不　　　B. 几乎不　　　C. 一半时间　　　D. 大多数时间　　　E. 总是
31. 我常发现别人好的意愿。
    A. 从不　　　B. 几乎不　　　C. 一半时间　　　D. 大多数时间　　　E. 总是
32. 我能听取不同的意见，包括对自己的批评。
    A. 从不　　　B. 几乎不　　　C. 一半时间　　　D. 大多数时间　　　E. 总是
33. 我时常勉励自己，对未来充满希望。
    A. 从不　　　B. 几乎不　　　C. 一半时间　　　D. 大多数时间　　　E. 总是

参考答案及计分评估

计分时请按照计分标准，先算出各部分得分，最后将几部分得分相加，得到的分值即为你的最终得分。

第 1～9 题，
每回答一个 A 得 6 分，回答一个 B 得 3 分，回答一个 C 得 0 分。计_____分。

第 10～16 题，
每回答一个 A 得 5 分，回答一个 B 得 2 分，回答一个 C 得 0 分。计_____分。

第 17～25 题，
每回答一个 A 得 5 分，回答一个 B 得 2 分，回答一个 C 得 0 分。计_____分。

第 26～29 题，
每回答一个"是"得 0 分，回答一个"否"得 5 分。计_____分。

第 30～33 题，
从左至右五种答案的分数分别为 1 分、2 分、3 分、4 分、5 分。计_____分。

总计为_____分。

测试说明

测试后如果你的得分在 90 分以下，说明你的情商较低，你常常不能控制自己，极易被自己的情绪所影响。很多时候，你容易被激怒、动火、发脾气，这是非常危险的信号——你的事业可能会毁于你的急躁。

> 对于此,最好的解决办法是能够给不好的东西一个好的解释,保持头脑冷静,使自己心情开朗。正如富兰克林所说:"任何人生气都是有理由的,但很少有令人信服的理由。"
>
> 如果你的得分在 90~129 分,说明你的情商一般,对于一件事,你不同时候的表现可能不一,这与你的意识有关,你比前者更具有情商意识,但这种意识不常有,因此需要你多加注意、时时提醒。
>
> 如果你的得分在 130~149 分,说明你的情商较高,你是一个快乐的人,不易恐惧和担忧,对于工作你热情投入、敢于负责,你为人更是正义正直、同情关怀,这是你的优点,应该努力保持。
>
> 如果你的得分在 150 分以上,那你就是个情商高手,你的情绪智商不但是你事业的助手,更是你事业有成的一个重要前提条件。

第二节 认识情绪和管理情绪

大学生活总的来说是紧张的,社会期望高、心理压力大、学习负担重、竞争激烈,大学生的情绪易处于紧张状态。一般认为,适度的、情境性的负性情绪反应,如考试中的紧张和焦虑,失意后的悲伤等情绪是正常的。但是,如果大学生不能很好地处理生活和学习中的各种问题,极易产生不同程度的情绪问题,从而影响身心的健康和发展。

一、情绪与情绪管理

情绪是个人由外界事物感官刺激而表现出来的心理体验及反应态度,是客观主体内心的活动历程,反映了事物与主体需求之间的关系。情绪是一种以个体愿望与需求为中介的心理活动,涵盖了行为、体验和对主体物认知的各种成分。情绪在意识中形成之后成为个人的内在感受及体验,一般会以愤怒、悲伤、开心、着急、失落等形式表现出来。情绪可分为积极情绪和消极情绪,积极情绪有助于工作和学习,有助于发挥主观能动性,提高活动效率,有益于身体健康。消极情绪情感容易使人意志消沉,降低活动效率,妨碍工作和学习,并且会影响个人身心健康及日常生活。因此合理的情绪管理对于每个人都是必要的。情绪管理能力主要由个人对情绪的自我认识、自我控制、自我区分等能力以及对他人情绪的认识与适度反应能力构成。情绪管理的本质就是促使人性、价值观得到最正面的发挥及体现,以人本原理为基础提高对情绪的自觉及把控能力。保持积极向上的心态,消除悲观低落的情绪,不断地自我驱策趋于完善。通常情绪管理可分为适应性情绪管理、功效性情绪管理、特征性情绪管理三类,三类情绪管理方式只是切入点不同，最终目的都是相同的。

大学生的心理正处于由易感性向稳定性过渡的阶段，情绪的两极化比较明显。因而，提高大学生对自身情绪管理的认知水平，培养其健全的人格，进而有效增强大学生承受挫折及处理自身心理问题的能力是大学生情绪管理能力培养的主要任务。

二、当代大学生情绪特点及影响因素

1. 当代大学生情绪特点

目前我国在校大学生以"90后"及"00后"为主，这一时代的大学生受到特定时代的环境影响，有着独特的心理及情绪特点。相关调查研究表明，大学生情绪智力总体表现为积极向上的趋势，但消极情绪有上升趋势，主要表现为孤独、焦虑、不满、茫然和失落。持续的孤独、焦虑、不满、茫然、失落等消极情绪状态，可能导致大学生出现身心疾病，学习兴趣减退，学习能力降低，乃至社会适应不良。要积极加强对大学生情绪认识和情绪管理能力的培养，及时引导消极情绪，避免产生心理障碍。

2. 影响因素分析

受到当前社会环境的影响，作为以独生子女为主的当代大学生，物质生活有了明显的提升，从小就过着"含在嘴里怕化了，捧在手里怕掉了"的生活，万千宠爱集于一身，在家庭中众星捧月。物质、精神欲望一旦出现不满足，大学生就会产生强烈的挫败感。而近年来频发的大学生跳楼自杀事件，究其原因有的是患乙肝被同学孤立，有的是写毕业论文与找工作困难重重，有的是上当受骗蒙受损失，有的是为情所困，这都为当代大学生的情感教育敲响了警钟。

当代大学生处于信息爆发的网络时代，具有许多网络时代的烙印。他们的价值观呈现出多元化的特点，价值判断更加以自我为中心，不喜欢盲从，更加有自己的主见，追求个性。他们喜欢文化快餐，知识面广泛却不够深入，知识架构复杂花哨，但对自己无关的人与事缺乏热情，不积极参与集体性活动，冷漠对待自己圈子以外的同学，对学习缺乏求真及钻研的动力。许多的大学生奉行精致利己的处事原则，过度以自我为中心，以及盲目攀比与缺乏磨炼导致的过度自卑现象比比皆是。

三、大学生常见的情绪问题及其调适

1. 大学生的情绪问题的定义

风华正茂的大学生，本该是最健康的一族，但许多调查资料显示，我国大学生心理障碍和疾病的发病率高达20%，因各种疾病而休学、退学的比例也呈上升趋势。造成学生身心不健康的原因是多方面的，但与大学生的情绪关系最为密切，特别是一些强烈而持久的情绪问题，对大学生的危害很大。

大学生的情绪问题，一般是指消极情绪，指由生活事件引起的悲伤、痛苦长时间持续不能消除的状态。情绪问题一方面导致大学生大脑神经活动功能紊乱，使情绪中枢部位的控制减弱，使其认识范围缩小，自制力、学习效率降低，不能正确评价自我，甚至会产生某些失去理智的行为，造成心理障碍和心理疾病；另一方面，情绪问题又会降低大学生的免疫功能，导致其生理平衡失调，引起心血管、消化、泌尿、呼吸、内分泌等系统的各种疾病。

2. 大学生情绪问题的主要表现

(1)焦虑。焦虑是十分常见的现象，是一种类似担忧的反应或是自尊心受到潜在威胁时产生担忧的反应倾向，是个体主观上预料将会有某种不良后果产生的不安感，是紧张、害怕、担忧混合的情绪体验。人们在面临威胁或预料到某种不良后果时，都有可能产生这种体验。

焦虑是大学生常见的情绪状态，当他们在学习、工作、生活各方面遭遇挫折或担心需要付出巨大努力的事情来临时，便会产生这种情绪。焦虑对大学生的影响是复杂的，既可以成为大学生成才的内驱力，起促进作用，也可以起阻碍作用。实验证明，中等焦虑能使学生维持适度的紧张状态，注意力高度集中，促进学习。但过度焦虑则会对学生带来不良的影响。如有的大学生在临考前夜的失眠或考试时"怯场"，在竞赛中不能发挥正常水平等，多是高度焦虑所致。被过高的焦虑困扰的大学生，常常会感到内心极度紧张不安，惶恐害怕、心神不定、思维混乱、注意力不能集中，甚至记忆力下降，同时还容易产生头痛、失眠、食欲不振、胃肠不适等不良生理反应。焦虑的大学生在内心深处有一种无法解脱、不愿正视的心理问题，焦虑只是矛盾、冲突的外显，大学生借此防御机制以避免更深层次的困扰。

大学生常见的焦虑有自我形象焦虑、学习焦虑与情感焦虑。自我形象焦虑是担心自己不够漂亮、没有吸引力、体貌过胖或矮小等，也有的因为粉刺、雀斑等影响自我形象而引起焦虑；这类焦虑主要与自我认知有关，需要通过调整自我认知重新接纳自己，建立新的自我形象。与学习有关的焦虑如学习焦虑、考试焦虑，在学生情绪反应中最为强烈，我们在大学生学习心理中专门谈及考试焦虑，需要引起重视。情感焦虑多数是由于恋爱受挫而引发的自我否定，认为自己不具备爱人与被爱的能力，因而过度担心引起焦虑。

克服焦虑的方法主要有：①保持平常心。凡事戒骄戒躁，越是在意一件事的时候，就越是会被其影响。在各方面都需保持平常心，不要有太大的得失心，全心投放在事情上即可。②排解压力。冥想、听舒缓的音乐、看书、制定计划锻炼身体，这些方式不仅可以缓解焦虑，还可以提升自我认知及自身免疫力。③交流想法。多听他人意见，与好朋友和家人多沟通交流，寻求他们的建议和帮助，是缓解压力和焦虑状态的有效方式。

(2)抑郁。抑郁症状不单指各种感觉，还指情绪、认知与行为特征。抑郁最明显的症状是压抑的心情，表现为仿佛掉入了一个无底洞或黑洞之中，正被淹没或窒息。其他感觉包括容易发火，感到愤怒或有负罪感。抑郁常常伴随着焦虑，对所有活动失去兴趣，渴望独居。抑郁也伴随着个体思维方式的转变，这些认知改变可以是一般性的，比如注意力不集中、记忆力衰退或者很难做出决定。在思考中可能有更多的心境转变，消极地看待世界、自我和未来。因此，抑郁的人很难回忆起美好的往事，不适当地责备自己，认为他人更消极地看待自己，对未来感到悲观。与此同时，还伴随身体症状，如常常乏力，起床变得困难，更严重时睡眠方式都改变，睡得太多或者早晨醒得太早，并且不能再次入睡。也可能出现饮食紊乱，吃得过多或过少，随之而来的是体重激增或剧减。抑郁是一种持续时间较长的低落、消沉的情绪体验，它常常与苦闷、不满、烦恼、困惑等情绪交织在一起。

一般来说，这种情绪多发生在性格内向、孤僻、敏感多疑、依赖性强、不爱交际、生活遭遇挫折、长期努力得不到回报的大学生身上。那些不喜欢所学专业，或存在人际关系处理不当、失恋等问题的大学生也容易产生抑郁情绪。

(3) 愤怒。愤怒是由于客观事物与人的主观愿望相违背，或因愿望无法实现，人们内心产生的一种激烈的情绪反应。心理学研究表明，愤怒可能导致人体心跳加快、心律失常、高血压等躯体性疾病，同时还会使人的自制力减弱甚至丧失，思维受阻、行为冲动，甚至干出一些让自己后悔不迭的蠢事或造成不可挽回的损失。

愤怒是大学生常见的一种消极情绪，处于精力充沛、血气方刚的青年时期的大学生，在情绪情感发展上往往有好激动、易动怒的特点。如有的大学生因一句刺耳的话或一件不顺心的小事而暴跳如雷；有的因人际协调受阻而怒不可遏、恶语伤人；有的因别人的观点或意见与自己相左而恼羞成怒；有的因一时的成功而忘乎所以；有的因暂时的挫折或失败而悲观失望，痛不欲生。如此种种遇事缺乏冷静的分析与思考，图一时之快、逞一时之勇的好激动、易动怒的不良情绪特点，在一些大学生身上时有体现。这种情绪对大学生的影响是极其有害的，因而有人说："愤怒是以愚蠢开始，以后悔结束。"

课堂故事：

这是一位大一女生的自述："我来自一个并不富有但也比较宽裕的家庭，父亲非常爱我，但在我童年中，发生过重大创伤性生活事件，自从这件事发生后，我不再相信任何人，也不再相信很多人们确信不移的比如友谊、爱情等，我想通过努力学习离开原来的生活环境，开始新的生活，摆脱童年生活的阴影。来到大学后，看到同学们都快乐无忧地生活着，长久潜藏于心的愤怒悄悄地滋长着，我不知道如何化解与排解这种情绪，便经常翻同学的书柜和床位，将他们正在看的参考书藏起来，我并不是为了看书，而是看到他们焦虑、着急的样子，我内在的愤怒便找到了宣泄的途径，这样我还不解气，我将同学的存折悄悄取出，并将钱全部花掉以化解我心中的愤怒。"

这位女同学在童年遭受过挫折与伤害，由于缺乏必要的心理辅导与心理支持，在她升入大学后，她的心理问题也没有得到及时的解决，致使她长期潜在的愤怒并没有得到平息或缓解，反而是越来越严重甚至心理扭曲，经常通过伤害别人以寻求安慰，最后不得不因违反学校纪律而受到处分。

(4)嫉妒。嫉妒是指他人在某些方面胜过自己引起的不快甚至是痛苦的情绪体验。西班牙作家塞万提斯说:"嫉妒是万恶的根源,美德的蟊贼。"

嫉妒是自尊心的一种异常表现,在大学生中普遍存在。具体表现为当看到他人学识能力、品行荣誉甚至穿着打扮超过自己时内心产生的不平、痛苦、愤怒等感觉;当别人身陷不幸或处于困境时则幸灾乐祸,甚至落井下石,在人后恶语中伤、诽谤。嫉妒是一种情绪障碍,它扭曲人的心灵,妨碍人与人之间正常真诚的交往。

嫉妒是由于别人胜过自己而产生抵触的消极的情绪体验。黑格尔曾说,嫉妒是"平庸的情调对于卓越才能的反感"。在日常生活中,嫉妒的存在是很普遍的。英国科学家培根说:"在人类的一切情欲中,嫉妒之情恐怕要算作最顽强、最持久的了。"当看到别人比自己强时,心里就酸溜溜的不是滋味,于是就产生一种包含着憎恶与羡慕、愤怒与怨恨、猜嫌与失望、屈辱与虚荣以及伤心与悲痛的复杂情感,这种情感就是嫉妒。嫉妒者不能容忍别人超过自己,害怕别人得到自己无法得到的名誉、地位等,在他看来,自己办不到的事别人也不要办成,自己得不到的东西,别人也不要得到。

课堂故事:

> 这是发生在两位大学生之间的事:学生A、B是某名牌大学的学生,大学期间两人是形影不离的好友,在研究生学习期间,两人同时参加出国考试并被美国的大学录取。只因A申请的学校排名高于B申请的学校,B膨胀的嫉妒心使她无法面对A优于她的现实,于是,她以A的名义向A申请的学校写了一封信,拒绝去美读书。当A得知最终结果时,她无论如何不能相信事实,而B的理由只有一条:嫉妒。这一致命的弱点毁掉了两个青年的前程。

(5)冷漠。冷漠是指人对外界刺激缺乏相应的情感反应,对生活中的悲欢离合都无动于衷。冷漠具体表现为:凡事漠不关心、冷淡、退让的消极情绪体验。如有的大学生对周围的人和事漠不关心,对集体和同学态度冷淡,对自己的前途命运、国家大事等漠然置之,似乎自己已看破红尘、超凡脱俗。于是,把自己游离于社会群体之外,独来独往,对各种刺激无动于衷。这种冷漠的情绪状态,多是压抑内心情感情绪的一种消极逃避反应。具有这种情绪的人从表面上看虽平静、冷漠,但内心却往往有强烈的痛苦、孤寂和压抑感。如果大学生长时间地处于这种情绪状态下,巨大的心理能量无法释放,超过了一定限度时,就会以排山倒海的形式爆发出来,致使心理平衡遭到破坏,影响身心健康。

克服冷漠最根本的是改变认知,发现生活的意义,发现自我的价值,改变长此以往形成的对人生消极的看法;从行为上,积极投身各种有意义的活动中,融入集体中,进行积极的自我暗示与自我提升;正确认识自我与他人,个体与社会,并不断矫正自己的非理性观念。

(6)孤独。孤独是一种主观自觉与他人或社会隔离与疏远的感觉和体验,而非客观状态；是一个人生存空间和生存状态的自我封闭，孤独的人会脱离社会群体而生活在一种消极的状态之中。孤独是令人难受的，它是孤独者无成效的社会交往技能的反映，并与各种各样不成功的认识状态或情绪状态（包括低度自尊、焦虑、压抑和个人之间的相互猜忌等）有关系。尽管当今社会开放度较高，大学生们相互之间的交往和各种社会活动也较多，但内心感到孤独的却不在少数。孤独的人焦虑、不安、紧张、抑郁，执着于自我，缺乏决断力。许多资料表明，在大学生中有孤独感的人较多。一项对100名青年孤独体验的研究表明：较孤独的青年是更抑郁的、沉溺于自我意识更深、更不愉快的。他们在做决定时对他人有相当大的依赖性。一般说来，他们更不满意人生，也更不愿进行社会冒险。他们对自己吸引别人的能力缺乏足够的自信。因此，大量的孤独体验使他们感到空虚、厌烦和孤立。

孤独的情绪来源于多种因素。如身体疾病，因体弱多病而较少参加社会活动。此外，与他人（尤其是同伴）的关系产生裂痕也会导致孤独。但孤独的主要原因一是社交技能较差，二是性格过于内向。大学生将自己封锁在自我意识的"深闺"中自怨自艾，使自己置身于火热的社会生活之外是不可取的。过度的孤独感不仅给自己身心健康带来危害（严重的会导致自伤或自杀），同时也将影响人际关系的发展，影响自己的学业和日常生活。

3. 大学生情绪调适的方法

不良情绪会妨碍人的身心健康，因此，心理学家积极主张对大学生的情绪进行科学指导，并提倡大学生进行自我调节。不同情境中的负面情绪可以采取不同方法进行自我调节和控制。

(1)情绪调适的原则。以下原则对大多数人会有一定的指导与帮助：

①培养乐观向上、积极进取的人生观；

②培养广泛的兴趣爱好与主观幸福感，热爱生活；

③注重沟通的艺术，学会与人合作，建立宽松的人际关系；

④悦纳自己，用赞赏的目光对待自己；

⑤宽容别人，不苛求别人；

⑥学会忘记过去的失败与对自己的伤害；

⑦避免过分自责；

⑧善于控制自己的情绪，并学会消化负面情绪；

⑨不要随意扩大某事的严重性，尽可能做到"大事化小，小事化了"；

⑩学会忽略对自己不利的事情，以避免因此引起的负面情绪体验。

(2)情绪管理的方法。从操作层面看，不良情绪的自我调节方法很多，人们经常使用的有如下几种：

①理性情绪疗法。美国临床心理学家阿尔伯特·艾利斯（Albert Ellis）在20世纪50

年代创立了理性情绪疗法（Rational-emotive Therapy，RET），其核心是去掉非理性的、不合理的信念，建立正确的信念。非理性信念的特点是绝对化、过分概括化、糟糕透顶。

a. 理性情绪的基本观点。艾利斯的 RET 理论认为：情绪并不是由某一诱发事件本身直接引起的，而是由经历这一事件的个体对这一事件的解释和评价所引起的。这一理论也称为情绪困扰的 ABC 理论。

A 代表诱发事件（Activating events）；

B 代表信念（Beliefs），是指人对 A 的信念、认知、评价或看法；

C 代表结果，即症状（Consequences）。

情绪和行为受制于认知，认知是人心理活动的"牛鼻子"，把认知这个"牛鼻子"拉正了，情绪和行为的困扰就会在很大程度上得到改善。

艾利斯认为并非诱发事件 A 直接引起症状 C，A 与 C 之间还有中介因素在起作用，这个中介因素是人对 A 的信念、认知、评价或看法，即信念 B，艾利斯认为人极少能够纯粹客观地感觉经验 A，总是带着或根据大量的已有信念、期待、价值观、意愿、欲求、动机、偏好等来感觉经验 A。因此，对 A 的经验总是主观的，因人而异的，同样的 A 对于不同的人会引起不同的 C，主要是因为他们的信念有差别，即 B 不同。

换言之，事件本身的刺激情境并非引起情绪反应的直接原因。个人对刺激情境的认知解释和评价才是引起情绪反应的直接原因。

要进行情绪的调试，必须对引起情绪的信念进行驳斥，即 D——驳斥、对抗（Dispute），实际上也是一个咨询治疗过程流程图，产生有效的治疗效果 E（Effect）。

例如：一名大学生因考试成绩平平（A）而焦虑甚至产生抑郁（C），这是因为他有这样的信念（B），大学生应当在各方面都是优秀的，出类拔萃的，否则情况就非常糟糕。合理的解释是大学生未必各方面都优秀，做最好的自己是最重要的（E）。人的思想、情感和行动三者是同时发生的，即人在思想时，也在感受和行动；同样，人在感受时，也在思想与行动。情绪问题正是不断地用非理性的话对自己言语、暗示或指示的结果。

b. 非理性信念。艾利斯认为人们常常具有许多非理性的信念，它们影响我们对社会事务的客观解释，因此也会带来不良的情绪体验。这些常见的非理性信念有：

每个人都应该得到在自己生活环境中对自己重要的人的喜爱与赞许；

每个人都必须能力十足，在各方面有成就，这样的人才是有价值的；

有些人是坏的、卑劣的、恶性的，他们应该为自己的恶行受到严厉的责备与惩罚；

假如发生的事情是自己不喜欢或期待的，那么它是糟糕、很可怕的，事情应该是自己喜欢与期待的那样。

人的不快乐是由外在因素引起的，一个人很少有或根本没有能力控制自己的忧伤和烦闷。

一个人对于危险或可怕的事物应该非常挂心，而且应该随时考虑到它可能发生。

逃避困难、挑战与责任要比面对它们容易。

一个人应该依靠别人，而且需要有一个比自己强的人做依靠。

一个人的历史对他目前的行为是极重要的决定因素，因为某事曾影响一个人，它会继续，甚至永远具有同样的影响效果。

一个人碰到种种问题，应该有一个正确、妥当及完善的解决途径，如果无法找到解决方法，那将是糟糕的事。

②积极的自我暗示。心理暗示，从心理学角度讲，就是个人通过语言、形象、想象等方式，对自身施加影响的心理过程。这个概念最初由法国医师库埃于1920年提出，他的名言是"我每天在各方面都变得越来越好"。自我暗示分消极自我暗示与积极自我暗示。积极自我暗示，在不知不觉之中对自己的意志、心理以至生理状态产生影响，积极的自我暗示令我们保持好的心情、乐观的情绪、自信心，从而调动人的内在因素，发挥主观能动性。心理学上所讲的"皮格马利翁效应"也称期望效应，就是讲的积极的自我暗示。而消极的自我暗示会强化我们个性中的弱点，唤醒我们潜藏在心灵深处的自卑、怯懦、嫉妒等，从而影响情绪。

与此同时，我们可以利用语言的指导和暗示作用，来调适和放松心里的紧张状态，使不良情绪得到缓解。心理学的实验表明，当个人静坐时，默默地说"勃然大怒""暴跳如雷""气死我了"等语句时心跳会加速，呼吸也会加快，仿佛真的发起怒来；相反，如果默念"喜笑颜开""兴高采烈""把人乐坏了"之类的语句，那么他的心里则会产生一种乐滋滋的体验。由此可见，言语活动既能唤起人们愉快的体验，也能唤起不愉快的体验；既能引起某种情绪反应，也能抑制某种情绪反应。因此，当我们在生活中遇到情绪问题时，我们应当充分利用语言的作用，用内部语言或书面语言对自身进行暗示，缓解不良情绪，保持心理平衡。比如默想或用笔在纸上写出下列词语："冷静""三思而后行""制怒""镇定"等等。实践证明，这种暗示对人的不良情绪和行为有奇妙的影响和调控作用，既可以松弛过分紧张的情绪，又可用来激励自己。

③转移注意力。注意力转移法就是把注意力从引起不良情绪反应的刺激情境转移到其他事物上去或从事其他活动的自我调节方法。当出现情绪不佳的情况时，要把注意力转移到使自己感兴趣的事上去，如外出散步，看看电影、电视，读读书，打打球，下盘棋，找朋友聊天，换换环境，等等，可以使情绪平静下来，在活动中寻找到新的快乐。这种方法，一方面中止了不良刺激源的作用，防止了不良情绪的泛化、蔓延；另一方面，通过参与新的活动特别是自己感兴趣的活动而达到增强积极的情绪体验的目的。

④适度宣泄。过分压抑只会使情绪困扰加重，而适度宣泄则可以把不良情绪释放出来，从而使紧张情绪得以缓解、放松。因此，遇有不良情绪时，最简单的办法就是"宣泄"。宣泄一般是在背地里，在知心朋友间进行的。采取的形式或是用过激的言辞抨击、谩骂、抱怨恼怒的对象；或是尽情地向至亲好友倾诉自己认为的不平和委屈等，

一旦发泄完毕，心情也就平静下来；或是通过体育运动、劳动等方式来尽情发泄；或是到空旷的山林原野，拟定一个假目标大声叫骂，发泄胸中怨气。必须指出，在采取宣泄法来调节自己的不良情绪时，必须增强自制力，不要随便发泄不满或者不愉快的情绪，要采取正确的方式，选择适当的场合和对象，以免引起意想不到的不良后果。

⑤自我安慰法。当一个人遇到不幸或挫折时，为了避免精神上的痛苦或不安，可以找出一种合乎内心需要的理由来说明或辩解。如为失败找一个冠冕堂皇的理由，用以安慰自己，或寻找的理由强调自己所有的东西都是好的，以此冲淡内心的不安与痛苦。这种方法，对于帮助人们在大的挫折面前接受现实，保护自己，避免精神崩溃是很有益处的。比如，对于失恋者来说，想到"失恋总比结婚后再离婚要好得多"，便可减轻因失恋带来的痛苦。因此，当人们遇到情绪问题时，经常用"胜败乃兵家常事""塞翁失马，焉知非福""坏事变好事"等进行自我安慰，可以摆脱烦恼，缓解矛盾冲突、消除焦虑、抑郁和失望，达到自我激励，总结经验、吸取教训之目的，有助于保持情绪的安宁和稳定。

⑥交往调节法。某些不良情绪常常是由人际关系矛盾和人际交往障碍引起的。因此，当我们遇到不顺心、不如意的事，有了烦恼时，能主动找亲朋好友交流、谈心，比一个人独处冥想、自怨自艾要好得多。因此，在情绪不稳定的时候，找人谈一谈，具有缓和、抚慰、稳定情绪的作用。另外，人际交往还有助于交流思想、沟通情感，增强自己战胜不良情绪的信心和勇气，能更理智地去对待不良情绪。

⑦情绪升华法。升华是改变不为社会所接受的动机、欲望而使之符合社会规范和时代要求，是对消极情绪的一种高水平的宣泄，是将消极情感引导到对人、对己、对社会都有利的方向去。如一同学因失恋而痛苦万分，但他没有因此而消沉，而是把注意力转移到学习中，立志做生活的强者，证明自己的能力。

在上述方法都失效的情况下，仍不要灰心，在有条件的情况下，去找心理医生进行咨询、倾诉，在心理医生的指导、帮助下，克服不良情绪。

四、当代大学生情绪管理对策

1. 营造校园学习气氛，提升自身情绪的认知能力

当学生全身心地投入学习和社交活动当中，可以最大限度地缓解和调整负面情绪，所以要通过制定丰富有趣的教学方案，营造出校园气氛、班级气氛、集体气氛，吸引学生能够更多地融入学习当中，让学习的情绪成为学生的主导情绪。情绪本身不能够简单地划分好与坏，情绪是自我心理活动的外部宣泄，情绪只有消极与积极区分，大学的心理思想教育就是帮助学生最大限度地将消极情绪转化为积极向上的正能量。高校可以通过定期开展心理讲座、班级谈话会等形式，将心理知识最大化地普及。通过培训辅导员，让他们积极地约谈学生并普及心理健康知识，加强思想教育的主题性及专业性，积极传播健康向上的人生观、价值观。

2. 加强学生情绪管理教育，提升情绪疏导与表达能力

（1）情绪转移。情绪转移就是当学生产生消极情绪时，要培养学生有意识地寻找消极情绪产生的原因，学会纵向自我比较、自我分析，进而更清晰地认识自我，同时要学会横向与他人比较，学习他人的优点，不断反省自己，达到自我教育的目的。要将自己关注的情景转移到自己感兴趣的事情上继而调整情绪。当自己遇到不开心的事情时，就去干一些自己喜欢的事情来淡化不良情绪的干扰。例如打篮球、唱歌、骑行、玩桌游等，这样不仅可以缓和自己的情绪，还可以停止刺激源对自己的刺激，在新的事物当中找寻积极向上的情绪。

（2）情绪释放。长期的负面情绪积压会对学生的身心造成不良的后果，如果没有恰当的途径来释放会导致最终的危险爆发。所以当有了不良情绪自己又无法转移消除时，掌握有效的情绪疏导方法，可以通过寻找朋友、家人、老师以及心理咨询师的帮助来宣泄自己的情绪，及时转移和分散注意力，释放消极情绪，消减不良情绪带来的心理困扰，缓解心理压力，逐步转变为积极情绪。

此外，研究表明通过书写记录自己的不良情绪，可以在这个过程中冷静并结合自身的知识架构进行反省，所以学生在遇到不良情绪的时候也可以试着写笔记来缓解自己的不良情绪。

（3）情绪升华。所有的不良情绪根源都是自己的欲望没有得到预期的满足。所以，大学生在做一件事情的时候一定要结合自身情况，考虑清楚这件事有没有意义和承担后果的能力，量力而行。通过正确树立自身的理想寻求更加有价值的事情也能够有效地避免不良情绪的产生。

3. 一对一与团体辅导双管齐下，教师以情感沟通提升教育效果

情绪管理说到底也是属于心理辅导的方式，而教师对于学生的情绪管理往往起到了至关重要的作用。学校应进一步重视和加强教师在心理咨询、情绪疏导等方面的技能培训，使他们掌握一定情绪管理的专业知识。课上课下，教师要善于观察发现学生的情绪，当从学生的表情、语言当中捕捉到不良情绪时，应该积极与之沟通辅导。积极组织各类型的课余活动，让学生更加充分地参与到集体的活动当中。教师能够做学生的良师益友，通过情感交流为大学生提供精神上的支持，帮助他们明确自己的方向。另外，在网络信息时代，很多大学生选择利用互联网来表露和发泄自己的消极情绪，教师可以充分利用网络平台进行心理疏导。

此外，由于部分"90后"及"00后"的大学生有比较强的个性、自尊心或者是自卑心，他们往往不愿意或者是排斥一对一的心理辅导，所以教师也要搭建团体心理辅导平台，例如开展"大学生自信力培训""大学生交际训练""大学生爱心分享会"等主题活动，通过有趣的活动使学生慢慢地调整自己的情绪。

第三节　自我情商提升训练

一、敏锐觉知情绪

1. 了解自己的个性特征

一个人的情绪上的特点，往往与其气质和性格特征密切相关。因此，了解自己的气质与个性，对于认识和把握自己的情绪特点有着重要的意义。例如我们可以看到每个人的情绪表现都是不同的。有的人脾气急，有的人则是慢性子，有的人风风火火，也有的人多愁善感。这些都与一个人的个性心理特征有直接的关系。

2. 了解自己的情绪年龄

人的情绪表现与其情绪年龄相关。所谓情绪年龄是一个人情绪发展水平的一种衡量标志。心理学研究表明，不同年龄的人在其情绪的各方面具有不同的发展水平和特点。当一个人的情绪与其应有的情绪表现相符合，即具有相应的情绪年龄。反映人的情绪年龄水平有两点：其一是其反应是否符合该年龄段的认知逻辑水平；其二是表现和调节情绪的方式。例如，一些独生子女大学生，由于父母的长期过度照顾，情绪的自我控制能力方面滞后于他们实际的年龄。

3. 自身成长经历及早期经验

人的情绪特点往往与他们的成长经历和早期经验有关。心理学研究表明，在人的婴儿期乃至幼年期，失去家庭的关爱和父母照顾，会给儿童造成情绪上的伤害，并在以后的成长中产生不良的影响。一般而言，幼年时期或在以后的成长经历中，有比较平和、乐观的生活环境和经历的学生要比经历过挫折、创伤的学生在情绪上更趋于稳定和积极。

4. 测试自己的情绪状态

除上述情绪的自我认识外，一定的心理测验是了解自己的情绪状态的重要方式。这里介绍几种简单的自我测评的方法。

（1）心理"气氛圈"测试。苏联学者鲁陶什金制定了"心理气氛圈"图示分析方法，可以通过该测试，了解自己目前的心境。"心理气氛圈"分为四个象限：第一象限为"情绪饱满区"；第二象限为"不满意区"；第三象限为"悲观区"；第四象限为"愉快区"。

我们可以根据图 5-1 中的愉快/不愉快，积极/消极等两个坐标线上的 7 个等级，确定自己一周以来每天的情绪状态，在坐标上标出情绪状态的位置，并将其相互连接画出曲线；一周后，可根据两个坐标线上的标记，画出一周以来的"心理气氛图"（见图 5-2）。

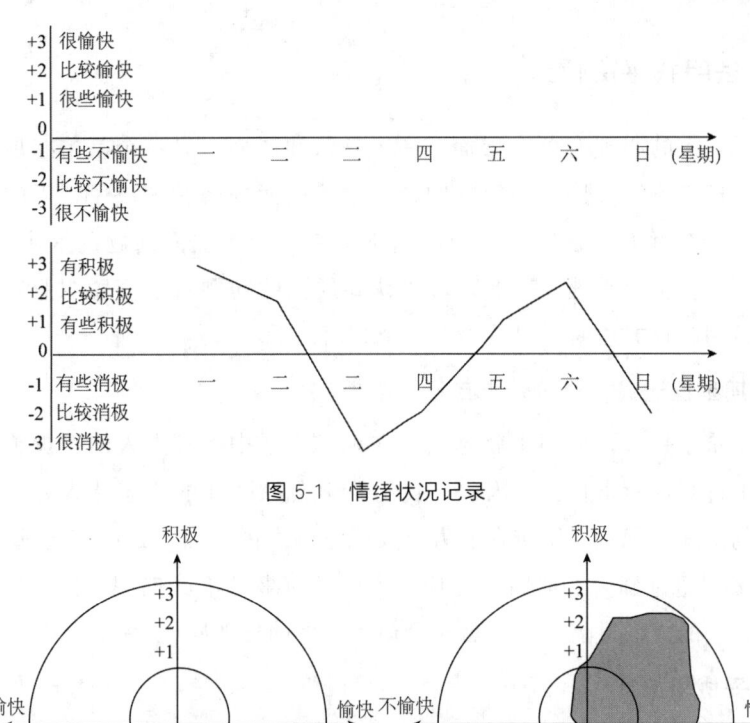

图 5-1 情绪状况记录

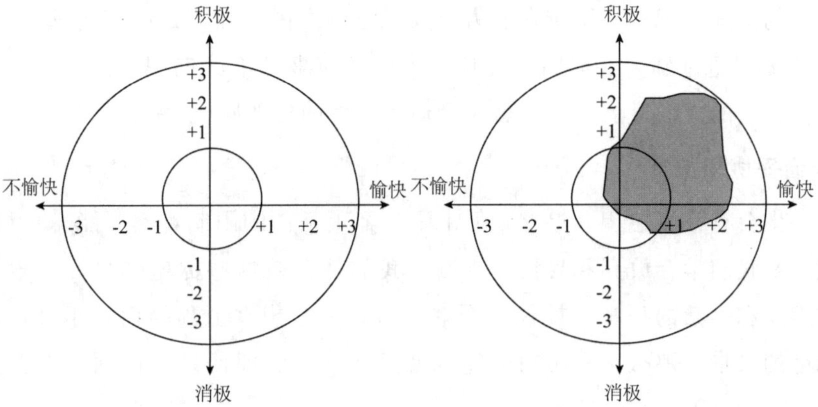

图 5-2 心理气氛图

（2）自评抑郁量表（SAS）。测试步骤：采用 1～4 分制，评定时间为过去的一周或一个月；将各题得分相加，得出粗分值；再乘以 1.25，换算出标准分（T 值）测试标准：50～59 分为轻度忧郁；60～69 分为中度忧郁；70 分以上为重度忧郁。

二、学会排解负面情绪

精神分析理论认为，个体的消极情绪必须得到有效的宣泄才能保持心理的平衡。如果抑郁的情绪得不到发泄，随着挫折的增多，消极情绪就会不断积累，最终超过人们的心理承受能力而导致心理失衡。因此，精神宣泄疗法是一种非常重要的自我心理调适的方法。这种方法就是人为创造出一种情境，表达、发泄自己被压抑的情感，通过宣泄达到心理平衡。精神宣泄的途径很多，比如，大哭一场、向人倾诉、拿替代品出气、书写日记、疯狂购物等。

三、学会自我平衡情绪

一般来说，人的心理有两个层面，一个是认知层面，另一个是情感层面。精神宣泄法是通过心理宣泄解决情感层面的问题，情感层面的问题解决了，人的理智就会逐渐恢复。但是，有时人的认知层面的问题不解决，情感层面问题的解决也是暂时的，以后遇到问题仍会再次受挫。因此，解决认知层面的问题对于摆脱职业心理枯竭是非常必要的。运用此种方法时可以从以下几个方面入手：

1. 不要期望值过高，过分苛求自己

俗话说：希望越大，失望也就越大。在现实生活中，不少人的挫折感均来源于对自己的期望值过高，苛求自己。因此，我们要学会以平和的心态待人处事，学会给自己留下一定的空间，把目标锁定在能力所及的范围之内。而不是好高骛远，四处出击，要求自己事事都超过别人。同时，对任何人、任何事都不必期望过高，这样，当事物没有朝着你预期的方向进展时，你就不会产生强烈的挫败感。

2. 学会妥协和放弃

人的一生会有许多愿望和追求，但由于主客观条件的限制，不可能一一得到实现。这样，就需要我们学会放弃和妥协。否则，我们就会被这些欲望和目标所累，而失去了人生的洒脱和生活的乐趣。就像一个登山者，一心想登上顶峰而急于赶路，结果忘了欣赏沿途的风景。那么，登山的乐趣也就无从体现。即使站在山顶，想想自己的付出与所得，也会有不平衡的感觉。

3. 学会自我安慰

自我安慰也称合理化，指个体遭受挫折后，为了维护自尊，减少焦虑，就找出种种理由为自己辩解，增加自己行为的合理性和可接受性，以起到减轻心理压力，获得自我安慰的作用。

自我安慰又有两种具体表现形式：酸葡萄式和甜柠檬式。

(1)酸葡萄式。"酸葡萄"一词源自寓言《狐狸与葡萄》的故事。狐狸因得不到自己想吃的葡萄，就说葡萄是酸的，根本没法吃。用这个寓言比喻，人们对于自己想要但又得不到的东西，就故意说它不好，从而弱化其意义和价值，以起到平衡心态的作用。比如，有人没有当上先进，就故意说："当先进有什么用啊，又不能当饭吃！"

(2)甜柠檬式。甜柠檬式的自我安慰是指人们对于自己的某种行为明知不妥，但又不愿意承认，只好找出各种理由来增加行为的合理性，以获得自我安慰，减轻心理压力。正如花钱买了柠檬，吃到嘴里是酸的，但还得想办法证明自己的行为是正确的，所有只得说，加点糖就甜了。比如，有人上街买东西上了当，心理十分窝火。当别人问起此事时，还不承认是自己经验不足造成的。因此说："不是我无能，而是对方太狡猾。"平时，我们也经常用这种"甜柠檬式"的自我安慰方法来安慰自己和他人。比如，摔碎了东西，人们会说"碎碎（岁岁）平安"；丢了东西，人们会说"破财免灾""旧的不去，新的不来"，等等。

合理化的辩解有助于精神安慰。在社会生活中，人们的需要不可能全部获得满足，进行自我安慰可以使人的内心达到平衡。因此，在某种情况下，它不失为一种自我防卫的方法。

此外，还可以与境况不如自己的人比较，通过比较产生"比上不足，比下有余"的心理。俗话说"人比人，气死人"。人们的许多不平衡源于人与人之间的比较。因此，我们要想减少不平衡的心理，就要学会和境遇不如自己的人比较，而不是总和比自己强的人比较，那样，会加重心理不平衡。

第四节　职业心理

职业心理是人们在职业活动中表现出的认识、情感、意志等相对稳定的心理倾向或个性特征。同人一样，职业也有拟人化的心理和性格，不同的职业具有不同的性格特质。在职业心理中，性格影响着一个人对职业的适应性，一定性格的人适于从事一定性格特质的职业；同时，不同的职业对人也有不同的性格要求。在求职的路上，清楚自己所选择的职业性格对于自己的职业发展是非常关键的。

一、职业心理的内涵

1. 职业活动伴随有共同的心理过程

人们在职业活动中要经历选择职业、谋求职业、获得职业或者失业、再就业的过程。在这些过程中必然伴随着认知、情感、意志等共同的心理过程。如对选择的职业进行认识和深入的了解，通过思维想象发生情感过程。当选择的职业符合个人的需要和客观现实，就会产生兴奋、愉快，甚至兴高采烈、欣喜若狂的情绪，反之则会让人情绪低落、闷闷不乐，甚至悲观失望、垂头丧气。

2. 职业活动反映出个性不同和差异

不同个性心理特征的人，适合不同的社会职业，在选择职业时又有不同的心理表现，认识、情感、意志表现出不同的特点。有的人反应敏捷、全面，有的人则迟钝、片面；有的人达观、开朗，有的人则忧虑、退缩；有的人果断坚决，积极克服困难去实现目标，有的人则朝三暮四、犹豫彷徨、知难而退。

3. 不同职业阶段有不同的职业心理

职业活动中的心理现象千奇百怪，纷繁复杂，依据职业活动的过程，职业心理可分作择业心理、求职心理、就业心理、失业心理、再就业心理等。不同阶段的职业心理对职业会产生不同的影响。

4. 不同的职业心理特点影响着人们的生活

择业、求职、就业、失业、再就业等不同阶段的人的心理特点,时刻影响着人们的生活态度、生活方式、价值取向。职业心理对大学生的职业选择起着很重要的作用。"知己知彼,百战不殆",这句话正道出了在职业选择过程中一个很重要的原则,认识自己、了解自己、熟知自己的个性心理特征和心理过程,把个人的职业意愿和自身素质相联系,根据社会的需要和社会职业岗位需求的可能性,评价出个人职业意向的可行性,以积极的态度去选择职业。

二、职业心理的发展阶段

一个人的职业心理,与受教育的程度有很大关系,会随着年龄、工作经历及生活阅历而逐渐得到发展与完善。虽然其具体的发展阶段和发展速度因人而异,但可以按年龄层次将职业心理的发展划分为四个阶段。

1. 职业心理的萌芽阶段(0~18岁)

这一阶段处于职业想象和初期评估时期,在学习中开始接触职业知识和职业技能,逐渐开始考虑自身的职业能力、兴趣、性格、爱好、人生观、价值观、理想和社会的现实,力争做出合理的职业选择。

2. 职业心理的探索阶段(18~35岁)

这一阶段正处于人生事业发展的起点,如何起步、是否顺利等直接关系到今后事业的成败,因此走好第一步至关重要。此阶段要做从学校到社会,从无业到就业、择业的心理准备。

3. 职业心理的成熟阶段(35~50岁)

这一阶段是人生的收获季节,也是一个人大显身手的黄金时期,处于人生发展的上升期并逐渐达到顶峰,一般会成为某一领域里的专家、行家。

4. 职业心理的衰退阶段(50~60岁)

这一阶段是人生发展的转折期,无论是在事业上继续发展,还是准备退休,都面临着转折问题,会产生职业心理上的不适感,必须有一个充分的思想准备过程。

大学生正处于职业心理发展的萌芽阶段,职业意识模糊,对将来就业、择业的信心不足,感到困惑,极易产生心理矛盾。因此,要珍惜学校生活,为自己的职业生涯做好思想上、知识上、能力上和心理上的各种准备。

三、常见的职业心理问题

经过几年的学习,大学生终于要走出象牙塔,带着美好的憧憬,开始为每天的生活而奋斗。但是将自己的梦想放飞的同时,也面临着激烈的竞争,这无疑给我们带来了巨大的压力。在面对风云变幻的市场经济、竞争的风险及各种信息的刺激时,经常会感到无所适从、不知所措,出现严重的心理问题,而这些职业心理问题,也成为大学生顺利就业的绊脚石,也损害了我们的健康。通过抽样调查发现:50%以上的大学生缺乏面试技巧,存在攀比心理;28%至39%的大学生在专业兴趣、职业价值观、自我意识、适应能力等方面存在一定问题,并存在焦虑和从众心理;20%左右的大学生存在挫折耐受力差、依赖、自卑、嫉妒、恐惧等心理问题。当代大学生常见的职业心理问题主要表现在:

1. 攀比与从众心理

有的大学生在择业时,缺乏对自我的客观分析,不是从自己的实际情况出发进行择业,在定位的时候,是以比同学的工作好为标准,即使有单位非常适合自己,但因某个方面比不上同学选择的单位,就彷徨放弃,失去很多的就业机会。还有就是由于大学生已经非常习惯在学校的群体生活,找工作的时候也一如既往地坚持"大帮哄"的原则,别人找什么工作,自己也跟着去找,什么工作热门就去找什么工作,根本就不从自身的情况出发,更不去分析需求,不去想是否和自己的专业有关,是否适合自己,是否符合自己将来的发展方向,往往不能发挥自己的优势,造成丧失更多良好的就业机会的后果。

2. 焦虑与恐惧心理

刚刚毕业的大学生既希望谋求到理想的职业,又担心被用人单位拒之门外,心里总存着一份担忧。对未来要面对的工作和职业充满恐惧,恐怕失足,影响终生。因此在就业过程中存在一定焦虑,有着一种不必要的担心,造成精神上紧张、焦虑不安、意志消沉,情绪亢奋,茫然不知所措甚至彻夜难眠,非常影响自己找工作的状态,造成就业难。

3. 过于自信和自负的心理

大部分大学生都有过高评价自己的情况,认为自己经过了四年的艰苦学习,已经掌握了很多的文化知识,找到好工作是理所当然的事情,高工资、高待遇、高地位就应该随之而来。可是他们还没有认识到,虽然他们掌握的理论知识基本上是能够满足需求了,可是在工作中需要的是更多的知识,于是理想和实际之间出现了矛盾,就造成了好工作找不到,一般工作嫌不好的局面,导致就业难的问题。

4. 自卑和低就的心理

与自负相反,往往有一部分同学存在自卑的心理,认为自己知识储备不充分,工作能力不到位,不能胜任难度大的工作。脑子里总有"我不行"的想法,从而在面对就业问题时对自己失去信心,造成在面试时不能正常发挥,失去工作机会的后果。

5. 依赖和惧怕挫折心理

有的大学生缺乏自立的能力,在找工作的时候,总是不知所措,要么一味地依赖学校联系就业单位,要么一味地依赖父母给找好就业单位,而自己一味地等,希望一旦落空,往往会产生极大的心理落差,甚至会出现很极端的行为。

四、职业心理分析

职业心理分析是指通过各种心理学方法和手段,去了解和认识自己,分析自己的个性心理特征(包括职业兴趣、职业能力和职业人格等),找出自己的优势和不足。职业心理分析的方法有很多种,在这里,仅介绍就业和职业指导中常用的三种方法。

1. 自我分析

在了解自我的时候,大多数人习惯于内省式的自我分析,因为我们没有系统地学过通过内省分析自己的方法,因此很难避免分析结果中的主观因素。所以在现实生活中,最好利用他人的评价或找一些客观事实来帮助我们分析自己。

当别人说"你最在行的是做……""这件事找你办就确保无误""我早知道你对此事的反应会这样""你别的可能不行,这个一定行""这是你典型的反应"等话时,将这些话详细地用笔记录下来。如此做了数星期之后,系统地分析你的笔记。

你会发觉你的行为有一定的模式,原来你一直在人前显露自己某方面的兴趣及才华。这些兴趣及才华很可能是你自己以前从未意识到的,不过如果你相信"旁观者清,当局者迷"这句话,你就不会忽略这些发现,因为它们会带领你发掘自己的潜能,通过这个分析你很容易就能找到你的最强项!

还有一个方法是这样的:随心所欲地剪下报章及杂志上你认为最有兴趣和价值的文章。剪报的时候有一条规则,就是不得翻阅审查自己以前剪下来的文章。连续三个星期,将剪下的文章分类,你会发现你的兴趣所在。

仔细地整理你的收藏,试着给它们归类,看看哪些是可以与职业相联系的,然后选择那些你可能从事的职业。因为他们本身就是你的兴趣所在,所以从事相关的职业能激发你最大的潜能。

做过这个练习的人告诉我们,当他们循着新发现的兴趣去发展新的嗜好或重新组织自己的职业时,他们有极大的投入感及满足感,所以这个方法确实值得一试。

2. 接受心理辅导

如果你不清楚自己的个性和能力,除了心理测验,你或许还应该找一位心理辅导员谈谈。在大多数情况下,通过分析,辅导员会较准确地指出你的兴趣所在和能力所及。

3. 进行职业心理测试

现在的人才交流会上，如果我们留心一下，就会发现很多的应聘者在自己的简历后面附上了一些专业的机构做的心理测试，它既能帮助用人单位很好地了解应聘者，又能在很大的程度上给应聘者一些指导。因为它能科学地分析应聘者的个性特征，帮助应聘者了解自己。如果你觉得自己很难进行自我分析，进行心理辅导又不是那么容易，那么，比较切实可行的办法就是认真地做一份职业心理测试。标准化的专业心理测试的确能给你客观的评价。

技能实训

情绪管理自测题

建议你选择安静、不易受打扰的环境，回想近两周的情绪状态，然后在下列每题符合你情绪的项目上打分：没有0，轻度1，中度2，严重3。

1. 你是否感到食欲不振，或情不自禁地暴饮暴食？
2. 你是否患有失眠症，或整天感到体力不支，昏昏欲睡？
3. 你是否丧失了对性的兴趣？
4. 你是否经常担心自己的健康？
5. 你是否认为生存没有价值，或生不如死？
6. 你是否一直感到伤心或悲哀？
7. 你是否感到前景渺茫？
8. 你是否觉得自己没有价值或自以为是一个失败者？
9. 你是否觉得力不从心或自叹比不上别人？
10. 你是否对任何事都自责？
11. 你是否在做决定时犹豫不决？
12. 这段时间你是否一直处于愤怒和不满状态？
13. 你对事业、家庭、爱好或朋友是否丧失了兴趣？
14. 你是否感到一蹶不振，做事情毫无动力？
15. 你是否以为自己已衰老或失去魅力？

第六章 就业权益与法律保障

从多年来的实际情况看，即将步入社会的大学毕业生，往往会将注意力集中在简历制作、招聘信息收集、准备面试与笔试等方面，而忽视了对与就业有关的法律、法规及制度的学习和了解，再加上社会经验不足、自我保护意识较差、就业竞争激烈、就业市场不够规范等多种原因，致使一部分毕业生在求职择业的道路上遭遇了各种各样的陷阱。

第一节 就业的权利与义务

一、就业者所享有的权利

所谓权利，是指国家法律、法规和政策对某种行为的许可和保障。为了维护择业者的合法权益，《中华人民共和国宪法》(以下简称《宪法》)、《中华人民共和国劳动法》(以下简称《劳动法》)、《中华人民共和国高等教育法》(以下简称《高等教育法》)、《中国教育改革和发展纲要》、《普通高等学校毕业生就业工作暂行规定》等法律、法规和政策规定了择业者应当享有的权利。

1. 平等就业的权利

平等就业是择业者的首要权利。我国《宪法》和《劳动法》规定，择业者不因民族、性别、宗教信仰等的不同而受歧视，都享有平等就业的权利。

2. 自主择业的权利

自主择业是择业者的基本权利。自主择业权是指劳动者可以自主选择职业的权利，包括是否从事职业劳动，从事何种职业劳动，进入哪一个用人单位工作等方面的选择权。

劳动者享有自主择业权是劳动者人格独立和意志自由的法律体现。劳动者自主择业，有利于充分发挥劳动者的聪明才智和劳动热情，有利于提高劳动效率，有利于建立新型、稳定的劳动关系。

3. 公平竞争的权利

用人单位在录用毕业生的过程中，也应公正、公平，一视同仁。但在当前，毕业生的公平待遇权受到了很大的冲击,也最为毕业生所担忧。由于各项配套措施滞后,完全开放公平的就业市场尚未真正形成,用人单位录用毕业生还存在不同程度的不公平、不公正的现象,如女性就业难仍然是困扰女毕业生就业的一大问题。公平受录用权是毕业生最为迫切需要得到维护的权益。

4. 全面真实了解用人单位情况的权利

所谓用人单位,是指具有用人自主权的国家机关、社会团体、企业(含国有、集体、私营、乡镇、"三资"等经济组织)和事业等单位。一般来说,参加毕业生招聘的单位,不分所有制性质,因此,毕业生通过就业市场选择单位,应该了解清楚用人单位的基本情况,慎重选择,避免盲目性。

5. 协商签订劳动合同的权利

随着毕业生就业市场不断完善,用人单位和毕业生法律意识明显增强。为了避免毕业生就业过程中当事人各方的矛盾,在就业协议的基础上,毕业生和用人单位可根据《劳动法》的规定,订立劳动合同。劳动合同是毕业生就业协议的延伸和法律化。毕业生就业协议,从一定程度上讲,是政府编制毕业生就业计划的依据,而劳动合同则具有法律效力,当事人双方一旦发生争议或一方权益受到损害,有权通过法律解决争议或权益受到损害的一方有权获得法律保护。

6. 接受就业指导的权利

接受就业指导是每个毕业生都享有的权利。《高等教育法》规定,高等学校应当为毕业生提供就业指导和服务,《普通高等学校毕业生就业工作暂行规定》中明确指出,高等学校的一个主要职责就是对毕业生开展毕业教育和就业指导工作。1995年国家教委办公厅发布的《关于在高等学校开设就业指导选修课的通知》中提出,要加强对大学生的就业指导工作,并建议在高等学校开设就业指导选修课,并将此课纳入思想政治教育课程体系。

7. 被推荐权

高等学校在就业工作中的一个重要职责就是向用人单位推荐毕业生。历年工作经验证明,学校的推荐往往在很大程度上影响到用人单位对毕业生的取舍。毕业生享有的被推荐权包含以下几方面内容:

(1)如实推荐:即高校在对毕业生进行推荐时,应实事求是,根据毕业生本人的实际情况向用人单位进行推荐,不能故意贬低或随意拔高毕业生的在校表现。

(2)公正推荐:学校对毕业生进行推荐应做到公平、公正,应给每一位毕业生就业推荐的机会,不能厚此薄彼。公正推荐是学校的基本责任,被公正推荐是毕业生享有的最基本的权益。

(3)择优推荐:学校根据毕业生的在校表现,在公正、公开的基础上,还应择优推荐，用人单位录用毕业生也应坚持择优标准。这样才能真正体现优生优用、人尽其才，才能调动广大毕业生和在校生学习的积极性。毕业生在就业过程中只能凭自身综合素质来取胜。

二、就业者应履行的义务

没有无义务的权利，也没有无权利的义务。根据权利与义务相统一的原则，择业者在享有法律、法规和有关政策规定的权利的同时，也应当履行自己的义务。这些义务主要包括以下内容：

1. 回馈国家、社会的义务

对于毕业生而言，不仅要履行作为公民的义务，而且作为高文化层次的青年群体，国家和社会以至家庭为其成才和发展提供了相对其他青年群体无法比拟的政治、经济和文化方面特殊的优厚条件，按照"得之于社会，还之于社会，报之于社会"的原则，毕业生理应积极地依托自己的职业行为，回报于国家、社会和家庭，承担起自己的责任。

2. 服从国家需要的义务

毕业生在选择工作单位时考虑个人因素是无可厚非的。但作为当代大学生，上大学还不完全是一种投资于未来发展的个人行为，国家与社会都为大学生的成才付出了很大代价。因此，大学生就业不应该是只顾个人意愿的个人行为，还应服从和服务于国家的需要。

3. 如实介绍自己情况的义务

毕业生在求职择业过程中，如实向用人单位介绍自己的情况，是基本的择业道德要求，也是自己应尽的义务。

4. 遵守协议的义务

毕业生与用人单位"双向选择"确定之后，就要签订就业协议，以约束双方遵守协议。签协议是人才市场健康发展的产物，遵守协议是就业工作顺利进行的保证。

5. 按时到工作单位报到的义务

《普通高等学校毕业生就业工作暂行规定》要求，毕业生办理完派遣手续后，按时到工作单位报到。毕业生如果自派遣之日起，无正当理由超过三个月不去就业单位报到，由学校报地方主管毕业生调配部门批准，不再负责其就业；在其向学校缴纳全部培养费和奖（助）学金后，由学校将其户籍关系和档案转至家庭所在地，按社会待业人员处理。

第二节　就业法律法规

大学毕业生进入职场，将面临与学校截然不同的环境。由于目前存在着就业难的客观现实，某些用人单位动辄摆出一副居高临下的架势，或随意处置双方的法律关系，或不合理地加大工作量、压低劳动报酬，甚至不给劳动者缴纳五险一金。因此，学习与掌握相关法律法规，依法维护自身权益，成为每一位大学毕业生今后畅行职场的必修课。

离职时遇到这种情况，千万别再吃哑巴亏了！

一、有关就业的法律法规

1.《中华人民共和国劳动法》

《劳动法》是为了保护劳动者的合法权益，调整劳动关系，建立和维护适应社会主义市场经济的劳动制度，促进经济发展和社会进步，根据宪法制定的。其主要内容涵盖工作时间、工资、安全卫生、培训、社保等。

2.《中华人民共和国劳动合同法》(以下简称《劳动合同法》)

《劳动合同法》是为了完善劳动合同制度，明确劳动合同双方的权利和义务，保护劳动者的合法权益，构建和发展和谐稳定的劳动关系制定的。它主要涉及劳动合同订立、履行、变更、解除或终止等。

3.《中华人民共和国劳动争议调解仲裁法》(以下简称《劳动争议调解仲裁法》)

《劳动争议调解仲裁法》是为了公正及时解决劳动争议，保护当事人合法权益，促进劳动关系和谐稳定制定的，是遇到劳动争议时申请仲裁的常用法案。

4.《中华人民共和国就业促进法》(以下简称《就业促进法》)

《就业促进法》是为了促进就业，促进经济发展与扩大就业相协调，促进社会和谐稳定而制定的法律。

5.《普通高等学校毕业生就业工作暂行规定》(以下简称《暂行规定》)

《暂行规定》是为做好普通高等学校(含研究生培养单位)毕业生(含毕业研究生)就业工作，更好地为经济建设和社会发展服务，维护毕业生和用人单位的合法权益，根据国家的有关法律和政策制定的。

二、就业协议书与劳动合同

1. 什么是就业协议书

《全国普通高等学校毕业生就业协议书》，简称"就业协议书"或者"三方协议"，是毕业生与用人单位在毕业生就业工作中，为了确定录用或就业关系，依法协商达成的明确双方权利义务的书面协议，有一定的法律效力；就业协议书是确认就业意向和劳动需求的凭证；是高校进行毕业生就业管理、编制就业方案以及进行毕业生就业派遣的重要依据。

为避免用人单位"反悔"而造成损害，双方还未订立劳动合同的，建议毕业生将口头协议中约定的报酬、合同期、福利待遇、社会保障和其他需要特别约定的内容等写入就业协议，并约定较合适的违约金或赔偿金，以维护自己的权利。

2. 什么是劳动合同

劳动合同是指劳动者与用人单位确立劳动关系，明确双方权利和义务的协议，它是依据《劳动法》以书面形式订立的，其中注明的劳动期限、工作内容、劳动保护和劳动条件、劳动报酬、劳动纪律、合同终止等条款，对双方当事人具有法律约束力。违反法律、行政法规，采取欺诈、威胁等手段订立的劳动合同都是无效的。

3. 就业协议书与劳动合同的区别

(1)主体不同。就业协议书是教育部统一印制的，由毕业生、用人单位及毕业生所在高校三方主体共同签订，而劳动合同是劳动者与用人单位双方主体之间签订的关于权利义务的法律文书。

(2)签订时间不同。就业协议是在毕业生派遣之前签订的；而劳动合同是在毕业生到单位报到后签订的。

(3)内容不同。在就业协议当中，毕业生的义务是向用人单位如实地介绍自己的情况，并按时到用人单位报到；用人单位的义务是如实向毕业生介绍自己的情况，负责办理毕业生的有关手续；学校的义务则是负责完成有关的派遣工作。毕业生就业协议是毕业生分配的具体体现。劳动合同是劳动者与用人单位确立劳动关系，明确双方的权利和义务的合同。

(4)法律依据不同。毕业生就业协议是无名合同，适用于《民法典》、国家有关毕业生就业分配的法律法规和其他相关政策的规定，这个协议一经签订，各方应严格履行，任何一方要变动，需提前一个月取得另外两方的同意，否则按违约处理。劳动合同是有名合同，适用于《劳动法》《劳动合同法》《劳动争议调解仲裁法》等法律规范。

(5)适用人员不同。劳动合同可以适用于各类人员，凡是中华人民共和国公民只要有劳动能力并符合法律规定的条件，经过供需见面双向选择，一经录用都可以与用人单位签订劳动合同。就业协议只适用于高校毕业生。

（6）纠纷解决方式不同。因就业协议发生纠纷，任何一方均可以向人民法院提起诉讼，不能提请劳动争议仲裁。若因劳动合同发生纠纷，任何一方均可向当地的劳动争议仲裁委员会申请仲裁，当事人对仲裁裁决不服的，可以向人民法院提请诉讼；仲裁是诉讼的前置程序，如当事人就劳动争议直接向人民法院起诉的，人民法院不予受理。

（7）签订目的不同。就业协议书是对毕业生就业基本情况的认定，是确定学生工作意向、用人单位愿意接收、学校编制就业方案和毕业生派遣的依据。劳动合同是劳动者和用人单位明确劳动关系中权利义务关系的协议。

（8）时效性不同。就业协议的效力始于签订之日，终于学生到工作岗位报到之时。就业协议的作用仅限于对学生就业过程的约定，一旦毕业生到用人单位报到，就业协议的使命也就完成了。就业协议不能替代劳动合同，不是确定劳动关系的凭证。毕业生就业时必须签订《全国普通高校毕业生就业协议书》，在毕业生到单位报到与单位签订劳动合同后，就业协议书立即失效。

三、关于社会保险和违约金的规定

1. 社会保险相关规定

社会保险是指国家通过立法强制实行的，对劳动者因年老、工伤、疾病、生育、残废、失业、死亡等原因丧失劳动能力或暂时失去工作时，给予劳动者本人或供养直系亲属物质帮助的一种社会保障制度。

2. 毕业生社会保险的几个盲区

（1）试用期不给缴纳社保，不合法！《社会保险法》第58条规定："用人单位应当自用工之日起三十日内为其职工向社会保险经办机构申请办理社会保险登记。未办理社会保险登记的，由社会保险经办机构核定其应当缴纳的社会保险费。社会保险费包括基本养老保险费、基本医疗保险费、工伤保险费、失业保险费和生育保险费，除了生育保险和工伤保险个人不需缴费外，其他三个险种，单位和个人按相关比例共同缴费。企业在试用期期间也必须为员工缴纳社保。"

（2）让员工承诺弃缴社保，违法！现在，一些公司会在与员工签订劳动合同时要求员工出具一份书面承诺，承诺书中写明："员工自愿放弃该公司为其缴纳的社会保险费，公司将社会保险费作为工资的组成部分，直接支付给员工。"这是不合理且违法的！据《社会保险法》《劳动合同法》的相关规定，用人单位和劳动者必须依法参加社会保险，缴纳社会保险费。为劳动者参加社会保险并依法缴纳社会保险费系用人单位的法定义务，该项义务不能由用人单位和劳动者通过约定变更或者放弃。

（3）人事档案没转移到单位不缴社保，不可以！新员工入职，由于人事变动的关系，之前的人事档案可能没有及时从原来的单位调来，这时有些单位会称因为没有档案所以无法为员工缴纳社保。这是不合理的！实际上人事档案并非缴交社保所需条件，不能成为单位缓缴社保的理由(依据《社会保险法》第58条以及《社会保险法》第60条)。《社会保险法》第60条规定：用人单位应当自行申报、按时足额缴纳社会保险费，非因不可抗力等法定事由不得缓缴、减免。

(4)不签合同就不用缴社保，这样办！一些用人单位以没有签订劳动合同为由拒绝缴纳社保，怎么办？员工可以提供以下证明，证明与单位之间的用人关系。《关于确立劳动关系有关事项的通知》第二条规定：用人单位未与劳动者签订劳动合同，认定双方存在劳动关系时可参照下列凭证：

①工资支付凭证或记录(职工工资发放花名册)、缴纳各项社会保险费的记录；

②用人单位向劳动者发放的"工作证""服务证"等能够证明身份的证件；

③劳动者填写的用人单位招工招聘"登记表""报名表"等招用记录；

④考勤记录；

⑤其他劳动者的证言等。

其中，①、③、④项的有关凭证由用人单位负责举证。

(5)用支付现金方式取代缴社保，不可取！一些单位不给员工缴纳社保，但是会给员工发一笔社保补助费，用现金代替社保缴纳。这样不可取！《社会保险费征缴暂行条例》第十二条规定："缴费单位和缴费个人应当以货币形式全额缴纳社会保险费。缴费个人应当缴纳的社会保险费，由所在单位从其本人工资中代扣代缴。"用人单位和个人不得私下就社会保险费进行约定。

四、违约金相关规定

在就业协议期间约定违约金。如果在毕业前的就业协议期间约定违约金，金额一般为就业后月薪酬的数目。

在劳动合同期内约定违约金。只有两种情况需要向用人单位交违约金：一是用人单位为劳动者提供了专业技术培训，二是违反了竞业限制约定(大学生毕业刚进入社会，基本不会成为被竞业限制的对象)。一般的岗前培训、企业文化培训是劳动法规定员工上岗前必须进行的培训，不能约定违约金。如果出现异议，可向用人单位所在地劳动主管部门询问或投诉。

五、关于试用期的规定

根据《劳动法》等法律法规，只有签订正式劳动(聘用)合同时，才可以商定试用期，也就是说没有正式合同便没有试用期，更不存在单独的所谓"试用合同"。目前不少用人单位与被聘用人员订立的所谓"试用合同"当属无效合同，因为有关法律根本不承认"试用合同"。

1. 法律对试用期的长短和次数的规定

（1）劳动合同期限在一年以上两年以下的，试用期不得超过60天。

（2）劳动合同期限在半年以上一年以下的，试用期不得超过30天。

（3）劳动合同期限在6个月（半年）以下的，试用期不得超过15天。

（4）以一定工作任务为期限的劳动合同，或者劳动合同期限是三个月以下的，不能约定试用期。

（5）劳动合同期限在两年以上，试用期在6个月内。

2. 试用期的注意事项

首先，要注意的是，劳动者在试用期的工资不得低于本单位相同岗位最低档工资或者劳动合同约定工资的80%，并且不能低于当地最低工资标准。简单来说就是你的试用期工资不能低于转正后工资的80%。

其次，很多单位会在员工入职的时候，与其约定试用期不缴纳社会保险，转正后公司才开始替其上社会保险，其实这样的做法同样是违法的，根据我国法律规定，用人单位应当在与劳动者建立劳动关系后，依法替劳动者办理社会保险。

再次，试用期适用于初次就业或再次就业后改变岗位或工种的劳动者，对工作岗位没有发生变化的劳动者只能试用一次。续订劳动合同时，劳动者改变工种的，可以重新约定试用期，不改变工种的，不再约定试用。

最后，试用期如果想要离职，只需要提前3天口头告知单位，为了保险起见，通常建议劳动者以书面的形式提前3天告知；另外，毕业生与用人单位签订劳动合同，同时劳动合同中没有约定服务期和商业机密的，毕业生在试用期内辞职，是不用支付违约金的。

3. 试用期内单位不能随意解除劳动合同

用人单位在试用期辞退劳动者，不仅要合法，还要说明理由，除非被证明不符合录用条件，否则不能无故辞退。劳动者在此期间要解约只需要提前三天通知单位。但是如果毕业生未履行完合同就辞职，甚至没干几天就离职，那么在该毕业生今后求职时，单位可能会对其职业适应能力、职业操守产生疑虑，这会对毕业生今后职业的发展产生不利影响。

第三节　就业协议书和劳动合同签订

一、签订劳动合同前应具备的法律常识

《劳动法》第十六条规定，劳动合同是指劳动者与用人单位确立劳动关系，明确双方的权利和义务的协议。建立劳动关系应当订立劳动合同。它具有法律约束力，任何一方都不得违反。劳动合同是建立劳动关系的法律形式，也是处理劳动争议的重要依据。通过劳动合同的订立、履行、变更、终止和解除等法律行为，可以调节劳动关系，促进劳动力的合理流动，保障劳动者的择业自主权和用人单位的用工自主权。劳动合同是当事人双方共同意志的体现，双方必须认真履行合同规定的义务，保障各自的合法权益。在签订劳动合同前，至少应具备以下法律常识。

劳动合同应当以书面形式订立，有些劳动者，尤其是一些刚出校门的大学生，认为劳动合同签不签无所谓，不签更自由，可以想走就走。而一些用人单位为了逃避法定义务，也故意不与劳动者签订劳动合同。这都是错误的，劳动合同是劳动者和用人单位建立劳动关系的重要法律凭证，通过劳动合同可以明确双方的权利和义务，如果日后发生劳动争议，它还是提请劳动争议仲裁的重要依据。

《劳动法》规定："劳动合同应当以书面形式订立。"以书面形式订立劳动合同，不仅有利于当事人履行，而且有利于合同管理机关的监督，一旦发生劳动争议，有据可查，能够有效地保护各自的合法权益。因此，劳动合同应书面订立，当事人双方各执一份。

1. 签订劳动合同必须具备的要点

(1)用人单位的名称、地址和法定代表人或者主要负责人。

(2)劳动者的姓名、住址和居民身份证或者其他有效身份证件号码。

(3)劳动合同期限。

(4)工作内容和工作地点。

(5)工作时间和休息休假。

(6)劳动报酬。

(7)社会保险。

(8)劳动保护、劳动条件和职业危害防护。

(9)法律、法规规定应当纳入劳动合同的其他事项。

劳动合同除前面规定的必备条款外，用人单位与劳动者可以约定试用期、培训、保守秘密、补充保险和福利待遇等其他事项。

2. 劳动合同的期限

(1)固定期限。即在合同中明确约定效力期限,期限可长可短,长到几年、十几年,短到一年或者几个月。

(2)无固定期限。即劳动合同中只约定了起始日期,没有约定具体终止日期。用人单位与劳动者协商一致,可以订立无固定期限劳动合同。

有下列情形之一,劳动者提出或者同意续订劳动合同的,除劳动者提出订立固定期限劳动合同外,应当订立无固定期限劳动合同:

①劳动者在该用人单位连续工作满10年的。

②用人单位初次实行劳动合同制度或者国有企业改制重新订立劳动合同时,劳动者在该用人单位连续工作满10年且距法定退休年龄不足10年的。

③连续订立二次固定期限劳动合同,且劳动者没有《劳动合同法》第三十九条和第四十条第一款、第二款规定的情形,续订劳动合同的。

用人单位自用工之日起满一年不与劳动者订立书面劳动合同的,视为用人单位与劳动者已订立无固定期限劳动合同。

(3)以完成一定的工作为期限。即以完成某项工作或者某项工程为有效期限,该项工作或者工程一经完成,劳动合同即终止。

(4)试用期。签订劳动合同可以不约定试用期,也可以约定试用期。劳动合同期限3个月以上不满一年的,试用期不得超过1个月;劳动合同期限一年以上不满三年的,试用期不得超过2个月;三年以上固定期限和无固定期限的劳动合同,试用期不得超过6个月。

同一用人单位与同一劳动者只能约定一次试用期。以完成一定工作任务为期限的劳动合同或者劳动合同期限不满3个月的,不得约定试用期。试用期包含在劳动合同期限内。

劳动合同仅约定试用期的,试用期不成立,该期限为劳动合同期限。

在试用期中,除劳动者有《劳动合同法》第三十九条和第四十条第一款、第二款规定的情形外,用人单位不得解除劳动合同。用人单位在试用期解除劳动合同的,应当向劳动者说明理由,非全日制劳动合同,不得约定试用期。

(5)学徒期。学徒期是对进入某些工作岗位的新招工人熟悉业务、提高工作技能的培训阶段,在实行劳动合同制度后,这一培训阶段仍存在,并按照技术等级标准规定的期限执行。试用期和学徒期包含在劳动合同期内,试用期和学徒期可以同时约定,但试用期不得超过6个月。学徒期一般长于试用期,试用期和学徒期均应短于劳动合同期限。试用期适用于初次就业或再就业时改变劳动岗位或工种的劳动者。但用人单位对工作岗位没有发生变化的同一劳动者只能试用一次。所以,那种在与劳动者续订劳动合同时,以重新约定试用期为由,降低劳动者的工资待遇的做法是违法行为。一些用人单位出于自身利益考虑，利用部分职工对用工制度不明白的情况，不仅不与职工签订劳动合同，而且以没有签订劳动合同属"临时工"为由，不为职工缴纳各项社会保险费，剥夺职工享有社会保险待遇的合法权益。所谓"临时工"的说法，也早已过时，不能成为用人单位不为职工缴纳社会保险费的理由。在劳动法实施后，所有用人单位与职工全面实行劳动合同制度，用人单位各类职工享有的权利是一样的。用人单位在临时性岗位上用工，可以在劳动合同期限上有所区别。

(6)劳动时间和报酬。

①劳动时间。《劳动法》第三十六条规定"国家实行劳动者每日工作时间不得超过 8 小时"的工时制度，第四十一条规定："用人单位由于生产经营需要，经与工会和劳动者协商后可以延长工作时间，一般每日不得超过 1 小时；因特殊原因需要延长工作时间的，在保障劳动者身体健康的条件下延长工作时间每日不得超过 3 小时，但是每月不得超过 36 小时。"对因工作性质或生产特点的限制，不能实行每日工作 8 小时，每周工作 40 小时标准工时制度的，可以实行不定时工作制度或综合计算工时工作制度等其他工作和休息办法。综合计算工时工作制，是以周、月、季、年等为周期综合计算工作时间，但其平均日工作时间和平均周工作时间应与法定工作时间基本相同。在综合计算周期内，某一具体日的实际工作时间可以超过 8 小时，某一具体周的实际工作时间也可以超过 40 小时，但综合计算周期内的总实际工作时间不应该超过总法定标准工作时间，超过部分为延长工作时间，应按照《劳动法》第四十四条规定，支付报酬。

②劳动报酬。

a. 延长工作时间的报酬。超过《劳动法》规定的劳动时间为延长工作时间，对延长工作时间的劳动报酬，《劳动法》第四十四条规定，支付不低于职工本人工资 150% 的工资报酬，其中休息日安排劳动者工作又不能安排补休的，支付不低于工资 200% 的工资报酬；法定休假日安排劳动者工作的，应支付不低于职工本人工资 300% 的工资报酬。

b. 最低工资。最低工资的组成部分中不能包括以下部分：第一，加班加点工资。第二，中班、夜班、高温、低温、井下、有毒有害等特殊环境、条件下的津贴。第三，国家法律、法规和政策等规定的劳动者保险、福利待遇。

关于最低工资，《劳动法》第四十八条规定，"国家实行最低工资保障制度……用人单位支付劳动者的工资不得低于当地最低工资标准"。这里的"最低工资"是指劳动者在法定工作时间内提供了正常劳动的前提下，其所在的企业应支付的最低劳动报酬。最低工资标准的执行，仅指少数生产经营确有困难的企业，给提供正常劳动的劳动者支付的最低劳动报酬。有支付能力的企业，不能以最低工资作为工资发放的标准。

c. 工资总额。工资总额由 6 个部分组成：第一，计时工资，是指按计时工资标准（包括地区生活费补贴）和工作时间支付给个人的劳动报酬。第二，计件工资，是指对已做工作按计件单位支付的劳动报酬。第三，奖金，是指支付给职工的超额劳动报酬和增收节支的劳动报酬。第四，津贴和补贴，是指为了补偿职工特殊或额外的劳动消耗和其他特殊原因支付给职工的津贴，以及为了保证职工工资水平不受物价影响支付给职工的物价补贴。第五，加班加点工资，是指按规定支付的加班工资和加点工资。第六，特殊情况下支付的工资。《劳动法》第五十条规定，工资应当以货币形式按月支付给劳动者本人，不得克扣或者无故拖欠劳动者的工资。劳动者享有获得劳动报酬的权利，即劳动者有权根据自己付出劳动的时间、数量、质量而及时得到合理的劳动报酬。

d. 其他应支付的工资报酬。《最高人民法院关于审理劳动争议案件适用法律若干问题的解释》规定：用人单位以暴力、威胁或者非法限制人身自由的手段强迫劳动的；未按照劳动合同约定支付劳动报酬或者提供劳动条件的；克扣或者无故拖欠劳动者工资的；拒不支付劳动者延长工作时间工资报酬的；低于当地最低工资标准支付劳动者工资的。若具有这些情形之一，迫使劳动者提出解除劳动合同的，用人单位应当支付劳动者的劳动报酬和经济补偿，并可支付赔偿金。

《劳动法》第五十一条规定：劳动者在法定休假日和婚丧期间以及依法参加社会活动期间，用人单位应当依法支付工资。具体情况有：第一，劳动者依法行使选举权和被选举权。第二，劳动者当选代表出席乡（镇）、区以上政府、党派、工会、青年团、妇女联合会等组织召开的会议。第三，出席人民法庭证明人。第四，出席劳动模范、先进工作者大会。第五，《工会法》规定的不脱产工会基层委员会因工会活动占用的生产或工作时间。第六，其他依法参加的社会活动。第七，劳动者依法享受年休假、探亲假、婚假、丧假期间，用人单位应当按照劳动合同所规定的标准支付劳动报酬。

二、劳动合同与保险

1. 劳动合同的变更、解除、终止的法律规定

(1)劳动合同的变更。《劳动合同法》第三十五条规定，用人单位与劳动者协商一致，可以变更劳动合同约定的内容。变更劳动合同，应当采用书面形式。变更后的劳动合同文本当由用人单位和劳动者各执一份。

(2)劳动合同的解除。劳动合同的解除是指劳动合同订立后，尚未完全履行之前，于某种原因导致劳动合同一方当事人或双方当事人提前消灭劳动关系的法律行为。劳动合同分为协商解除、法定解除和单方解除三种情形。

协商解除，是指在劳动合同履行过程中，用人单位和劳动者任何一方解除劳动关系，经与对方协商一致，均可以解除劳动合同，这就是协商解除。劳动合同的解除，只对未履行的部分发生效力，不涉及已履行的部分。

法定解除，是指依据有关劳动法律规定，解除劳动合同。解除条件分劳动者解除条件和用人单位解除条件，其中用人单位解除条件除许可解除的条件外，还包括禁止解除的条件。

单方解除又分为劳动者的单方解除和用人单位的单方解除。

①劳动者单方解除合同。劳动者提前30日以书面形式通知用人单位，可以解除劳动合同。超过30日，劳动者可以向用人单位提出办理解除劳动合同手续，用人单位予以办理。如果劳动者违法解除劳动合同给原用人单位造成经济损失，应当承担赔偿责任。

单方即时解除是在通知对方当事人的当时就可以单方解除劳动合同。单方即时解除劳动合同，必须符合法定条件，一般是合同一方存在过错。劳动者在按照法定的方式通知用人单位后，可以立即解除同用人单位的劳动关系。

用人单位有下列情形之一的，劳动者可以随时（通知用人单位）解除劳动合同。

a. 未按照劳动合同约定提供劳动保护或者劳动条件的；

b. 未及时足额支付劳动报酬的；

c. 未依法为劳动者缴纳社会保险费的；

d. 用人单位的规章制度违反法律、法规的规定，损害劳动者权益的；

e. 因《劳动合同法》第26条第1款规定的情形（以欺诈、胁迫的手段或者乘人之危，使对方在违背真实意思的情况下订立或者变更劳动合同的）致使劳动合同无效的；

f. 法律、行政法规规定劳动者可以解除劳动合同的其他情形。

用人单位以暴力、威胁或者非法限制人身自由的手段强迫劳动者劳动的，或者用人单位违章指挥、强令冒险作业危及劳动者人身安全的，劳动者可以立即解除劳动合同，不需事先告知用人单位。

②用人单位单方解除合同。用人单位单方解除合同有即时解除、预告解除和经济性裁员3种。劳动者有下列情形之一的，用人单位可以解除劳动合同（不需提前通知、不需支付赔偿金、不要求承担责任）。

a. 在试用期间被证明不符合录用条件的；

b. 严重违反用人单位的规章制度的；

c. 严重失职，营私舞弊，给用人单位造成重大损害的；

d. 劳动者同时与其他用人单位建立劳动关系，对完成本单位的工作任务造成严重影响，或者经用人单位提出，拒不改正的；

e. 因《劳动合同法》第26条第1款第1项规定的情形（即劳动者以欺诈、胁迫的手段或者乘人之危，使用人单位在违背真实意思的情况下订立劳动合同），致使劳动合同无效的；

f. 被依法追究刑事责任的。

有下列情形之一的，用人单位提前30日以书面形式通知劳动者本人或者额外支付劳动者一个月工资后，可以解除劳动合同。

a. 劳动者患病或者非因工负伤，在规定的医疗期满后不能从事原工作，也不能从事由用人单位另行安排的工作的；

  b. 劳动者不能胜任工作，经过培训或者调整工作岗位，仍不能胜任工作的；

  c. 劳动合同订立时所依据的客观情况发生重大变化，致使劳动合同无法履行，经用人单位与劳动者协商，未能就变更劳动合同内容达成协议的。

  用人单位经济性裁员时解除劳动合同的情形。有下列情形之一，需要裁减人员20人以上或者裁减不足20人但占企业职工总数10%以上的，用人单位提前30日向工会或者全体职工说明情况，听取工会或者职工的意见后，裁减人员方案向劳动行政部门报告，可以裁减人员。

  a. 依照企业破产法规定进行重整的；

  b. 生产经营发生严重困难的；

  c. 企业转产、重大技术革新或者经营方式调整，经变更劳动合同后，仍需裁减人员的；

  d. 其他因劳动合同订立时所依据的客观经济情况发生重大变化，致使劳动合同无法履行的。

  裁减人员时，应当优先留用下列人员。

  a. 与本单位订立较长期限的固定期限劳动合同的；

  b. 与本单位订立无固定期限劳动合同的；

  c. 家庭无其他就业人员，有需要供养的老人或者未成年人的。

  用人单位依照本条第一款规定裁减人员，在6个月内重新招用人员的，应当通知被裁减的人员，并在同等条件下优先招用被裁减的人员。

  ③哪些情形下，用人单位不能解除劳动合同

  《劳动合同法》第四十二条规定，劳动者有下列情形之一的，用人单位不得解除劳动合同。

  a. 从事接触职业病危害作业的劳动者未进行离岗前职业健康检查，或者疑似职业病病人在诊断或者医学观察期间的；

  b. 在本单位患职业病或者因工负伤并被确认丧失或者部分丧失劳动能力的；

  c. 患病或者非因工负伤，在规定的医疗期内的；

  d. 女职工在孕期、产期、哺乳期的；

  e. 在本单位连续工作满15年，且距法定退休年龄不足5年的；

  f. 法律、行政法规规定的其他情形。

  用人单位违法解除劳动合同的行为包括未与劳动者协商一致；未出现法律规定的用人单位可以解除劳动合同的情形；未按照法律规定的程序解除劳动合同。

  (3)劳动合同的终止。劳动合同的终止，是指劳动合同期满及相应法定终止劳动合同的条件出现时，双方当事人权利和义务履行完毕结束劳动关系的行为，以及劳动合同一方当事人主体资格取消，无法继续履行劳动合同，结束劳动合同关系的法律行为。

根据我国《劳动合同法》，有下列情形之一的，劳动合同终止。
①劳动合同期满的；
②劳动者开始依法享受基本养老保险待遇的；
③劳动者死亡，或者被人民法院宣告死亡或者宣告失踪的；
④用人单位被依法宣告破产的；
⑤用人单位被吊销营业执照、责令关闭、撤销或者用人单位决定提前解散的；
⑥法律、行政法规规定的其他情形。

劳动合同期满，是指劳动合同约定的期限届满，合同效力自然终止。因合同期满而终止合同，用人单位不需要提前通知劳动者。劳动合同期满是劳动合同终止的法定条件。但劳动合同期满时，如果劳动者有下列情形之一的，劳动合同期限应顺延至下列情形消失。

a. 从事接触职业病危害作业的劳动者未进行离岗前职业健康检查，或者疑似职业病病人在诊断或者医学观察期间的；
b. 在本单位患职业病或者因工负伤并被确认丧失或者部分丧失劳动能力的；
c. 患病或者非因工负伤，在规定的医疗期内的；
d. 女职工在孕期、产期、哺乳期的；
e. 在本单位连续工作满 15 年，且距法定退休年龄不足 5 年的；
f. 法律、行政法规规定的其他情形。

劳动合同中的预先约定，包括约定期限的届满和约定工作任务的完成，当约定条件出现时，劳动合同即告终止。无论是固定期限的劳动合同，还是无固定期限的劳动合同，都可以约定终止条件。在以完成一定工作任务为期限的合同中，双方对于合同期限的约定也可以视为一种终止条件。

用人单位应当在解除或者终止劳动合同时出具解除或者终止劳动合同的证明，并在 15 日内为劳动者办理档案和社会保险关系转移手续。劳动者应当按照双方约定办理工作交接。用人单位依照本法有关规定应当向劳动者支付经济补偿的，在办理工作交接时支付。用人单位对已经解除或者终止的劳动合同的文本，至少保存两年备查。

在实践中，用人单位扣留劳动者档案，不明确告知劳动者社会保险缴纳的情况比较普遍，因此，《劳动合同法》第五十条第一款对此做了专门规定。首先，用人单位为劳动者办理档案和社会保险关系转移手续是用人单位的一项法定义务，用人单位必须依法履行。其次，有关手续的办理有时间限制，必须在依法解除或者终止劳动合同之日起 15 日内办理完毕。《劳动合同法》第 84 条第 3 款规定，劳动者依法解除或者终止劳动合同，用人单位扣押劳动者档案或者其他物品的，由劳动行政部门责令限期退还劳动者本人，按每一名劳动者 500 元以上 2000 元以下的标准处以罚款；给劳动者造成损害的，用人单位应当承担赔偿责任。

用人单位违法终止劳动合同的行为包括劳动合同期满应当续订劳动合同未续订的，

对劳动者符合劳动合同延缓终止条件的仍然强行终止等行为。

2. 劳动争议及其处理

劳动争议是指劳动关系双方当事人因劳动权利和劳动义务所发生的争议。出现劳动争议以后，应积极地寻求解决途径。我国的《企业劳动争议处理条例》第 6 条规定，解决劳动争议的办法有四种。

(1)与用人单位协商解决。

(2)协商没有解决的，向劳动争议调解委员会申请调解。劳动争议调解委员会一般设在企业工会委员会内。申请调解，应该从劳动者知道或者应当知道自己的权益被侵害之日起 30 日内，以口头或书面形式提出申请，并填写《劳动争议调解申请书》。经调解后达成协议的，要制作调解协议书，要求争议双方自觉履行该协议。

(3)调解没有解决的，向劳动争议仲裁委员会申请仲裁。仲裁委员会的办事机构一般设在县、市、区的劳动局内。仲裁委员会对劳动争议先进行调解，调解达成协议的，制作调解书。调解书送到当事人手中之后，就开始具有法律效力。对裁决没有意见的，双方必须履行。

(4)仲裁没有解决的，向法院提起诉讼。一般有两种情况，一是劳动者如果对仲裁裁决不服，可以从收到仲裁裁决之日起 15 日内向法院提起诉讼。二是如果用人单位在收到仲裁裁决之日起 15 日内未向法院提起诉讼，并且逾期不履行仲裁裁决，劳动者可以向法院申请强制执行。

3. 社会保险与住房公积金

(1)社会保险。社会保险是国家通过立法的形式，由社会集中建立基金，以使劳动者在年老、患病、工伤、失业、生育等丧失劳动能力的情况下能够获得国家和社会补偿、帮助的一种社会保障制度，它包括养老保险、医疗保险、失业保险、工伤保险和生育保险。其中养老保险、医疗保险和失业保险这三种保险是由企业和个人共同缴纳保费，个人承担的费用从工资里扣除；工伤和生育保险完全由企业承担，个人不需要缴纳。需要强调的是，社会保险是法定的，用人单位给劳动者上保险是一个法定的义务，这一点在新劳动法中已经做了规定。

①养老保险。养老保险是我国社会保险体系中的重要组成部分，是社会保险五大保险种类中最重要的种类之一。所谓养老保险(或养老保险制度)，是国家和社会根据一定的法律法规，为解决劳动者在达到国家规定的解除劳动义务的劳动年龄界限，或因年老丧失劳动能力退出劳动岗位后的基本生活而建立的一种社会保险制度。这一概念主要包含以下三层含义。

第一，养老保险是在法定范围内的老年人完全或基本退出社会劳动生活后才自动发生作用的。这里所说的"完全"，是以劳动者与生产资料的脱离为特征的；所谓"基本"，指的是参加生产活动已不成为主要社会生活内容。需要强调说明的是，法定的年龄界限才是切实可行的衡量标准。

第二，养老保险的目的是保障老年人的基本生活需求，为其提供稳定可靠的生活来源。

第三，养老保险是以社会保险为手段来达到保障的目的。养老保险是世界各国较普遍实行的一种社会保障制度。

②医疗保险。医疗保险就是当人们生病或受到伤害后，由国家或社会给予的一种物质帮助，即提供医疗服务或经济补偿的一种社会保障制度。医疗保险具有社会保险的强制性、互济性、社会性等基本特征。因此，医疗保险制度通常由国家立法强制实施，建立基金制度，费用由用人单位和个人共同缴纳，医疗保险费由医疗保险机构支付，以解决劳动者因患病或受伤害带来的医疗风险。

③失业保险。失业保险是指国家通过立法强制实行的，由社会集中建立基金，对因失业而暂时中断生活来源的劳动者提供物质帮助的制度。它是社会保障体系的重要组成部分，是社会保险的主要项目之一。失业保险具有如下几个主要特点。

a. 普遍性。它主要是为了保障有工资收入的劳动者失业后的基本生活而建立的，其覆盖范围包括劳动力队伍中的大部分成员。因此，在确定适用范围时，参保单位应不分部门和行业，不分所有制性质；其职工应不分用工形式，不分家居城镇、农村，一旦解除或终止劳动关系，只要本人符合条件，都有享受失业保险待遇的权利。

b. 强制性。它是通过国家制定法律、法规来强制实施的。按照规定，在失业保险制度覆盖范围内的单位及其职工必须参加失业保险并履行缴费义务。根据有关规定，不履行缴费义务的单位和个人都应当承担相应的法律责任。

c. 互济性。失业保险基金主要来源于社会筹集，由单位、个人和国家三方共同负担，缴费比例、缴费方式相对稳定。筹集的失业保险费，不分来源渠道，不分缴费单位的性质，全部并入失业保险基金，在统筹地区内统一调度使用，以发挥互济功能。

④工伤保险。工伤保险是我国社会保险体系的重要组成部分，是指国家和社会为在生产、工作中遭受事故伤害和患职业性疾病的员工及其亲属提供医疗救治、生活保障、经济补偿、医疗和职业康复等物质帮助的一种社会保障制度。

工伤，即职业伤害所造成的直接后果，伤害到了员工的生命健康，并由此造成员工及其家庭成员的精神痛苦和经济损失，也就是说，员工的生命健康权、生存权和劳动权利受到影响、损害甚至被剥夺了。员工在劳动过程中，用人单位除支付员工工资外，如果不幸有事故发生，造成员工伤残、死亡或患职业病，员工具有享受工伤保险的权利。这种权利是由国家宪法和劳动法予以根本保障的。

⑤生育保险。生育保险是国家通过立法对怀孕、分娩女职工给予生活保障和物质帮助的一项社会政策。其宗旨在于通过向职业妇女提供生育津贴、医疗服务和产假，帮助她们恢复劳动能力，重返工作岗位。

生育保险提供的生活保障和物质帮助通常由现金补助和实物供给两部分组成。现金补助主要是指给予生育妇女的生育津贴，包括一次性现金补助或家庭津贴。实物供给主要是指提供必要的医疗保健、医疗服务及孕妇、婴儿需要的生活用品等，提供的范围、条件和标准主要根据国家的经济实力而确定。

生育保险是为了维护女职工的基本权益，减少和解决女职工在孕产期以及流产期间因生理特点造成的特殊困难，使她们在生育和流产期间得到必要的经济收入和医疗照顾，保障她们及时恢复健康，回到工作岗位。其主要作用有以下几个方面。

a. 实行生育保险是对妇女生育价值的认可。妇女生育是社会发展的需要，她们为家庭传宗接代的同时，也为社会劳动力再生产付出了努力，应当得到社会的补偿。因此，对妇女生育权益的保护，被大多数国家接受并给予政策上的支持。目前，世界上有 135 个国家和地区通过立法保护妇女生育的合法权益。

b. 实行生育保险是对女职工基本生活的保障。女职工在生育期间离开工作岗位，不能正常工作。国家通过制定相关政策保障她们离开工作岗位期间享受有关待遇，其中包括生育津贴、医疗服务以及孕期不能坚持正常工作时给予的特殊保护政策。在生活保障和健康保障两方面为孕妇的顺利分娩创造了有利条件。

c. 实行生育保险是提高人口素质的需要。妇女生育时体力消耗大，需要充分休息和补充营养。生育保险为她们提供了基本工资，使她们的生活水平没有因为离开工作岗位而降低；同时，为她们提供医疗服务项目，包括产期检查、预产期保健指导等，为胎儿的正常生长进行监测。对于在妊娠期间患病或接触有毒有害物质的妇女做必要的检查，如发现畸形儿可以及早终止妊娠。对于在孕期出现异常现象的妇女，进行重点保护和治疗，以发挥保护胎儿正常生长，提高人口质量的作用。

(2) 住房公积金。住房公积金即人们通常所说"五险一金"中的"一金"，是指国家机关、国有企业、城镇集体企业、外商投资企业、城镇私营企业及其他城镇企业、事业单位为其在职职工缴存的长期住房储金。

住房公积金由两部分组成，一部分由职工所在单位缴存，另一部分由个人缴存。职工个人缴存部分由单位代扣后，连同单位缴存部分一并缴存到住房公积金个人账户内。

职工单位住房公积金的缴存比例均不得低于职工上一年度月平均工资的 5%，但不同的城市缴存比例有所不同。

住房公积金的提取及使用要遵从一定的章程，有以下情形之一的可以提取职工住房公积金账户内的存储余额：①购买、建造、翻建、大修自住住房的；②离休、退休的；③完全丧失劳动能力，并与单位终止劳动关系的；④出境定居的；⑤偿还购房贷款本息的；⑥房租超出家庭工资收入的规定比例的。依照前面第②、③、④项规定提取职工住房公积金的，应当同时注销职工住房公积金账户。

 技能实训

拟定企业劳动合同书

【背景资料】

小王是北京中关村某 A 高科技公司的劳资专员。该公司考虑到随着《劳动合同法》的实施，原劳动合同条款存在很多与新法相抵触的地方，急需拟定一份新的企业合同文本。该公司 100 多人，人员组成层次性较强，从工作时间来看，既有工作不满一年的劳动者，也有工作四五年甚至十五年的老劳动者。从用工类别来看，有全职职工、合作公司派来的技术支持人员、从派遣公司派来的工作人员，还有每天从事工作时间不超过两小时的保洁员。

该公司试用期劳动者流动性大，一方面是新进人员不合格；另一方面是劳动者工作几天后感觉不太适应自动离职。

在修改劳动合同的征求意见会上，大家的讨论如下：

营销总监：我认为对销售员的押金不能不收，不收押金，机器丢了谁负责？押金问题应在合同中保留。

研发总监：我建议工作地点最好不写，或写概括一些，不然劳动者不愿去别处干活。

财务经理：能不能在合同中加一条，有些扣款可以在工资中直接全部扣除？

行政经理：要把损坏机器、不注意节约用纸等行为，定为严重违纪，写到合同中去。

公关经理：各位，我认为我们以前的合同写得太长，这次最好简略一些。

人事总监：大家说得很好，但也存在一些问题，这样吧，今天大家的意见我们会记下来，研究一下，然后由小王起草一份新的劳动合同文本，到时大家再讨论一下。

【练习要求】

(1) 如果你是小王，根据上述情况拟定一份新的劳动合同书。

(2) 对原劳动合同有效的劳动者，不愿变更或更换新的劳动合同书，企业将如何处理？

第七章 职场角色转变

第一节 就业转型调适

大学生的就业心理问题是大学生在就业过程中的一种由多种动机、欲望、目标、行为反应所引起的在心理上,反映在认知和人格上的无所适从。大学生在就业过程中,不可避免地会遇到困难、挫折和冲突,引发各种心理问题。常见的心理问题主要有:自卑心理、焦虑心理、嫉妒心理、怕苦心理等。

一、大学生就业常见的心理问题

1. 认知心理维度

大学毕业生就业认知心理是指他们在就业过程中对自己、对职业及其周围社会环境等的认识、了解和就业中对事物的推理与判断。就业形势的现状直接影响着毕业生的认知程度。主要包括:

(1)自我认知不准确。很多就业调查发现,毕业生中"两极分化"情况比较普遍。有的学生已经怀揣几张录用通知单,有的却连就业意向都没有。但这两类学生往往在校学习成绩不相上下,为何在就业过程中差距很大呢?据分析,这和学生在面试时的表现有很大关系。用人单位普遍欣赏的人才所具有的特点是:成绩比较优秀,有自信心,为人处世比较沉稳,性格随和谦虚,表达能力强。而有的学生尽管成绩优秀,但性格过于内向,不善于表达,难以在就业竞争中脱颖而出;有的学生又过于自负,特别爱表现自己,合作意识不强。这两类学生大多是顺利通过了笔试,但在面试中却被无情地"刷"了下来。自卑心理和自负心理是两类极其典型的不良就业心理。

①自卑心理。主要表现为对自身的素质和就业竞争能力评价过低,不敢主动向用人单位推销自己,不敢主动参与就业竞争,陷入不战而败的困境之中。

有的同学大学四年顺利地走过来了,也具备了一定的实力和优势,面对激烈的竞争,却觉得自己这也不行,那也不如别人,自卑心理使得自己缺乏竞争勇气,缺乏自信心,走进就业市场就心里发怵,参加招聘面试,心里忐忑不安。他们受示弱心态的影响,总是想"我能竞争过别人吗""要是再次失败了怎么办"。这种自己给自己设置的心理障碍,往往使人缺乏竞争的勇气和获胜的信心。一旦中途受到挫折,他们更缺乏心理上的承受能力，总觉得自己确实不行。

在激烈的就业竞争中，这种心理障碍是走向成功的大敌。因此，就业时首先要战胜的应该是自己。

②自负心理。部分应届大学毕业生因所学专业紧俏，或因就读学校为名牌学府，或因自己无论专业知识还是综合素质都高人一筹，或因为被不少用人单位垂青，而产生了一种睥睨一切、高人一等的极端自负心理。在这种心理支配下，他们往往"这山望着那山高"，这个单位不顺眼，那个单位也不如意，从而错过了不少适合自己发展的用人单位；还有的择业胃口吊得很高，把待遇是否优厚、交通是否便利、住房是否宽敞等作为选择标准，不愿承担艰苦的工作，不愿到经济欠发达地区和基层单位去工作，往往会给用人单位留下"眼高手低、浮躁虚夸"的不良印象。

(2) 外围环境认知不确切。对就业环境的估计不足也会导致许多心理问题。

①坐等心理。这种情况通常出现在计算机、通信、电子等信息类乐观专业或者金融、财经、政法类等拥有广阔职业前景的专业。这些专业的学生往往思想不切实际，经济意识和区域观念很强，讲究金钱第一、环境条件第一，不愿到待遇差、条件差的地方，结果出现"高不成，低不就"的状况。

②犹豫心理。具有理想化趋向的大学生在就业过程中还会出现决策犹豫心理，从而错过许多良好的就业机会。

2. 情绪心理维度

(1) 焦虑心理。面对纷繁复杂的社会、严峻的就业形势以及日趋激烈的就业竞争，面临种种剧烈的心理冲突，大学生们究竟该如何做出正确的抉择？这些问题往往使他们深感困惑，出现焦虑不安的心理。

(2) 怯懦心理。这点在毕业生面试中表现尤为明显。面试前，如临大敌、紧张不安、手忙脚乱，大有"丑媳妇见公婆"之态；面试中，面红耳赤、语无伦次、支支吾吾、答非所问、手足无措，辛辛苦苦准备的"台词""腹稿"一急之下，都抛到了九霄云外，忘得一干二净；有的谨小慎微，唯恐说错一句话，一个问题答不好而影响了"第一印象"，以致缩手缩脚，影响正常水平的发挥。

(3) 幻想心理。幻想是由心理冲突或害怕挫折引起的。在择业中，有些大学生渴望竞争，希望能找到理想的单位、职业，但由于害怕面对严酷的竞争结果或屡受挫折后，而采取的一种逃避态度。幻想不用参与竞争，"天上就能掉下馅饼"，如愿以偿找到理想工作，更有甚者，陷入自我欣赏、自我陶醉的深渊，幻想用人单位能主动找上门来，"慧眼识金"等，有这种心理的大学生，很容易脱离现实，以幻想代替现实，不思进取，整日处于幻想状态中，恍恍惚惚，使自己的就业目标与现实产生很大的反差，很难找到理想职业，如愿以偿。

(4) 急功近利的心理。有些同学在就业时过分看重地位，过分看重实惠，一心只想进大城市、大机关,去沿海发达地区,到挣钱多、待遇好的单位,有些甚至为了暂时的功利宁可抛弃所学的专业。这种心理可能会使一些大学生得到一些眼前的利益和满足,但从长远发展来看并非明智的选择。

(5)患得患失的心理。职业的选择往往也是对机遇的一种把握,错过机遇,你将会与成功失之交臂。当断不断、患得患失,这山望着那山高,这也是导致许多毕业生陷入就业误区的一种心理障碍。

(6)依赖心理。依赖心理在求职就业中又具体表现为两种倾向:一种是依赖大多数人的从众心理,自己缺乏独立的见解,不是从自己的实际情况做出切合实际的选择,而是人云亦云,见别人都往大城市、大机关挤,自己也跟着凑热闹;另一种是依赖政策,依赖他人的倾向,不是主动选择、积极竞争,而是觉得反正国家要兜底,反正有优生优分的政策,坐等学校给自己落实单位。这种心态也是与激烈竞争的社会现实格格不入的。

(7)不满情绪心理。不满的对象可以是其周围的任何事物或人群。如对所在学校、省、市不满(包括就业管理政策、户籍限制等),对家庭成员不满(包含对其的指导、干涉,对家庭的经济条件限制等),对周围同学不满(如嫉妒),等等。这种不满视具体的个人关注点及实际情况而有所不同。

(8)悲观情绪心理。此种心理状况主要出现在就业的去向是回生源所在地的企事业单位工作的大学生,或一些在学校受处分的学生身上。

3. 社会心理维度

(1)从众心理。社会上把经济价值作为体现和衡量"个人价值"的评价标准,很容易导致大学生出现忽视自身的个体特异性与自我的创造性,形成价值取向上的从众心理,在就业问题上表现为愿意到大城市、大机关去工作。这其实是一种从众心理的表现。

(2)攀比心理。很多大学毕业生在选择就业单位时,往往是拿自己身边同学的就业标准来定位自己的就业标准。在这种心理作用下,即使某单位非常适合自身发展,但因某个方面比不上同学选择的就业单位,他们就彷徨放弃,事后却后悔不已。

(3)虚荣心理。虚荣心理也是妨碍求职就业的一种不健康的心理状态。虚荣心过强者在就业中往往把注意力集中在社会知名度高、经济上实惠的就业岗位。这些人不从发挥自身优势的角度出发,不考虑自己的竞争能力甚至不考虑自己的专长爱好。他们选择职业是为了让别人羡慕,做给别人看,而不是为自己寻找用武之地。

(4)不平衡心理。部分大学生或因自身综合素质和能力不足,或因时机把握不准而找不到理想的工作单位,但这些大学生往往不正确归因,反而怨天尤人,从而产生不平衡心理。这种不平衡心理往往导致少数大学毕业生对社会、对人生产生偏颇看法。

二、就业心理问题调适

心理调适是指个体为了达到某种目的,在思想或行动上进行自我调整,借以保持自身与环境之间和谐关系的过程。大学生应当掌握正确的心理调适方法，培养良好的心理素质，排除心理困惑，以积极的心态面对择业。

1. 提高主动适应的自觉性

求职择业本身就是毕业生认识和适应社会的一个过程。大学生在求职过程中遇到困难，甚至经过几次挫折才最后成功是正常的；在就业中遇到许多心理冲突、困惑，产生一些不良情绪也是正常的。大学毕业生在遇到就业问题时应及时调整心态，从容、冷静地面对就业这一人生重大课题，并作出正确、理智的选择。

(1) 建立合理的职业价值观。对于当代大学生来说，职业对个体的意义已经远不是满足生存的需要，职业的价值是丰富的，要充分认识到职业对个体发展、社会进步所起到的重要作用。因此，毕业生在择业时也不能只考虑经济收入、工作条件、地点等因素，更要考虑职业对自己一生发展的影响与作用，应看重职业能否帮助实现自我价值。

大学生要在考察社会需要的基础上，树立重自我职业发展、才能发挥、事业成功的职业价值观。对于那些虽然现在工作条件较差，但发展空间大，能充分发挥自己才能的单位要优先考虑；对于那些现在经济发展水平不太高，但发展潜力大、创业机会多的工作地点也要重视。毕业生要建立适合自己发展需要的、合理的职业价值观，实现正确择业。

(2) 适当调整就业期望值。就业市场化、自主择业给大学生带来了机遇与实惠，但一部分大学毕业生对就业市场残酷的一面认识不足，对就业市场的客观实际了解不够。经过对就业市场、就业形势的客观了解与深刻体验后，大学毕业生必须面对现实、接受现实，不能怨天尤人。同时大学毕业生要适当调整就业期望值，有一种说法是"求上得中，求中得下"，意思是说对事情的期望值不要太高，因为事情的结果往往和所预想的有一定差距，要有从最坏处着想，向最好处努力的思想准备。

要在职业生涯规划和职业发展观念上确定自己正确的人生轨迹，树立长远的职业发展观念，放弃"一步到位"、要求绝对安稳的旧观念。在择业时要看得长远一些，学会规划自己整个人生的职业生涯。当前毕业生由于学历、能力素质与社会实际需要尚存差距等原因，一个十分理想的职业还不能一蹴而就，宜采取"先就业，后择业，再立业"的办法。先选择一个职业，在工作中不断提高自己的社会生存能力，增加实际经验，再凭借自己的努力，通过合理的职业流动，来逐步实现自我价值。许多大学毕业生不愿意到经济欠发达地区工作，但随着国家政策的倾斜和贫困地区的发展以及西部大开发的进行，这些地区将成为经济发展的热点，也将给毕业生们提供更多的发展机会，因此抢先到这样的地区去工作可能会更有利于自己的职业发展，取得事业的成功。

(3) 正确认识社会，正确认识自我，主动寻找机遇。毕业生择业要知己知彼。知彼就是要了解择业的社会环境和用人单位，正确认识面临的就业形势，了解用人单位的需要。知己就是实事求是地评价自己，对自己有正确的认识；要客观、正确地认识自己德、智、体诸方面的情况，自己的优点和长处，缺点和短处，自己的性格、兴趣、特长；要明确自己想做什么。毕业生在择业前进行各种测试，了解职业特点，找到适合自己的职业方向，了解自己的特长和兴趣，扬长避短，用发展的观点来看待自己；要知道自身存在的某些缺点并不可怕，可以先就业然后在工作岗位上不断克服缺点，发展和完善自己。积极参加招聘会，主动寻找机遇，并根据已定的择业标准进行选择。

一个人工作的好与不好是相对的，对别人合适的对自己不一定合适，因此一定不能盲从，要时时记住，只有合适自己的才是最好的。还要注意机遇的时效性，在发现就业机会时要主动出击，及时把握，不能犹豫，也不要害怕失败，应有敢试敢闯的精神。

2. 运用心理调节的方法进行自我调适

心理调适，是指改变或扩大原有认知结构，以适应新的情况或新的历程。其作用就在于帮助遇到挫折和冲突的大学生客观地分析自我与现实，有效地排除心理困扰，控制和调节自己的情绪，从而保持一种稳定而积极的心态，维护自己的身心健康。

(1)认清就业形势，正视就业现状。缺少社会经验的大学生，对选择职业这一人生大课题产生适度的焦虑心理属于正常现象。在现实社会中，学生在校期间的表现固然重要，但他们的个人形象、气质、逻辑思维能力、语言表达能力等方面更加受到单位的关注。

现实生活中，大学生面临激烈的就业竞争，部分人自我心理调节能力相对薄弱，导致出现就业恐惧心理，加上一些外在因素的干扰，直接影响了大学生顺利择业和就业。在一些地区，大学生就业存在着明显的不平衡性，需求也显示出一定的地区差异；再一个是在一些地方，大学生就业存在着结构性矛盾，买方市场形成，长短线的矛盾一时难以根本解决，不同学科、不同专业取向就业乐观度差异明显。所有这些都是造成大学生产生就业压力和焦虑的因素。

面临就业，我们要清楚自己正处于严峻的形势之中，只有正视就业压力，才会迫使自己积极行动起来，产生求胜的心理和行动。

(2)树立自信心，培养竞争意识。自信是对自己的一种积极评价，它是一种勇于面对生活的信心和勇气。大学生在求职择业时必须树立自信心，就是要在正确估量自己的情况下，鼓起勇气去迎接挑战，参与竞争，大胆地推销自己。当然，自信不是自负自傲，自信要有资本和基础，这个资本和基础就是真才实学。

因此，面对日益严峻的就业形势，当代大学生首先必须树立建立在自己实力基础上的自信；其次，应具备竞争意识和风险意识，当今社会处处有竞争，市场规律、竞争机制的引入使社会发生了很大的变化，大学生离开校园走向社会就不得不接受优胜劣汰的洗礼，亲身体验现实的严峻性和挑战性。因此，大学毕业生在择业时要自觉地培养敢于竞争、敢于冒险的心理素质,要敢于向社会挑战,扩大就业成功的机会,使自己成为竞争的强者。

(3)坦然面对就业挫折,提高心理承受能力。高职毕业生在求职中遇到的挫折要比本科生多,这时,应该用冷静和坦然的态度待之,客观地分析自己失败的原因,进行正确的归因。

首先,在就业市场化、需求形势不佳、就业竞争激烈的条件下,出现求职失败是在所难免的,不能期望自己每次求职都能成功,要对可能出现的求职挫折有充分的心理准备。同时,应把就业过程看作一个很好的认识社会、认识职业生活、适应社会的机会,通过求职活动来了解自己、认识自己、发展自己,促进自我成熟。其次,求职失败并不一定就是因为自己的能力不行,高职毕业生有自身的优势,出现求职失败有许多原因,可能是因为选择求职单位的方向不对,也可能是因为自身的价值观与单位的企业文化不符合,还有可能是其他一些偶然的因素。

总之,要正确分析自己失败的原因,调整自己的求职策略,学会安慰自己,以便在下次的求职中获得成功。

(4)积极调整心态,促进人格完善。在求职择业过程中,大学毕业生应当自觉提高自我心理调适的主动性,当自身心理平衡难以维持,即将产生或已经产生心理障碍时,应当根据自己心态的实际情况,选择各种诸如自我静思法、自我转化法、自我适度宣泄法及理性情绪法等自我心理调适方法来调节自身心态,重新建立心理平衡。

首先,可以进行积极的自我心理暗示,鼓励自己、相信自己、帮助自己渡过难关。其次,可以向朋友、老师倾诉,寻求他们的安慰与支持。最后,还可以通过体育锻炼、听音乐、郊游等方式转移自己的注意力,排解心中的烦闷,放松自己的心情。通过对自己就业时出现的种种不良心态的分析,可以发现自己平时不容易察觉的一些人格缺陷。应该说这些人格缺陷是产生这种就业心理问题的根本原因,如果现在没有很好地完善自己的人格,那么这些问题还会给今后的工作、生活带来困扰。因此,要正确面对就业过程中自身暴露出来的问题,不必为自己所存在的人格缺陷而懊恼,因为绝对的人格健全者几乎是不存在的,关键是要在发现自身问题的基础上,积极改变自己、发展自己,使自己的人格更加成熟,顺利就业。

3. 寻找社会支持

(1)向就业主管部门咨询。目前,我国高校毕业生的就业已从传统的计划分配转变为毕业生与用人单位双向选择,主管部门与学校上下结合来制定就业方案,毕业生的择业必须在国家有关政策的指导下进行。有些毕业生由于对就业政策不够了解,往往逾越政策盲目地去寻找就业单位,最终导致无法落实就业单位。所以,毕业生在择业之前,一定要认真阅读有关文件,了解就业政策,不清楚时,要向学校负责就业的部门和老师咨询,以便顺利找到工作单位,同时,可避免因政策问题出现心理困惑。

（2）争取亲戚朋友的帮助。将自己的基本情况和志愿告诉亲戚、朋友、同学、熟人，请他们留意有关信息，帮助推荐，形成一个信息网，有利于自己及早了解社会需求和用人单位的情况，从中作出选择。避免因信息不畅和对自我认识不足导致心理困惑。

（3）寻求就业心理咨询。为了提高就业面试的技巧，或消除择业挫折带来的焦虑、烦恼、抑郁等不良情绪，可以寻求心理咨询机构的帮助。目前，不少高等学校都已建立了心理咨询机构，近年来社会上的心理辅导服务兴起，心理辅导老师或心理医生能帮助毕业生迅速有效地消除择业挫折带来的不良情绪，帮助毕业生更加客观正确地认识自我，进行心理训练，提高择业求职的技能技巧。

生理、心理发展的特殊性决定了大学生比其他年龄群体更容易产生过度应激反应。良好的社会支持对于减轻大学生的心理应激具有重要作用。因此，大学生应主动寻求社会支持，积极主动应对由学习挫折、情感挫折、人际关系挫折和就业挫折等各方面造成的心理压力；努力提高自身的心理承受能力，乐观面对社会现实，实现快乐就业。

第二节　合格职业人职业素养与要求

在职场上工作，你是什么样的人，决定着你的职场生涯发展。在职场打拼多年的职业人，大多都能体会到职场的艰辛。大学生进入职场后首先要改正习惯，并争做合格的职业人。

职场新人避免这些禁忌，让你更快成功

一、做合格职业人

1. 正面的人生态度

要有正直的人格魅力，积极、自信、负责、诚信的人生态度。第一，要有较强的责任感和较高的职业道德素养。在工作中自觉遵守企业的规章制度，带头执行公司决议，自觉维护企业的信誉和形象，工作富有主动性。第二，要有亲和感，应多深入到团队中间，了解他们的所思、所想，待人要亲切，尊重每一个人，关心他们的生活，善于倾听，营造和谐的工作环境，和同事有真诚的交流。

第三是责任和诚实，这是人的一种精神面貌，更是人的一种可贵的品性。做一个合格的职业人，就是要做一个责任者。只有对自己负责的人，才能对生活、工作和社会负责。当人获得成功时，想到了责任，就会不自满，会将成功作为新的起点；当人遭到挫折失败时想到了责任，就会不灰心、不气馁，从失败中去寻找经验教训，继续奋斗，直至成功，因此，责任是积极、主动、热情之源。唯有一个诚实的人，才会有勇气面对自己的错误和过失，才不会为一己之利而损害公司的利益。

第四，一个合格的职业人，要不断地学习，提高工作效率的过程就是学习的过程，学无止境。职业人不是一直燃烧的蜡烛，而是蓄电池，不断地自我充电，不断地释放能量。职业人的自我学习是提高自己综合素质的基础，三人行必有我师！更重要的是要学会思考，思考可以产生力量，只有客观地分析才能有准确的判断力。还要在平时工作中努力学习，不断总结经验与教训，不怕苦，不怕累，刻苦钻研，攻克难关，善于思考，分析和解决问题。坚持批评与自我批评，团结合作，忠于职守。准确理解和传达上级领导的意图，力争准确无误地完成所交给的任务。

2. 灵活应变

一个合格的职业人，要善于适应不同的环境，要有及时处理突发事件的能力。智者说，唯一不变的是变化！随着环境的改变，需要迅速地调整好自己，适应新的岗位，以新的思维方式和心态面对新的环境，唯有这样，才能在工作中有所成就。

对于职业人来说，重要的任务是长远规划和目标设定，以及工作流程安排和用人安排，故此，作为一个职业人，要善于总结生活中的经验教训，善于学习，善于把握事件的真相，培养独立思考能力和独立运作能力。

成功和失败，每天都在我们身边演绎。作为一个职业人，除了把握大局，细节也很重要，我们的工作就是由一个个细节组成，注重细节，也就是注重务实，每一件事情，都要做好事前、事中和事后的控制，而不是蜻蜓点水。

3. 开拓创新

一个合格的职业人，要有很强的创新意识。知识经济时代，就是创新的时代。一个合格的职业人最本质的特征也是创新！在市场竞争进入白热化的今天，思维的差异导致发展的差异。一个不断发展的机构，在发展的每一个阶段，都必须创新，唯有不断创新，才能保持其可持续发展能力。

作为一个合格的职业人，应不断地用创新的观点、发展的观点看待问题，要求有高瞻远瞩的素质，对单位在下一步发展过程中可能会出现的问题，及早地进行研究，拿出对策方案。

我们应对企业充满信心，并决心为之奋斗，充分发挥自己所学，挖掘自己，开发自己，在发展中成长，在过程中检验自我。社会是进步的，企业前进的步伐是挡不住的。在这个机遇与挑战并存的时代，我们只有调整心态，顺应企业变革的需要，完成从一名员工到合格职业人的转变，伴随企业共同成长。

二、争做优秀职业人

1. 态度决定一切,要有良好的职业心态

(1)要有积极、乐观、诚实、正直的职业化品质。才能来自对事业的热爱,甚至可以说,才能无非就是对事业的热爱,对工作的热爱!要想成为一名优秀的职业人,一定要热爱自己的工作。

(2)要有沉着冷静的情绪化管理,要善于适应不同的环境,有及时处理突发事件的能力。随着环境的改变,就需要自己迅速地调整好自己,适应新的岗位,以新的思维方式和心态面对新的环境,唯有这样,才能在工作中有所成就。

2. 树立良好的职业意识

良好的职业意识主要包括学习意识、目标意识、责任意识、团队协作意识、创新意识、客户服务意识。

(1)学习意识。一个优秀的职业人,要不断地学习、提高。工作的过程就是学习的过程,学无止境。职业人不是一直燃烧的蜡烛,而是蓄电池,不断地自我充电,不断地释放能量。职业人的自我学习是提高自己综合素质的基础,三人行必有我师!更重要的是要学会思考,思考可以产生力量,只有客观地分析才能有准确的判断力。还要在平时工作中努力学习,不断总结经验与教训,不怕苦,不怕累,刻苦钻研,攻克难关,善于思考,分析和解决问题。

(2)目标意识。一定要明确两个问题:①你的目标是什么?②我们有多少时间为目标奋斗?我们很少去考虑这些问题。在工作当中我们一定要明确自己的职业目标,学会在工作中把上级的任务转换成目标。并且为自己制定的职业目标做好计划,从小事做起,从一点一滴做起,不断努力。

(3)责任意识。不要给自己找理由,错了就是错了,要勇于承担责任。在工作中,不要抱怨,要记住,我们没时间抱怨,要学会不断地调整自己!责任是积极、主动、热情之源。唯有一个诚实的人,才会有勇气面对自己的错误和过失,才不会为一己之利而损害公司的利益。而对错误的积极主动的做法是,立刻承认错误,改正错误并从中吸取教训。一定要学会作出承诺和信守承诺。

(4)团队协作意识。学会沟通,有效的沟通是团队的基础;学会合作,相互配合。相信同事,不要互相猜疑。积极参与团队协作,运用团队的力量充分发挥自己的专业技能。通过沟通加强团队的默契、融合。

(5)创新意识。一个优秀的职业人,要有很强的创新意识。知识经济时代,就是创新的时代。企业的生命就在于创新!一个优秀的职业人最本质的特征也是创新!在市场竞争进入白热化的今天,思维的差异导致发展的差异,一个不断发展的企业,在发展的每一个阶段,都是一个创新的过程,唯有不断创新,才能保持公司的可持续发展能力。

(6)客户服务意识。职业人与普通生产参与者一个重要的区别在于职业人做出了高于客户期望值的服务。职业人的信念就是要在公司将自己的价值最大化。职业人总是准备提供超过客户期望值的服务,这是职业人的核心。学会从专业角度看顾客,真实地了解顾客并服务于顾客,满足顾客的需求。

3. 要有良好的职业素养

(1)要有诚实守信、尊重他人、追求卓越的职业操守和良好的职业道德,成为值得信赖的人,成为坚守原则的人,成为经得起考验的人。

(2)要有良好的职业形象。看起来像做这个事的样子。

(3)要懂得一定的职业礼仪。注重自己的着装是否得体,说话方式是否恰当,行为方式是否得当。

4. 要有一定的职业技能

(1)要有完备的职业技能,能够完成交代的工作。在职业化的道路上,学历是不可或缺的通行证。三百六十行,行行出状元。要注意不断学习,增强自己的职业技能。

(2)懂得提升工作效能与效率的方法,一定要在指定的期限内完成工作。

(3)要有良好的沟通技能,学会与人真诚沟通。

第三节　职场新人面临问题与对策

作为职场的新人,在职场之中总会遇到一些问题,而对于刚刚走出校园的大学生来说,这些问题是非常棘手的,如果自己不解决这些问题,那么以后在职场的发展也会非常艰难。

自由职业者没有想的那么好

一、如何确定职业目标

1. 什么是职业目标

所谓目标,就是一个人的行动方向。职业目标,表面上是大学生对未来职业发展所设立的具体职业类型和方向,以及职业发展所达到的高度;从深层次看,其不仅是单纯的职业方向,更是人生发展道路的选择。

职业目标可以通过很多方式影响个人的行为和表现;它可以刺激高水平的努力,可以给高水平的努力固定方向;可以提高朝向目标努力的坚持性,有助于形成实现目标的战略;可以衡量行为结果的有效性,向个体提供积极的反馈。

大学生职业目标的确定包括人生目标、长期目标、中期目标与短期目标的确定,它们分别与人生规划、长期规划、中期规划和短期规划相对应。首先要根据个人的专业、性格、气质和价值观以及社会的发展趋势确定自己的人生目标和长期目标，然后把人生目标和长期目标进行分化，根据个人的经历和所处的组织环境制定相应的中期目标和短期目标。人生目标是整个职业生涯的规划，时间长至40年左右，是整个人生的发展目标。长期目标是5~10年的规划，主要设定较长远的目标。中期目标一般为2~5年内的目标与任务。短期目标是2年以内的规划，主要是确定近期目标，规划近期完成的任务，如对专业知识的学习、2年内掌握哪些技能知识等。

2. 职业发展路线类型

职业发展路线是指一个人未来的职业发展方向。不同的生涯发展路线对从业者的素质要求有所不同，影响日后的生涯发展阶梯。生涯发展路线呈现为一个自下而上的职业阶梯，如大学教师的生涯发展路线是助教—讲师—副教授—教授，企业财务人员的职业发展路线是会计员—主管会计师—财务部经理—公司财务总监。

不同素质的个体所适合的职业生涯发展路线会有所不同。例如，有人适合从事研究工作，可在科学技术领域获得突破；有人适合管理岗位，成为一名优秀的管理者或领导者。职业生涯发展路线的类型有：

(1)专业技术型发展路线。专业技术型发展路线是指工程技术、工程管理、技术经济等职能性专业方向。通常情况下职业由本人所学的专业确定。如果具备了一定的专业技术知识、技能，对专业技术及相关活动感兴趣，并追求这方面的提高和成就，不喜欢与人打交道，则专业技术型发展路线是最好的选择。相应的发展阶梯是技术职位的晋升。

如果你开始选择了专业技术方向，以后对管理也感兴趣，这并不妨碍你今后在管理岗位上做出成绩。在当今社会中，由技术工作转管理工作的情况屡见不鲜。一些公司经理或部门经理甚至各级行政领导很多原先都是从事技术工作的，他们在升迁之后又多数不再从事一线技术工作。

(2)行政管理型发展路线。如果你热爱管理工作，稳重、老练，善于与人打交道，协调能力强，不喜欢做具体技术工作，或者你所学专业的技术发展的前景不大，行政管理型发展路线便是你的最佳选择。一般来说，管理工作需要从基层职能部门开始，如果你的管理才能、业绩得以展现和被认可，行政职位就可以逐步向高层提升。管理工作做久了改做技术工作，会有许多困难，社会上的许多技术部门(单位)也不乏技术型的"双肩挑"干部，但是两方面工作都做好也不容易，要付出超出常人的更多努力。

行政管理型发展路线与专业技术型发展路线可以互换，互换要看主客观条件，换得不好对组织(单位)和个人都是一种损失；"双肩挑"在基层相对容易，层次越高、年龄越大越难。

(3)自主创业型发展路线。国家鼓励和支持大学生自主创业，现在不少人选择了自主创业的道路。自主创业对人生是一个挑战，有艰辛、有快乐，有失败、也有成功。自主创业与以上参与性岗位的工作不同，对创业者的素质要求较高，还要结合自己的专业特长，特别要善于把握机遇、勇于创新，心理素质要好，能够承受风险和挫折，还要善于学习。一段时期以来大量行政干部和技术干部"下海"创业，说明了这些发展路线之间转换的现实可能性。也有的人先到外资企业或合资企业工作一段时间，学习外资企业的运行模式和先进的管理经验，再自己创业。如南京某高职院校一位外语系的毕业生，毕业后先到日本佳能（苏州）公司工作了一段时间，学习日资企业的运行模式和管理经验，然后自己创业，开了一家公司，生产和销售与大公司配套的产品，规模虽小，但运转基本正常，现任该公司经理。

二、工作适应性问题

1. 环境壁垒

冷漠的同事，不欣赏自己的上司，枯燥乏味的工作……这些都让职场新人感到难以接受，但现实却是，你必须接受。

毕业生不能适应新环境，大都与其事先对新环境、新岗位估计不足，期望值定得过高、不切实际有关。当他们按照这个过高的目标接触现实环境时，往往会产生一种失落感，感到处处不如意、不顺心。初出校门的大学生，很多想法都是理想化的，与现实有不小差距。因此，毕业生在踏上工作岗位后，要能够根据现实的环境调整自己的期望值，尽量把期望值定得低一些、现实一些。

职场新人对择业的迷茫与担忧，有一部分来自变化着的职场。这是一个变化的时代，如果不能用发展的眼光来看待它，就有可能被遗弃。如何了解职场，对于职场新人来说也不是件想当然的事情。对于职场新人，建议在认识职场的大环境的同时，务必对具体行业、目标公司的背景有所了解。了解得越详细，走上工作岗位后适应得越快，也越有机会表现自己的能力。

最后，还要学会微笑地面对一切，用温暖化解坚冰，说到底，还是要主动打破壁垒。

2. 感到现实与理想的差距

对于大学毕业刚刚步入社会的年轻人来说，职场生活是神秘的，值得期待的。并且绝大多数毕业生也都是希望自己能在职场中发挥自己的能力，快速得到广泛的承认。而且在期待的同时，还会带有一定程度的恐惧感。很多人入职后发现，虽然岗位看起来不错，但干的工作却与原来的专业并没有太大的关系，或者自己除了做手头上的工作，完全没办法接触到其他业务，根本学不到东西，跟自己的预期完全不一样。

在这些年轻人进入职场之后，往往会感到自己看到的和想象中的有着很大差别。很多企业的缺陷此时也很明显地暴露在他们眼前。诸如员工怨声载道，企业制度严苛，无偿加班以及复杂的职场人际关系。这使他们感到现实和预想相差很大，并且会怀疑自己最初的选择。经过一段时间的内心纠结后，很多这种职场新人都会选择离职另谋工作。

3. 面对工作压力

大学时光悠闲且自由，但进入职场后，每天朝九晚五，一大早就得起床赶公交挤地铁，工作压力大是很多职场新人的共同感受。小张好不容易进了某500强企业，3个月不到就离职了，问及原因："工作压力太大，每天早上醒来，睁开眼睛，想起加班也做不完的工作，觉得痛苦至极。打从上班开始我和男朋友总共才见了两次面，而且工作以后感觉自己身体都变差了，加班时间太长了，受不住！"

从学生到职场人的身份转变是很多大学生入职时必须面对的重要课题，不仅要改变生活习惯，还要先从心里接受这种转变。心理跟不上身份上的转变，自然会产生倦怠、疲惫。职场中加班是常事，但这种严重超标的高负荷加班势必影响员工健康。

4. 无法胜任工作要求

"大学的知识掌握得挺好，但在实际工作当中却发现远远不够用，感觉达不到企业的高要求，这让我很忧心。"文秘专业的 Rudy 如是说，她一毕业就应聘到了某上市集团公司做总经理秘书，前几个月干得还不错，但年终接二连三的总结和工作计划让她这个新人倍感压力，根本喘不上气来。

找工作的时候容易冲着公司名号去，也会冲着高薪而去，那时候没有考虑到自己是否可以胜任的问题。刚入职，因为是新人，上司要求也不会太高，感觉还好，但当转正后工作要求不一样了，发现自己无法适应，很是烦恼。但光是担忧不解决问题，如果只是因为还没掌握技巧，那可以多花点时间精力尽快熟悉，但如果发现是能力问题，那就换工作吧，死撑也不是办法。

三、职场适应性问题

1. 目光短浅

"如果说，仅仅是为了得到当前的'饭碗'而丢弃未来的'饭碗'，忽视了对自我价值的尊重，那么必然会出现职业困惑，生活的质量也将大打折扣。目前的工作应该给自己的提升带来机会，其实这也是现代职业人必须考虑的重要问题。"卞秉彬说。

事实上，准职场新人初入社会，对职场状况、职业走势并没有全局的把握，不知道怎样衡量、达到一个什么样的度才能意味着自己的职业很有前景。而职业咨询顾问因为时刻身处职场第一线，能够充分获取信息，并随时跟着职场变换调整品评依据，可以为缺少职业独立认识的准职场新人提供切实的指导与分析。

正确估价自己和较为全面地认识了职业世界，这个时候准职场新人就具有了条件，可以衡量一下自己的专业资质与职业要求的契合度，从而预期自己未来的职业发展状况。

2. 容易放弃

进入职场后，各种各样以前从未遇到过的挫折会接踵而至。迷茫、困惑、怀疑，甚至一度要放弃。这个时候，你想到过什么？辞职？跳槽？也许，你需要学会坚持。

不少职场新人在刚刚遭受一点挫折之后，马上就会把打通职业发展道路的希望寄托在跳槽上，而这种做法的成功率到底有多高？对于很多已陷进了这种职业状况的职业人来说，他们又应如何调整自己的职业心态，客观地分析自己的职业发展难题？

一般而言，3年的工作时间在个人职业发展道路上，是知识和经验积累的标准线。因为职业人从无知到有知，往往需要经过3年左右的时间进行学习，让个人的判断能力、思维模式和工作方法不断提升；而这时职业人对于自己的职业发展潜力也有了一个比较清晰的认识，是继续坚持，还是选择跳槽，相信都有了比较明确的答案。

3. 面对不公平待遇

每一个职场人都有着一副敏感的神经，对于企业内的一些细微的问题都能很明显地感受到并且根据自己的感觉判断这件事情。所以很多时候面对各个职能部门的质疑与责难都会认为这是针对自己的，对于自己是很不公平的。不可否认的是，职场中确实存在着很多不公平的现象，但是这也只是相对的。对于职场新人，最初的时候面对的一般都是一种逆境，而所考验的就是职场人面对逆境的相关能力等问题。

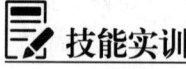 **技能实训**

我擅长处理人际关系吗？

这是一份人际关系行为困扰的诊断量表，共28个问题，每个问题做"是"（打√）或"非"（打×）两种回答，来一起做一下，看看自己未来能否玩转职场吧！

1. 关于自己的烦恼有口难言。
2. 和生人见面感觉不自然。
3. 过分羡慕和嫉妒别人。
4. 和异性交往太少。
5. 对连续不断的会谈感到困难。
6. 在社交场合感到紧张。
7. 时常伤害别人。
8. 与异性来往感觉不自然。
9. 与一大群朋友在一起，常感到孤寂和失落。
10. 极易受窘。

11. 与别人不能和睦相处。
12. 不知道与异性相处如何行之有效适可而止。
13. 当熟悉的人对自己倾诉他的生平遭遇以求同情时,自己常感到不自在。
14. 担心别人对自己有坏印象。
15. 总是尽力使别人赏识自己。
16. 暗自思慕异性。
17. 时常避免表达自己的感受。
18. 对自己的仪表(面貌)缺乏信心。
19. 讨厌某人或被某人所讨厌。
20. 瞧不起异性。
21. 不能专注地倾听。
22. 自己的烦恼无人可申诉。
23. 受别人排斥与冷漠。
24. 被异性瞧不起。
25. 不能广泛地听取各种意见、看法。
26. 自己常因受伤害而暗自伤心。
27. 常被别人谈论、愚弄。
28. 与异性交往不知如何更好地相处。

人际关系测试计分规则:
打"√"给打1分,打"×"给打0分。

人际关系测试结果解读:

1. 得分0~8分

你在与朋友相处上的困扰较少,善于与朋友相处,性格比较开朗、主动,能够获得许多人的好感与赞同。

2. 得分9~14分

你与朋友的相处存在一定程度的困扰。你和朋友的关系并不牢固,时好时坏,经常处在一种起伏波动之中。

3. 得分15~20分

表明你在与朋友相处上的行为困扰较为严重。

4. 得分>20分

表明你的人际关系行为困扰很严重,而且在心理上出现明显障碍。你可能不善于交谈,也可能是一个性格孤僻的人,或者有明显的自高自大。

第八章　创新创业

创新和创业是一个统一概念。创新是手段，创业是目的，创新是要对社会产生价值，能够带动就业或者创业的创新。创业的概念也不同于普通的创业，是包含了创新精神的创业，是一种更深层次且具备了顽强生命力的创业。因此创新创业两者之间不是相互独立的关系，而是一种相互依存彼此不分的辩证统一关系。

第一节　党的二十大报告关于创新创业的重要论述

党的二十大报告提出，必须坚持科技是第一生产力、人才是第一资源、创新是第一动力，深入实施科教兴国战略、人才强国战略、创新驱动发展战略，开辟发展新领域新赛道，不断塑造发展新动能新优势。作为新时代的大学生，需要永葆昂扬奋发的激情干劲，勇挑大梁，为加快实现高水平科技自立自强贡献自己的力量。

二十大报告这些金句振奋人心

一、党的二十大报告中关于创新内容的摘录

1. 必须坚持守正创新。我们从事的是前无古人的伟大事业，守正才能不迷失方向、不犯颠覆性错误，创新才能把握时代、引领时代。我们要以科学的态度对待科学、以真理的精神追求真理，坚持马克思主义基本原理不动摇，坚持党的全面领导不动摇，坚持中国特色社会主义不动摇，紧跟时代步伐，顺应实践发展，以满腔热忱对待一切新生事物，不断拓展认识的广度和深度，敢于说前人没有说过的新话，敢于干前人没有干过的事情，以新的理论指导新的实践。

2. 我们确立和坚持马克思主义在意识形态领域指导地位的根本制度，新时代党的创新理论深入人心，社会主义核心价值观广泛传播，中华优秀传统文化得到创造性转化、创新性发展，文化事业日益繁荣，网络生态持续向好，意识形态领域形势发生全局性、根本性转变。我们隆重庆祝中国人民解放军建军九十周年、改革开放四十周年，隆重纪念中国人民抗日战争暨世界反法西斯战争胜利七十周年、中国人民志愿军抗美援朝出国作战七十周年，成功举办北京冬奥会、冬残奥会，青年一代更加积极向上，全党全国各族人民文化自信明显增强、精神面貌更加奋发昂扬。

3. 教育、科技、人才是全面建设社会主义现代化国家的基础性、战略性支撑。必须坚持科技是第一生产力、人才是第一资源、创新是第一动力,深入实施科教兴国战略、人才强国战略、创新驱动发展战略,开辟发展新领域新赛道,不断塑造发展新动能新优势。

4. 我们要坚持教育优先发展、科技自立自强、人才引领驱动,加快建设教育强国、科技强国、人才强国,坚持为党育人、为国育才,全面提高人才自主培养质量,着力造就拔尖创新人才,聚天下英才而用之。

5. 完善科技创新体系。坚持创新在我国现代化建设全局中的核心地位。完善党中央对科技工作统一领导的体制,健全新型举国体制,强化国家战略科技力量,优化配置创新资源,优化国家科研机构、高水平研究型大学、科技领军企业定位和布局,形成国家实验室体系,统筹推进国际科技创新中心、区域科技创新中心建设,加强科技基础能力建设,强化科技战略咨询,提升国家创新体系整体效能。深化科技体制改革,深化科技评价改革,加大多元化科技投入,加强知识产权法治保障,形成支持全面创新的基础制度。培育创新文化,弘扬科学家精神,涵养优良学风,营造创新氛围。扩大国际科技交流合作,加强国际化科研环境建设,形成具有全球竞争力的开放创新生态。

6. 加快实施创新驱动发展战略。坚持面向世界科技前沿、面向经济主战场、面向国家重大需求、面向人民生命健康,加快实现高水平科技自立自强。以国家战略需求为导向,集聚力量进行原创性引领性科技攻关,坚决打赢关键核心技术攻坚战。加快实施一批具有战略性全局性前瞻性的国家重大科技项目,增强自主创新能力。加强基础研究,突出原创,鼓励自由探索。提升科技投入效能,深化财政科技经费分配使用机制改革,激发创新活力。加强企业主导的产学研深度融合,强化目标导向,提高科技成果转化和产业化水平。强化企业科技创新主体地位,发挥科技型骨干企业引领支撑作用,营造有利于科技型中小微企业成长的良好环境,推动创新链产业链资金链人才链深度融合。

7. 深入实施人才强国战略。培养造就大批德才兼备的高素质人才,是国家和民族长远发展大计。功以才成,业由才广。坚持党管人才原则,坚持尊重劳动、尊重知识、尊重人才、尊重创造,实施更加积极、更加开放、更加有效的人才政策,引导广大人才爱党报国、敬业奉献、服务人民。完善人才战略布局,坚持各方面人才一起抓,建设规模宏大、结构合理、素质优良的人才队伍。加快建设世界重要人才中心和创新高地,促进人才区域合理布局和协调发展,着力形成人才国际竞争的比较优势。加快建设国家战略人才力量,努力培养造就更多大师、战略科学家、一流科技领军人才和创新团队、青年科技人才、卓越工程师、大国工匠、高技能人才。加强人才国际交流,用好用活各类人才。深化人才发展体制机制改革,真心爱才、悉心育才、倾心引才、精心用才,求贤若渴,不拘一格,把各方面优秀人才集聚到党和人民事业中来。

二、党的二十大报告中关于创业内容的摘录

1. 构建高水平社会主义市场经济体制。坚持和完善社会主义基本经济制度,毫不动摇巩固和发展公有制经济,毫不动摇鼓励、支持、引导非公有制经济发展,充分发挥市场在资源配置中的决定性作用,更好发挥政府作用。深化国资国企改革,加快国有经济布局优化和结构调整,推动国有资本和国有企业做强做优做大,提升企业核心竞争力。优化民营企业发展环境,依法保护民营企业产权和企业家权益,促进民营经济发展壮大。完善中国特色现代企业制度,弘扬企业家精神,加快建设世界一流企业。支持中小微企业发展。深化简政放权、放管结合、优化服务改革。构建全国统一大市场,深化要素市场化改革,建设高标准市场体系。完善产权保护、市场准入、公平竞争、社会信用等市场经济基础制度,优化营商环境。健全宏观经济治理体系,发挥国家发展规划的战略导向作用,加强财政政策和货币政策协调配合,着力扩大内需,增强消费对经济发展的基础性作用和投资对优化供给结构的关键作用。健全现代预算制度,优化税制结构,完善财政转移支付体系。深化金融体制改革,建设现代中央银行制度,加强和完善现代金融监管,强化金融稳定保障体系,依法将各类金融活动全部纳入监管,守住不发生系统性风险底线。健全资本市场功能,提高直接融资比重。加强反垄断和反不正当竞争,破除地方保护和行政性垄断,依法规范和引导资本健康发展。

2. 高质量发展是全面建设社会主义现代化国家的首要任务。发展是党执政兴国的第一要务。没有坚实的物质技术基础,就不可能全面建成社会主义现代化强国。必须完整、准确、全面贯彻新发展理念,坚持社会主义市场经济改革方向,坚持高水平对外开放,加快构建以国内大循环为主体、国内国际双循环相互促进的新发展格局。

3. 建设现代化产业体系。坚持把发展经济的着力点放在实体经济上,推进新型工业化,加快建设制造强国、质量强国、航天强国、交通强国、网络强国、数字中国。实施产业基础再造工程和重大技术装备攻关工程,支持专精特新企业发展,推动制造业高端化、智能化、绿色化发展。巩固优势产业领先地位,在关系安全发展的领域加快补齐短板,提升战略性资源供应保障能力。推动战略性新兴产业融合集群发展,构建新一代信息技术、人工智能、生物技术、新能源、新材料、高端装备、绿色环保等一批新的增长引擎。构建优质高效的服务业新体系,推动现代服务业同先进制造业、现代农业深度融合。加快发展物联网,建设高效顺畅的流通体系,降低物流成本。加快发展数字经济,促进数字经济和实体经济深度融合,打造具有国际竞争力的数字产业集群。优化基础设施布局、结构、功能和系统集成,构建现代化基础设施体系。

4. 推进高水平对外开放。依托我国超大规模市场优势,以国内大循环吸引全球资源要素,增强国内国际两个市场两种资源联动效应,提升贸易投资合作质量和水平。

稳步扩大规则、规制、管理、标准等制度型开放。推动货物贸易优化升级，创新服务贸易发展机制，发展数字贸易，加快建设贸易强国。合理缩减外资准入负面清单，依法保护外商投资权益，营造市场化、法治化、国际化一流营商环境。推动共建"一带一路"高质量发展。优化区域开放布局，巩固东部沿海地区开放先导地位，提高中西部和东北地区开放水平。加快建设西部陆海新通道。加快建设海南自由贸易港，实施自由贸易试验区提升战略，扩大面向全球的高标准自由贸易区网络。有序推进人民币国际化。深度参与全球产业分工和合作，维护多元稳定的国际经济格局和经贸关系。

5. 加快实施创新驱动发展战略。坚持面向世界科技前沿、面向经济主战场、面向国家重大需求、面向人民生命健康，加快实现高水平科技自立自强。以国家战略需求为导向，集聚力量进行原创性、引领性科技攻关，坚决打赢关键核心技术攻坚战。加快实施一批具有战略性、全局性、前瞻性的国家重大科技项目，增强自主创新能力。加强基础研究，突出原创，鼓励自由探索。提升科技投入效能，深化财政科技经费分配使用机制改革，激发创新活力。加强企业主导的产学研深度融合，强化目标导向，提高科技成果转化和产业化水平。强化企业科技创新主体地位，发挥科技型骨干企业引领支撑作用，营造有利于科技型中小微企业成长的良好环境，推动创新链产业链资金链人才链深度融合。

6. 完善分配制度。分配制度是促进共同富裕的基础性制度。坚持按劳分配为主体、多种分配方式并存，构建初次分配、再分配、第三次分配协调配套的制度体系。努力提高居民收入在国民收入分配中的比重，提高劳动报酬在初次分配中的比重。坚持多劳多得，鼓励勤劳致富，促进机会公平，增加低收入者收入，扩大中等收入群体。完善按要素分配政策制度，探索多种渠道增加中低收入群众要素收入，多渠道增加城乡居民财产性收入。加大税收、社会保障、转移支付等的调节力度。完善个人所得税制度，规范收入分配秩序，规范财富积累机制，保护合法收入，调节过高收入，取缔非法收入。引导、支持有意愿有能力的企业、社会组织和个人积极参与公益慈善事业。

7. 巩固和发展最广泛的爱国统一战线。人心是最大的政治，统一战线是凝聚人心、汇聚力量的强大法宝。完善大统战工作格局，坚持大团结大联合，动员全体中华儿女围绕实现中华民族伟大复兴中国梦一起来想、一起来干。发挥我国社会主义新型政党制度优势，坚持长期共存、互相监督、肝胆相照、荣辱与共，加强同民主党派和无党派人士的团结合作，支持民主党派加强自身建设、更好履行职能。以铸牢中华民族共同体意识为主线，坚定不移走中国特色解决民族问题的正确道路，坚持和完善民族区域自治制度，加强和改进党的民族工作，全面推进民族团结进步事业。坚持我国宗教中国化方向，积极引导宗教与社会主义社会相适应。加强党外知识分子思想政治工作，做好新的社会阶层人士工作，强化共同奋斗的政治引领。全面构建亲清政商关系，促进非公有制经济健康发展和非公有制经济人士健康成长。加强和改进侨务工作，形成共同致力民族复兴的强大力量。

第二节 创新创业概述

一、创新的概要

不少杰出的创新都留下了动人的传说：瓦特看到壶盖被蒸汽顶起而发明了蒸汽机，牛顿被下落的苹果砸了头而发现了万有引力，门捷列夫玩纸牌时想出了元素周期表。表面上看，创新好像非常简单，其实，这只是表象，其背后则是长期不懈的思考和努力。

1. 创新的过程

(1) 准备期。准备期是发现和提出问题阶段。一切创新都是从发现问题、提出问题开始的，问题的本质是现有状况与理想状况的差距。爱因斯坦认为："提出问题通常比解决问题更重要，因为解决问题不过涉及数学上的或实验上的技能而已，然而提出问题并非易事，需要有创新性的想象力。"他还认为，对问题的感受性是人的重要资质。准备期可分为如下三步：

① 对知识和经验进行积累及整理；
② 搜集必要的事实和资料；
③ 了解所提问题的社会价值，能满足社会的何种需要及价值前景如何。

(2) 酝酿期。酝酿期也称沉思和多方思维发散阶段。在酝酿期要对收集的资料、信息进行加工处理，探索解决问题的关键，因此，常常需要耗费很长时间，花费巨大精力，它是大脑高强度活动时期。这一时期，要从各个方面，如逆向、发散、集中等方面去思考，让各种设想在头脑中反复组合、交叉、撞击、渗透，按照新的方式进行加工。加工时应主动使用创造性的方法，不断选择，力求形成新的创意。

著名科学家彭加勒认为："任何科学的创造都发端于选择。"这里的选择，就是充分地思索，让各方面的问题都充分暴露出来，从而把思维过程中那些不必要的部分舍弃。此外，创新思维的酝酿期特别强调有意识的选择，所以，彭加勒还说："所谓发明，实际上就是鉴别，简单说来，也就是选择。"

为使酝酿过程更加深刻和广泛，我们还应注意把思考的范围从熟悉的领域扩大到表面上看起来没有什么联系的其他专业领域，特别是常被自己忽视的领域。这样既有利于冲破传统思维方式和"权威"的束缚，打破成见，独辟蹊径，又有利于获得多方面的信息，利用多学科知识"交叉"优势，在一个更高层次上把握创新活动的全局，寻找创新的突破口。

有时也可把思考的问题暂时搁置一下，让习惯性思维被有意识地切断，以便产生新思维；再有，灵感思维的诱发规律告诉我们，大脑长时间兴奋后有意松弛，有利于灵感的闪现。

酝酿期的思维强度大，困难重重，常常令人百思不得其解，屡试难以成功。山重水复疑无路，却又欲罢不能。此时，良好的意志品质和进取性格就显得格外重要，因为这是酝酿期取得进展直至突破的心理保证。

创造性思维的酝酿期通常是漫长的、艰难的，也很有可能归于失败。但唯有坚持下去，方法对头，才是充满希望的。

(3)明朗期。明朗期即顿悟或突破期，寻找到了解决办法。

明朗期很短促，很突然，呈猛烈爆发状态。人们通常所说的"脱颖而出""豁然开朗""众里寻他千百度，蓦然回首，那人却在灯火阑珊处"等，都是描述这种状态的。如果说"踏破铁鞋无觅处"描绘的是酝酿期的话，"得来全不费工夫"则是明朗期的形象刻画。在明朗期，灵感思维往往起决定作用。

这一阶段的心理状态是高度兴奋甚至感到惊喜，像阿基米德那样，因在入浴时获得灵感而裸身狂奔，欣喜呼喊："我发现了！我发现了！"这种情况虽不多见，但完全可以理解。

(4)验证期。验证期是评价阶段，是完善和充分论证阶段。突然获得突破，飞跃出现在瞬间，结果难免稚嫩、粗糙甚至存在若干缺陷。验证期是把明朗期获得的结果加以整理、完善和论证并且进一步得到充实。假如不经过这个阶段，创新成果就不可能真正取得。论证一是理论上验证，二是放到实践中检验。

验证期的心理状态较平静，但需耐心、周密、慎重，不急于求成和不急功近利是很关键的。

2. 创新的方法

创新方法是指创新活动中带有普遍性和规律性的方法和技巧。创新方法一直为世界各国所重视，在美国被称为创造力工程，在日本被称为发明技法，在俄罗斯被称为创造力技术或专家技术。我国学者认为创新方法是科学思维、科学方法和科学工具的总称。其中，科学思维是一切科学研究和技术发展的起点，始终贯穿科学研究和技术发展的全过程，是科学技术取得突破性、革命性进展的先决条件。

科学方法是人们进行创新活动的创新思维、创新规律和创新机理，是实现科学技术跨越式发展和提高自主创新能力的重要基础。科学工具是开展科学研究和实现创新的必要手段与媒介，是最重要的科技资源。由此可见，创新方法既包含实现技术创新的方法，也包含实现管理创新的方法。目前，主要的创新方法有头脑风暴法、奥斯本检核表法、六顶思考帽法、5W2H分析法等。

(1)头脑风暴法。头脑风暴法又称智力激励法或自由思考法(畅谈法、畅谈会、集思法)。头脑风暴法出自"头脑风暴"一词。所谓头脑风暴，最早是精神病理学上的用语，指精神病患者的精神错乱状态。而现在则成为无限制的自由联想和讨论的代名词，其目的在于产生新观念或激发创新设想。

头脑风暴法是由美国创造学家亚历克斯·奥斯本于1939年首次提出、1953年正式发表的一种激发性思维的方法。此法经各国创造学研究者的实践和发展，至今已经形成了一个发明技法群，如奥斯本智力激励法、默写式智力激励法、卡片式智力激励法等。在群体决策中，由于群体成员心理相互作用影响，易屈于权威或大多数人意见，形成所谓的"群体思维"。群体思维削弱了群体的批判精神和创造力，损害了决策的质量。为了保证群体决策的创造性，提高决策质量，在管理上发展了一系列改善群体决策的方法，头脑风暴法是较为典型的一个。

头脑风暴法又可分为直接头脑风暴法（通常简称为头脑风暴法）和质疑头脑风暴法（也称反头脑风暴法）。前者是在专家群体决策中尽可能激发其创造性，从而产生尽可能多的设想，后者则是对前者提出的设想、方案逐一质疑，分析其现实可行性。

采用头脑风暴法组织群体决策时，要集中有关专家召开专题会议，主持者以明确的方式向所有参与者阐明问题，说明会议的规则，尽力创造融洽轻松的会议气氛。主持者一般不发表意见，以免影响会议的自由气氛，由专家们"自由"提出尽可能多的方案。

①头脑风暴法的激发机理。头脑风暴何以能激发创新思维？根据奥斯本本人及其他研究者的看法，主要有以下几点。

第一，联想反应。联想是产生新观念的基本过程。在集体讨论问题的过程中，每提出一个新的观念，都能引发他人的联想，继尔产生一连串的新观念，产生连锁反应，形成新观念堆，为创造性地解决问题提供更多的可能性。

第二，热情感染。在不受任何限制的情况下，集体讨论问题能激发人的热情。人人自由发言、相互影响、相互感染，能形成热潮，突破固有观念的束缚，最大限度地发挥创造性思维能力。

第三，竞争意识。在有竞争意识的情况下，人人争先恐后，竞相发言，不断地开动思维机器，力求有独到见解、新奇观念。心理学的原理告诉我们，人类有争强好胜心理，在有竞争意识的情况下，人的心理活动效率可提高50％甚至更多。

第四，个人欲望。在集体讨论解决问题过程中，个人的欲望自由，不受任何干扰和控制。头脑风暴法有一条原则，不得批评仓促的发言，甚至不许有任何怀疑的表情、动作、神色。这样能使每个人畅所欲言，提出大量的新观念。

②头脑风暴法成功的关键。头脑风暴法成功的关键是探讨方式，即群体能进行充分、非评价性和无偏见的交流，具体可归纳为以下几点。

a. 自由畅谈。参加者不应该受任何条条框框限制，放松思想，让思维自由驰骋，从不同角度、不同层次、不同方位，大胆地展开想象，尽可能地标新立异，与众不同，提出具有独创性的想法。

b. 延迟评判。头脑风暴必须坚持当场不对任何设想作出评价的原则，既不能肯定某个设想，又不否定某个设想，也不对某个设想发表评论性的意见，一切评价和判断都要延迟到会议结束以后才能进行。这样做一方面是防止评判约束与会者的积极思维，破坏自由畅谈的有利气氛；另一方面是为了集中精力先开发设想，避免把应该在后阶段做的工作提前进行，影响创造性设想的大量产生。

c. 禁止批评。绝对禁止批评是头脑风暴法应该遵循的一个重要原则。参加头脑风暴会议的每个人都不得对别人的设想提出批评意见，因为批评无疑会对创造性思维产生抑制作用。即使自己认为是幼稚的、错误的，甚至是荒诞离奇的设想，也不得予以驳斥。

同时，发言人的自我批评也在禁止之列。有些人习惯于用一些自谦之词，这些自我批评性质的说法同样会破坏会场气氛，影响自由畅想。

诸如"这根本行不通""你这想法太陈旧了""这是不可能的""这不符合某某定律""我提一个不成熟的看法""我有一个不一定行得通的想法"等语句，禁止在会议上出现。

d. 追求数量。头脑风暴会议的目标是获得尽可能多的设想，追求数量是它的首要任务。参加会议的每个人都要抓紧时间多思考，多提设想。至于设想的质量问题，自可留到会后的设想处理阶段去解决。在某种意义上，设想的质量和数量密切相关，产生的设想越多，其中的创造性设想可能就越多。

③头脑风暴法的操作程序。

a. 准备阶段。头脑风暴的主持工作最好由对决策问题的背景比较了解并熟悉头脑风暴法的处理程序和处理方法的人担任。头脑风暴主持者的发言应能激起参加者的思维"灵感"，促使参加者感到急需回答会议提出的问题。主持人应事先对所议问题进行一定的研究，弄清问题的实质，找到问题的关键，设定解决问题所要达到的目标。同时选定与会人员，一般以 5~10 人为宜，不宜太多。然后将会议的时间、地点、所要解决的问题、可供参考的资料和设想、需要达到的目标等事宜一并提前通知与会人员，让大家做好充分的准备。

通常，可按照如下原则选取与会人员：

如果参加者相互认识，要从同一职位（职称或级别）人员中选取。领导人员不应参加，否则可能会对参加者造成某种压力。

如果参加者互不认识，可从不同职位（职称或级别）人员中选取。这时不应宣布参加者的职位，即应同等对待所有参加者，而不必考虑其职位高低。

参加者的专业能力与所论及的决策问题相一致，这并不是专家组成员的必要条件。但是，专家中最好包括一些学识渊博、对所论及问题有较深理解的其他领域的专家。

头脑风暴法的所有参加者都应具备较高的联想思维能力。

b. 热身阶段。热身阶段的目的是创造一种自由、宽松、祥和的氛围，使大家得以放松，进入一种无拘无束的状态。主持人宣布开会后，先说明会议的规则，然后随便谈点有趣的话题或问题，让大家的思维处于轻松和活跃的状态，这个时间需5~10分钟。如果所提问题与会议主题有着某种联系，人们便会轻松自如地导入会议议题，效果自然更好。一旦参加者被鼓励起来以后，新的设想就会源源不断地涌现出来。这时，主持者只需根据"头脑风暴"的原则进行适当引导即可。应当指出，发言量越大，意见越多种多样，所论问题越广越深，出现有价值设想的概率就越大。

c. 明确问题阶段。接下来，主持人简明扼要地介绍有待解决的问题。介绍时不可过分详细，否则，过多的信息会限制人的思维，干扰思维创新的想象力。

d. 重新表述问题阶段。经过一段讨论后，大家对问题已经有了较深程度的理解。这时，为了使大家对问题的表述能够具有新角度、新思维，主持人或书记员要记录大家的发言，并对发言记录进行整理。通过记录的整理和归纳，找出富有创意的见解，以及具有启发性的表述，供下一步畅谈时参考。

e. 畅谈阶段。畅谈是头脑风暴法的创意阶段。为了使大家能够畅所欲言，需要制订的规则是：第一，不要私下交谈，以免分散注意力；第二，不能妨碍他人发言，不去评论他人发言，每人只谈自己的想法；第三，发表见解时要简单明了，一次发言只谈一种见解。主持人首先要向大家宣布这些规则，随后导引大家自由发言，自由想象，自由发挥，使彼此相互启发，相互补充，真正做到知无不言，言无不尽，畅所欲言，然后将会议发言记录进行整理。

f. 筛选阶段。会议结束后的一两天内，主持人应向与会者了解会后的新想法和新思路，以此补充会议记录。然后将大家的想法整理成若干方案，再根据相关标准进行筛选。经过反复比较和优中择优，最后确定1~3个最佳方案。这些最佳方案往往是多种创意的优势组合，是大家集体智慧的结晶。

④头脑风暴法中的主持人技巧。主持人应懂得各种创造思维和技法，会前要向与会者重申会议应严守的原则和纪律，善于激发成员思考，使场面轻松活跃而又不失脑力激荡。

可轮流发言，每轮每人简明扼要地说清楚一个创意设想，避免变成辩论会和发言不均。

要以赏识激励的词句语气和微笑点头的行为语言，鼓励与会者多出设想，如说"对，就是这样！""太棒了！""好主意！这一点对开阔思路很有好处！"等。

禁止使用"这点别人已说过了！""实际情况会怎样呢？""请解释一下你的意思""就这一点有用""我不赞赏那种观点"等。

经常强调设想的数量，比如平均3分钟内要发表10个设想。

遇到人人皆才穷计短出现暂时停滞时，可采取一些措施，如休息几分钟再进行几轮脑力激荡。或发给每人一张与问题无关的图画，要求讲出从图画中所获得的灵感。

根据课题和实际情况，引导大家掀起一次又一次脑力激荡的"激波"。如课题是某产品的进一步开发，可以从产品改进配方思考作为第一激波，从降低成本思考作为第二激波，从扩大销售思考作为第三激波等。又如，对某一问题解决方案的讨论，引导大家掀起"设想开发"的激波，及时抓住"拐点"，适时引导进入"设想论证"的激波。

要掌握好时间，会议持续 1 小时左右，形成的设想应不少于 100 种。但最好的设想往往是在会议要结束时提出的，因此，预定结束的时间到了后，可以根据情况再延长 5 分钟，这是人们最容易提出好设想的时候。在 1 分钟时间里再没有新主意、新观点出现时，智力激励会议可宣布结束或告一段落。

(2) 奥斯本检核表法。亚历克斯·奥斯本是美国创新技法和创新过程之父。1941 年他出版《思考的方法》，提出了世界第一个创新发明技法——"智力激励法"。1941 年他出版了世界上的第一部创新学专著《创造性想象》，提出了奥斯本检核表法，此书销量 4 亿册，已超过《圣经》。所谓的检核表法是根据需要研究的对象的特点列出有关问题，形成检核表，然后一个一个地来核对讨论，从而发掘出解决问题的大量设想。它引导人们根据检核项目的一条条思路来求解问题，力求比较周密的思考。

奥斯本检核表法是针对某种特定要求制定的检核表，主要用于新产品的研制开发。奥斯本检核表法是指引导主体在创造过程中对照 9 个方面的问题进行思考，以便启迪思路、开拓思维想象的空间，促进人们产生新设想、新方案的方法，主要面对 9 个大问题：有无其他用途、能否借用、能否改变、能否扩大、能否缩小、能否代用、能否重新调整、能否颠倒、能否组合。

奥斯本检核表法是一种产生创意的方法。在众多的创造技法中，这是一种效果比较理想的技法。由于它突出的效果，被誉为"创造之母"。人们运用这种方法，产生了很多杰出的创意，以及大量的发明创造。

①奥斯本检核表法的优势。奥斯本检核表法是一种具有较强启发创新思维的方法。这是因为它强制人们去思考，有利于突破一些人不愿提问题或不善于提问题的心理障碍。提问，尤其是提出有创见的新问题本身就是一种创新。它又是一种多向发散的思考，使人的思维角度、思维目标更丰富。另外核检思考提供了创新活动最基本的思路，可以使创新者尽快集中精力，朝提示的目标方向去构想、去创造、去创新。奥斯本检核表法有利于提高发现创新的成功率：创新发明最大的敌人是思维的惰性。大部分人的思维总是不自觉沿着长期形成的思维模式来看待事物，对问题不敏感，即使看出了事物的缺陷和毛病，也懒于去进一步思索，不爱动脑筋，不进行积极的思考，因而难以有所创新。

因为检核表法的设计特点之一是多向思维，用多条提示引导你去发散思考。如奥斯本创造的检核表法中有九个问题，就好像有九个人从九个角度帮助你思考。你可以把九个思考点都试一试，也可以从中挑选一两条集中精力深思。检核表法使人们突破了不愿提问或不善提问的心理障碍，在进行逐项检核时，强迫人们思维扩展，突破旧的思维框架，开拓新的思路，有利于提高发现创新的成功率。

利用奥斯本检核表法，可以产生大量的原始思路和原始创意，它对人们的发散思维有很大的启发作用。当然，运用此方法时，还要注意几个问题。它还要和具体的知识经验相结合。奥斯本只是提供了思考的一般角度和思路，思路的发展，还要依赖人们的具体思考。运用此方法，还要结合改进对象（方案或产品）来进行思考。运用此方法，还可以自行设计大量的问题来提问。提出的问题越新颖，得到的主意越有创意。

奥斯本检核表法的优点很突出，它使思考问题的角度具体化了。它也有缺点，即它是改进型的创意产生方法，你必须先选定一个有待改进的对象，然后在此基础上设法加以改进。它不是原创型的，但有时候，也能够产生原创型的创意。比如，把一个产品的原理引入另一个领域，就可能产生原创型的创意。

②奥斯本检核表法的核心和做法。奥斯本检核表法的核心是改进，或者说，关键词是改进，通过变化来改进。

其基本做法如下。

第一，选定一个要改进的产品或方案，明确需要解决的问题。

第二，面对一个需要改进的产品或方案，或者面对一个问题，运用丰富想象力，强制性地一个个核对讨论，写出新设想。

第三，对新设想进行筛选，将最有价值和创新性的设想筛选出来，进一步思考、完善。

在实施奥斯本检核表法的过程中应注意以下几点。

a. 要联系实际一条一条地进行核检，不要有遗漏。

b. 要多核检几遍，效果会更好，或许会更准确地选择出所需创新、发明的方面。

c. 在核检每项内容时，要尽可能地发挥自己的想象力和联想力，产生更多的创造性设想。进行检索思考时，可以将每大类问题作为一种单独的创新方法来运用。

d. 核检方式可根据需要，一人核检也可以，三至八人共同核检也可以。集体核检可以互相激励，产生头脑风暴，更有希望创新。

奥斯本的检核表法属于横向思维，以直观、直接的方式激发思维活动，操作十分方便，效果也相当好。

③奥斯本检核表法中的九组问题。下述九组问题对于任何领域创造性地解决问题都是适用的，这些问题不是奥斯本凭空想象的，而是他在研究和总结大量近现代科学发现、发明、创造事例的基础上归纳出来的。

a. 现有的东西（如发明、材料、方法等）有无其他用途？保持原状不变能否扩大用途？稍加改变，有无别的用途？

人们从事创造性活动时，往往沿用这样两种途径：一种是当某个目标确定后，沿着从目标到方法的途径，根据目标找出达到目标的方法；另一种则与此相反，首先发现一种事实，然后想象这一事实能起什么作用，即从方法入手将思维引向目标。后一种方法是人们最常用的，而且随着科学技术的发展，这种方法将越来越广泛地得到应用。某个东西，"还能有其他什么用途？""还能用其他什么方法使用它？"……这能使我们的想象活跃起来。当我们拥有某种材料，为扩大它的用途，打开它的市场，就必须善于进行这种思考。德国有人想出了300种利用花生的方法，仅仅用于烹调，就想出了100多种方法。橡胶有什么用处？有家公司提出了成千上万种设想，如用它制成床毯、浴盆、人行道边饰、衣夹、鸟笼、门扶手、棺材、墓碑等。炉渣有什么用处？废料有什么用处？边角料有什么用处？……当人们将自己的想象投入这条广阔的"高速公路"上就会以丰富的想象力产生更多的好设想。

b. 能否从别处得到启发？能否借用别处的经验或发明？外界有无相似的想法，能否借鉴？过去有无类似的东西，有什么东西可供模仿？谁的东西可供模仿？现有的发明能否引入其他的创造性设想之中？

当伦琴发现"X光"时，并没有预见到这种射线的任何用途。因而当他发现这项发现具有广泛用途时，他感到吃惊。通过联想借鉴，现在人们不仅已用"X光"来治疗疾病，外科医生还用它来观察人体的内部情况。同样，电灯在开始时只用来照明，后来，改进了光线的波长，发明了紫外线灯、红外线加热灯、灭菌灯等。科学技术的重大进步不仅表现在某些科学技术难题的突破上，还表现在科学技术成果的推广应用上。一种新产品、新工艺、新材料，必将随着它的越来越多的新应用而展现其生命力。

c. 现有的东西是否可以做某些改变？改变一下会怎么样？可否改变一下形状、颜色、音响、味道？是否可改变一下意义、型号、模具、运动形式？……改变之后，效果又将如何？

如汽车，有时改变一下车身的颜色，就会增加汽车的美感，从而增加销售量。又如面包，给它裹上一层芳香的包装，就能提高嗅觉诱力。据说妇女用的游泳衣是婴儿衣服的模仿品，而滚柱轴承改成滚珠轴承就是改变形状的结果。

d. 放大、扩大。现有的东西能否扩大使用范围？能不能增加一些东西？能否添加部件，拉长时间，增加长度，提高强度，延长使用寿命，提高价值，加快转速？……

在自我发问的技巧中，研究"再多些"与"再少些"这类有关联的成分，能给想象提供大量的构思设想。使用加法和乘法，便可能使人们扩大探索的领域。"为什么不用更大的包装呢？"——橡胶工厂大量使用的黏合剂通常装在一加仑的马口铁桶中出售，使用后便扔掉。有位工人建议将黏合剂装在五十加仑的容器内，容器可反复使用，从而节省了大量马口铁。"能使之加固吗？"——织袜厂通过加固袜头和袜跟，使袜子的销售量大增。"能改变一下成分吗？"——牙膏中加入某种配料，成了具有某种附加功能的牙膏。

e. 缩小、省略。缩小一些怎么样？现在的东西能否缩小体积，减轻重量，降低高度，压缩、变薄？……能否省略，能否进一步细分？……

前面一条沿着"借助于扩大""借助于增加"而通往新设想的渠道，这一条则是延续"借助于缩小""借助于省略或分解"的途径来寻找新设想。袖珍式收音机、微型计算机、折叠伞等就是缩小的产物。没有内胎的轮胎，尽可能删去细节的漫画，就是省略的结果。

f. 能否代用。可否由别的东西代替，由别人代替，用别的材料、零件代替，用别的方法、工艺代替，用别的能源代替？可否选取其他地点？

如在气体中用液压传动来替代金属齿轮，又如用充氩的办法来代替电灯泡中的真空，使钨丝灯泡提高亮度。通过取代、替换的途径也可以为想象提供广阔的探索空间。

g. 从调换的角度思考问题。能否更换一下先后顺序？可否调换元件、部件？是否可用其他型号，可否改成另一种安排方式？原因与结果能否对换位置？能否变换一下日程？……更换一下会怎么样？

重新安排通常会带来很多的创造性设想。飞机诞生的初期，螺旋桨安排在头部，后来，将它装到了顶部，成了直升机，喷气式飞机则把它安放在尾部，说明通过重新安排可以产生种种创造性设想。商店柜台的重新安排，营业时间的合理调整，电视节目的顺序安排，机器设备的布局调整……都有可能形成更好的结果。

h. 从相反方向思考问题，通过对比也能成为萌发想象的宝贵源泉，可以启发人的思路。如：倒过来会怎么样？上下是否可以倒过来？左右、前后是否可以对换位置？里外可否倒换？正反是否可以倒换？可否用否定代替肯定？……

这是一种反向思维的方法，它在创造活动中是一种颇为常见和有用的思维方法。第一次世界大战期间，有人就曾运用这种"颠倒"的设想建造舰船，建造速度也有了显著的提升。

i. 从综合的角度分析问题。组合起来怎么样？能否装配成一个系统？能否把目的进行组合？能否将各种想法进行综合？能否把各种部件进行组合？等等。

例如，把铅笔和橡皮组合在一起成为带橡皮的铅笔，把几种部件组合在一起变成组合机床，把几种金属组合在一起变成种种性能不同的合金，把几件材料组合在一起制成复合材料，把几个企业组合在一起构成横向联合……应用奥斯本检核表是一种强制性思考过程，有利于突破人们不愿提问的心理障碍。很多时候，善于提问本身就是一种创造。

(3) 六项思考帽法。六项思考帽是英国学者爱德华·德·博诺博士开发的一种思维训练模式，或者说是一个全面思考问题的模型。它提供了"平行思维"的工具，避免将时间浪费在互相争执上，强调的是"能够成为什么"，而非"本身是什么"，是寻求一条向前发展的路，而不是争论谁对谁错。运用六项思考帽法，将会使混乱的思考变得更清晰，使团体中无意义的争论变成集思广益的创造，使每个人变得富有创造性。

① 六项思考帽分类。所谓六项思考帽，是指使用六种不同颜色的帽子代表六种不同的思维模式。任何人都有能力使用以下六种基本思维模式。

a. 白色思考帽。白色是中立而客观、理性的。戴上白色思考帽，人们关注的是客观事实、目标规则和数据。

b. 绿色思考帽。绿色代表茵茵芳草，象征勃勃生机。绿色思考帽寓意为创造力和主观直觉想象力，它具有创造性思考、头脑风暴、求异思维等功能。

c. 黄色思考帽。黄色代表价值与肯定。戴上黄色思考帽，人们可以从正面考虑问题，表达乐观的、满怀希望的、建设性的观点。

d. 黑色思考帽。戴上黑色思考帽，人们可以运用否定、怀疑、质疑的看法，合乎逻辑地进行批判，尽情发表负面的意见，找出逻辑上的错误。

e. 红色思考帽。红色是情感的色彩。戴上红色思考帽，人们可以表现自己的情绪，还可以表达直觉、感受、预感等方面的看法。

f. 蓝色思考帽。蓝色思考帽负责控制和调节思维过程。它负责控制各种思考帽的使用顺序，它规划和管理整个思考过程，并负责做出结论。

六项思考帽是一个操作简单、经过反复验证的思维工具，它给人以热情、勇气和创造力，让每一次会议、每一次讨论、每一份报告、每一个决策都充满新意和生命力。这个工具能够帮助人们：提出建设性的观点；聆听别人的观点；从不同角度思考同一个问题，从而创造高效能的解决方案；用"平行思维"取代批判式思维和垂直思维；提高团队成员集思广益的能力。

②六项思考帽的应用步骤。下面以使用六项思考帽法来考虑我们工作中存在的问题，简要介绍一下六项思考帽的应用步骤。

a. 运用白色思考帽来思考、搜集各环节的信息，收取各个部门存在的问题，获得基础数据。

b. 戴上绿色思考帽，用创新思维来考虑这些问题，不是一个人思考，而是各层次管理人员都用创新的思维去思考，大家提出各自解决问题的办法、好的建议、好的措施。也许这些方法不对，甚至无法实施，但是，运用创新思考方式就是要跳出一般的思考模式。

c. 分别戴上黄色思考帽和黑色思考帽，对所有的想法从"光明面"和"良性面"进行分析，对每一种想法的危险性和隐患进行分析，找出最佳切合点。黄色思考帽和黑色思考帽这两种思考方法，就好像是孟子的性善论和性恶论，都能进行否决或肯定。

d. 戴上红色思考帽，从经验、直觉上对已经过滤的问题进行分析、筛选，做出决定。在思考过程中，还应随时运用蓝色思考帽对思考的顺序进行调整和控制，甚至有时还要刹车。

(4) 5W2H分析法。5W2H分析法又叫七何分析法，由"二战"中美国陆军兵器修理部首创。它简单、方便，易于理解、使用，富有启发意义，广泛用于企业管理和技术活动，对于决策和执行性的活动措施也非常有帮助，亦有助于弥补考虑问题的疏漏。

①5W2H分析法的具体内容。发明者用五个以W开头的英语单词和两个以H开头的英语单词进行提问，发现解决问题的线索，寻找发明思路，进行设计构思，从而搞出新的发明项目，这就叫作5W2H分析法。

WHAT——是什么？目的是什么？做什么工作？

HOW——怎么做？如何提高效率？如何实施？方法怎样？

WHY——为什么？为什么要这么做？理由何在？原因是什么？为什么会造成这样的结果？

WHEN——何时？什么时间完成？什么时机最适宜？

WHERE——何处？在哪里做？从哪里入手？

WHO TO——谁？由谁来承担？谁来完成？谁负责？

HOW MUCH——多少？做到什么程度？数量如何？质量水平如何？费用产出如何？

提出疑问于发现问题和解决问题是极其重要的。创造力高的人，都具有善于提问的能力。众所周知，提出一个好的问题，就意味着问题解决了一半。提问题的技巧高，可以发挥人的想象力。相反，有些问题提出来，反而挫伤我们的想象力。

发明者在设计新产品时，常提出：为什么（WHY）；做什么（WHAT）；何人做（WHO）；何时（WHEN）；何地（WHERE）；如何（HOW TO）；多少（HOW MUCH）。这就构成了5W2H的总框架。如果所提问题中常有"假如……""如果……""是否…"这样的虚构，就是种设问，设问需要更高的想象力。

在发明设计中，对问题不敏感，看不出毛病是与平时不善于提问有密切关系的。对一个问题追根刨底，有可能发现新的知识和新的疑问。所以从根本上说，学会发明首先要学会提问，善于提问。

阻碍提问的因素一是怕提问多，被别人看成什么也不懂的傻瓜，二是随着年龄和知识的增长，提问欲望渐渐淡薄。如果提问得不到答复和鼓励，反而遭人讥讽，结果在人的潜意识中就形成了这种看法：好提问、好挑毛病的人是扰乱别人想法的讨厌鬼，最好紧闭嘴唇，不看、不闻、不问，但是这恰恰阻碍了人的创造性的发挥。

②5W2H法的应用程序。下面以检查原产品的合理性为例，说明5W2H法的应用程序。

a. 检查原产品的合理性。

第一，为什么（WHY）。为什么采用这个技术参数？为什么不能有响声？为什么停用？为什么变成红色？为什么要做成这个形状？为什么采用机器代替人力？为什么产品的制造要经过这么多环节？为什么非做不可？

第二，做什么（WHAT）。条件是什么？哪一部分工作要做？目的是什么？重点是什么？与什么有关系？功能是什么？规范是什么？工作对象是什么？

第三，谁（WHO）。谁来办最方便？谁会生产？谁可以办？谁是顾客？谁被忽略了？谁是决策人？谁会？

第四，何时（WHEN）。何时要完成？何时安装？何时销售？何时是最佳营业时间？何时工作人员容易疲劳？何时产量最高？何时完成最为适宜？需要几天才算合理？

第五，何地（WHERE）。何地最适宜某物生长？何处生产最经济？从何处买？还有什么地方可以作销售点？安装在什么地方最合适？何地有资源？

第六，怎样（HOW TO）。怎样做省力？怎样做最快？怎样做效率最高？怎样改进？怎样得到？怎样避免失败？怎样求发展？怎样增加销路？怎样达到效率？怎样才能使产品更加美观大方？怎样使产品用起来方便？

第七，多少（HOW MUCH）。功能指标达到多少？销售了多少？成本是多少？输出功率是多少？效率多高？尺寸是多少？重量是多少？

b. 找出主要优缺点。如果现行的做法或产品经过七个问题的审核已无懈可击，便可认为这一做法或产品可取。如果七个问题中有一个答复不能令人满意，则表示这方面有改进余地。如果某方面的答复有独创的优点，则可以扩大产品这方面的效用。

c. 决定设计新产品。克服原产品的缺点，扩大原产品独特优点的效用。这样的"5W2H"的思维方式，换种说法，就是管理的精确化、数字化，这不只限于执行工作指令时有用，还可以运用到管理的全过程。在你做任何事情的时候，头脑中都有如此精确化、数字化的概念，才能避免你在工作中的盲目冲动或感情用事。比如在审查一个改善方案是否有实施价值的时候，只要做一个"5W2H"的比较评价，立刻就会明白是否值得去做。

二、创新能力

在给第三届中国"互联网＋"大学生创新创业大赛"青年红色筑梦之旅"的大学生的回信（2017年8月15日）中，习近平总书记指出："今天，我们比历史上任何时期都更接近实现中华民族伟大复兴的光辉目标。祖国的青年一代有理想、有追求、有担当，实现中华民族伟大复兴就有源源不断的青春力量。希望你们扎根中国大地了解国情民情，在创新创业中增长智慧才干，在艰苦奋斗中锤炼意志品质，在亿万人民为实现中国梦而进行的伟大奋斗中实现人生价值，用青春书写无愧于时代、无愧于历史的华彩篇章。"可以说，随着时代的发展，创新已逐渐成为现代社会的本质特征与时代精神。青年兴则国家兴，青年强则国家强。作为对社会发展、国家富强、民族复兴负有不可推卸责任的大学生，应该把培养自身的创新能力作为在校期间学习的重点，努力通过系统的学习和训练，不断提升创新能力。这既是建设创新型国家的必然要求，又是大学生自身成长成才的必然诉求，符合国家、社会对大学生的期望目标。

1. 创新能力的概念

能力是行为主体为了顺利完成某项工作、实现某一目标所必备的个性心理特征与综合素质。能力表现为人们掌握知识、技能的快慢、难易、深浅的程度。相对于知识而言，能力的获得不仅需要以一定的知识为基础，即以人类经验的总结和概括为基础，更强调行为主体自身的个性心理素质和实践水平。概括而言，能力对于一个人，不仅在于知识的习得和掌握，更在于如何将知识与实践有机结合。判断一个人能力的高低，往往需要通过实践加以检验。

创新能力是与创新紧密相连的一个概念。所谓创新能力，主要强调的是在生产和生活等实践中，能够运用一切已知信息，对事物的现象和本质进行综合、分析、推理、想象，进而产生某种新颖、独特有社会或者个人价值的新产品、新工艺、新成果的能力。创新能力主要体现在创新思维、创新学习能力和发明创造力，其中创新思维是核心。创新思维就是不受常规思路的约束，寻求对问题全新的独特的解决方法的思维过程。

爱因斯坦说："人是靠大脑解决一切问题的。"这说明了思维对解决问题的极端重要性。创新思维对个体创新能力的形成和发展具有非常重要的作用，甚至直接决定着个体创新能力的大小和强弱。创新学习能力主要表现为个体自觉、能动、有目的、有创造性地从事各种学习活动。学习活动是创新能力形成和发展的基础，创新能力正是在创新思维的主导下，通过系统、有目的地学习各种与创新有关的知识、理论、方法，进行各种创新训练活动而不断形成和稳定的。发明创造力是立足已有事物，对其进行重新组合，进而产生新颖、独特、有价值的产品的能力，是一种产生新思路、新事物的综合能力。这是创新能力最直接的体现。总之，创新能力，首先强调的是新，这种"新"主要通过行为主体的个性表现出来。除此之外，创新能力还强调一种素质或者说品质。这种素质和品质与能力一样，在不同的行为主体上必然具有高低之分。

2. 创新能力的特点

（1）自主性。创新能力的自主性又称自主创新能力。创新能力作为主体本质力量发展的最高表现，也是主体主观能动性发展的最高表现，其最大特征就在于其自主性。所谓创新能力的自主性或主体创新能力，即创新主体在既定的创新目标下，充分发挥自身的主观能动性，综合运用自身创新知识、创新能力，从事各种创新活动，努力实现创新目标的能动活动。

创新能力的自主性一方面表现为任何创新活动，都离不开创新主体有目的、有意识、自觉、能动的活动，是创新主体的自主行为；另一方面则表现为创新能力的强弱、是否进行创新活动、创新目标大小的设定、创新方法、路径的选择等，与主体自身素质、知识水平、智力水平等息息相关，都是主体从自身情况出发，进行自主选择的结果，因人而异、因事而异，体现出明显的自主性。主体性特征为创新能力打上了强烈的个性化烙印，不同的个体、不同的群体所表现出来的创新能力各有不同，所追求的创新目标也不同。正因为创新能力的这种主体性、个性化特点，使社会在具有创新能力的不同个体追求不同的创新目标的过程中，表现出丰富多彩的特点，并形成创新的合力，推动社会向前发展。

（2）独创性。提供新颖、独创的产品是创新能力外化的主要体现。无论什么形式的创新能力的成果，在本质上都必须新颖、独特。是否能够提供具有独创性的产品更成为检验是否属于创新劳动的一个重要标志。独创性主要有两方面含义，一方面是时间上的首创性。即作为创新能力主要载体的创新思维和主要成果体现的新颖、独创的产品在产生或提出的时间上具有优先性。另一方面是形式或内容上具有独创性，即作为创新能力主要载体的创新思维和主要成果体现的新颖、独创的产品，其内容、形式要么是创新主体基于设定的创新目标，进行的独立创造，在形式和内容上都不同于现有事物而产生的新事物；要么是创新主体立足于现有事物，对现有事物的形式和内容加以一定的改造、综合、整理而产生的另一种具有新的内容和形式的事物。

(3)价值性。价值在经济学意义上，指物的有效性，即事物能满足主体某种需要的属性。独创性是创新能力外化的一个重要表现，但是否提供具有社会价值的创造性劳动产品也是检验、评价创新能力高低的重要依据。所谓创新能力的价值性，指创新成果必须能满足社会的需要，能推动社会的发展进步，才能称其为创新能力的产物。没有独创性，人云亦云，复制模仿，当然不是创新；但仅有独创性而没有社会意义，不能为人类社会和人类自身的进步与发展提供有益的产品及效益，同样不能称为创新能力。所以，创新能力的首创性必须和价值性相互关联方能共同构成创新能力的外在表现形式，二者缺一不可。创新能力的价值性，主要表现在两个方面：一方面，创新能力对主体本身而言具有较高的价值性，主体可以通过运用、发挥其自身所具有的创新能力，实现个人价值和社会价值，体现自己对社会的有用性；另一方面，创新能力的价值特性还着重展现在创新能力所作用的对象上，表现为一定形式的创新成果。这些创新成果作为主体创新能力的产物，必须具有一定的社会价值，对社会进步和发展具有一定的积极作用。

(4)超越性。创新能力的超越性是指创新主体通过一系列创新活动，不断突破原有思维定式，而产生新的飞跃的特性。任何创新都意味着旧事物的消失、重组和新事物的产生、发展，即新事物对旧事物的超越和取代。没有对原有事物的超越，任何创新都无法实现。在创新活动中起决定作用的创新能力因素，也必然因此产生超越的特性。创新能力的超越性表现在两个方面：一方面，对已有认识成果进行一定的重新排列组合，进而形成新的认识成果的超越性。比如，"阿波罗"登月计划的成功是人类航天史上的壮举，展示出人类创新能力方面非凡的超越性。但"阿波罗"登月工程所用的数万个零件中没有一个零件是新发明的，都是对原有知识成果的综合或重新组合。另一方面，突破固有思维也引导着创新能力的超越性。牛顿创立的牛顿力学是牛顿的创新能力超越性的主要表现。牛顿力学是对静力学的超越而发展为动力学的。牛顿力学统治了科学界200多年时间，以至于人们把牛顿力学绝对化了，以牛顿力学为依据解释和说明一切科学。而爱因斯坦创立相对论力学和量子论力学，变革了牛顿力学教条化的思维定式，引发了创新能力的超越。

3. 创新能力对于大学生的意义

从大学教育的目标来看，能否培养出高素质人才是衡量一个国家大学教育水平高低的重要指标。进入21世纪以后，随着全球化进程的不断深入和我国改革开放步伐的加快，中国已逐渐融入世界发展的潮流之中。面对纷繁复杂的国际、国内局势和日趋激烈的国际化竞争，我们越发清楚地认识到，中国要发展得又快又好，离不开科学技术创新，离不开创新人才的培养。

创新能力的培养，对大学生自身而言，无疑是具有最直接、最重大的现实意义的，因为他们是这种能力的直接受益者。随着大学扩招，大学毕业生的数量在这些年一直呈攀升趋势，2023年高校毕业生人数又创新高，达1158万人，同比增加82万人。对当代大学生就业而言，一方面是竞争对手数量的不断增长；另一方面受经济形势不景气的影响，社会的用人需求有所降低。另外，源于全球化和我国的改革开放，越来越多的跨国企业进入中国，而这些企业对人才的要求普遍较高。受上述因素的共同影响，当代大学生的就业压力普遍较大，竞争也日趋激烈。破解这一难题的根源就在于实现自身的转型。目前由于我国的大学教育主要还是一种单向的灌输教育，重理论轻实践，所以学生的分析问题和解决问题的能力都有欠缺。这种转型，一方面需要靠学校和社会的教育引导，另一方面依赖于学生的自我努力。

对于大学生自身而言，创新能力培养的积极意义在于以下几个方面。

(1)创新能力培养是大学生在知识经济时代获取知识的基础。21世纪，是一个知识经济时代，这一时代的典型特征就是以知识运营为主要经济增长方式，知识产业成为龙头产业，知识经济成为一种新的经济形态的。在知识经济时代，知识的增长日益加快，更新周期不断缩短。在这种情形下，知识的掌握更加侧重于对知识的选择、整合和转化，而不再单纯强调知识的接受。学生最需要掌握的是那些涉及面广、迁移性强、概括程度高的核心知识，而这些知识不是言语所能传递的，它只能通过学生主动地构建和再创造而获得，还要有提出问题和发现问题的能力，这对学生创新意识和创新能力的要求大大提高。因此，要对大学生进行创新能力的培养，使其在知识时代具有获得知识的基本能力。没有这种能力，就很难把握所学知识的精髓，更谈不上创新。

(2)创新能力的培养是提升大学生自身竞争力的关键。社会对所需要的人才，最通俗的要求就是能够分析问题、解决问题。然而，除了司空见惯的问题，如人际交往、组织协调等，很多都是以前不曾碰到过的新情况和新问题。如何妥善解决这些新情况、新问题，对广大学生而言，就要求他们具有开阔的视野、新颖的观点视角和创造性思维，即创新能力。

(3)影响创新能力的要素。创新能力是人类所特有的一种能力素质，是人类在认识世界、改造世界的过程中不断形成、完善的一种特有的主体能力，是人类主体力量的重要体现。对现状的永不满足、对自身发展的不懈追求，构成了创新能力发展的动力源泉。大学生创新能力的形成与发展，既与大学生自身的创新思维、知识结构、智力因素、非智力因素等有密切的关系，也与外部的社会环境、校园文化氛围、教育模式、教师素质等有极大的相关性。总的来说，影响大学生创新能力的基本因素，主要有内在因素和外部因素两大方面。

①内在因素。

a. 创新思维。思维是能力的内在基础，能力是思维的外显结果。任何类型的能力素质，都离不开主体的相应的思维能力。创新能力同样也离不开主体的创新思维能力，创新能力的大小、强弱，也与创新思维的强度、宽度、持久度等有直接的关系。所谓创新思维，主要是指对事物间的联系进行前所未有的思考，从而创造出新事物的思维方法，是一切具有崭新内容的思维形式的总和。一切需要创新的活动都离不开思考，离不开创新思维，可以说，创新思维是一切创新活动的开始。创新思维是思维的高级形态，因此，它既有一般思维的基本性质，又有其自身特征。与常规思维相比，创新思维的最大特点在于它的动态性、多向性、超前性和独创性，而这些特性的产生在于巧妙地发挥了人脑思维的潜能，特别是与右半脑的功能密切相关。凡是能想出新点子、创造出新事物、发现新路子的思维都属于创新思维。

例如，古希腊著名哲学家阿那克西米尼生于中亚的莱普沙克斯，他思维灵活、想象力丰富。有一次，阿那克西米尼随国王亚历山大远征波斯，在军队将要占领莱普沙克斯时，他为使故乡免受兵祸，就去拜见国王。亚历山大早就知道阿那克西米尼的来意，未等他开口便说道："我对天发誓，决不同意你的请求。""陛下，我请求您下令毁掉莱普沙克斯。"哲学家大声说道。阿那克西米尼在这里就是运用了创新思维，根据国王给出的答案，创造性地提出反向的问题，从而帮助他解决了难题，展现出他非同凡响的创新能力。

b. 知识结构。知识是能力的基础，无知必然无能。创新能力必须在知识积累到一定程度才可能发生。在知识不完备、对事物缺乏全面了解的情况下，很难提供创新思维的条件。但并不是知识越多，创新能力就越强，二者不是完全的正相关关系。一个人能力的强弱，包括创新能力的强弱，不仅要看他掌握知识数量的多少，更重要的是看他知识结构的优化程度、与能力的契合程度、是否合理等。只有对特定事物的知识自成一体，或者说将知识系统化，形成特定的知识结构以后，才能为创新思维和创新能力提供生产新知识的思维空间。创新能力是主体的一种十分复杂的能力系统，支持创新能力形成和发展的知识结构也十分庞大和复杂，其中涉及哲学、数学、文学、艺术及心理学、思维科学、创造学等不同学科的知识，与创新思维、创新能力有关的知识结构越完善、合理，对知识结构内部各种相关知识的认识和理解就越深入、透彻，所表现出来的创新思维和创新能力也将越明显、直接。

c. 智力因素。智力因素在主体的能力素质形成和发展中也具有十分重要的地位与作用。与创新实践活动密切相关的主体的注意力、理解力、记忆力、观察力、想象力和思维能力等都是智力活动的重要因素。没有发展到一定水平的智力，就很难正确、迅速而有效地掌握知识和创造性地运用知识解决问题。创新能力正是对知识、智力以及能力的新颖、灵活的运用，它的发展和完善必须以一定的智力条件为基础。同时，还应当注意到，并不是说智力越高的人，创新能力越强。受教育体制、考试考核方式等的影响，当前一些高校的教育教学、考试考核等明显有利于选拔智力较高但其他方面可能较弱的学生，导致学生在学习知识和开发智力时，常常以牺牲创新能力为代价，在各种学习活动中虽然取得了极高的成绩，但表现出来的创新能力却与他的智力水平不相称，即所谓的高分低能现象在高校中不同程度地存在着。

d. 非智力因素。非智力因素是1935年美国心理学家亚历山大在其论文《智力：具体与抽象》中首次提出的一个概念。所谓非智力因素，从广义上看，主要指智力因素（包括观察力、记忆力、想象力、思维力、注意力）以外的一切心理因素、环境因素、生理因素以及道德品质等。狭义的非智力因素则指那些不直接参与认识过程，但对认识过程起直接制约作用的心理因素，主要包括动机、兴趣、情感、意志、性格等心理特征，一般来说，个性特征明显、善于发现问题、有冒险精神、富有挑战性、想象力丰富的人更具有创新能力。在创新能力的培养过程中，非智力因素尽管不能直接转化为创新能力，但它影响着知识积累的深度和广度及智力投入的多少。

②外部因素。

a. 社会环境。人们常说"时势造英雄"，就是指社会环境对个体成长的重要作用。大学生作为独立的个体必然处在各种各样的社会关系之中。这些社会关系的总和，就构成了社会环境。在人与社会环境的互动关系中，不仅人在影响环境、改造环境，环境同样也在通过潜移默化的方式影响人、改造人。正如马克思所说的："人创造环境，同样环境也创造人。"社会环境对大学生创新能力的培养、提高具有十分重要的影响。创新作为一种人类所独有的、以打破常规为主题的活动，必然需要一个比较宽松、自由的社会环境。很难想象在一个保守、专制的社会环境内，主体的创新能力还能得到怎么样的发展。布鲁诺以毕生精力继承、捍卫和发展了哥白尼的太阳中心说并在此基础上提出了自己的关于宇宙无限性和统一性的创新性理论，却遭到当时神权社会的残酷压制和打击，甚至为此献出了自己的生命。社会可以通过营造浓厚的鼓励创新、支持创新的宣传舆论氛围，建立鼓励创新、支持创新的社会制度体系，为社会个体的创新活动提供良好的舆论环境和制度环境，使整个社会形成重视创新的价值导向，从而为大学生开展各种创新实践活动、实现创新目标、提高创新能力，创设良好的外部环境。

b. 学校教育。大学生接受正规、系统、完整的教育，对他们学习知识、形成个性、完成社会化等都起到巨大的作用。他们的创新能力，在很大程度上就是在接受学校系统教育，以及在创新教育的过程中逐渐发展、成熟起来的。传统的学校教育模式，以传授知识为重点，整个认知过程均以教师为中心，教师担当着传授知识的重要角色，而学生只能被动地接受老师所教的一切，学习的主观能动性受到一定程度的压制，进而创新思维和激情，以致他们在学习过程中不敢标新立异，进行创新创造。传统的学校教育模式在一定程度上使学生成为只会答题、解题的考试强者，而创新能力却得不到提高和加强。不能不说，学校教育模式已在一定程度上对学生创新能力的培养产生了阻碍和破坏的作用。而以素质教育为中心，使教育真正回归以人为本的价值理念，做到以学生为中心，尊重学生的个性发展，通过建立有效的激励评价体系和宽松自由的教育管理模式，充分发挥学生学习的主动性和积极性，可以使大学生在整个认知过程中变被动为主动，通过积极思考问题，解决问题，激活创新思维和创新激情，真正成为学习的主体，学会自主学习，进而培养、提高自己的创新能力。

c. 教师素质。百年大计，教育为本。教育大计，教师为本；在学生创新能力形成和发展过程中，教师不仅是传道授业解惑的重要主体，其自身素质如何、学识是否渊博、教学方法是否有效、品德是否高尚，特别是教师自身是否具有创新精神及创新能力高低等，都直接或间接地影响学生创新能力培养的过程。一方面，教师通过系统的知识传授，可以优化学生的创新知识结构，弥补学生在创新知识方面的不足，为学生创新能力的形成和发展奠定必不可少的知识储备基础。另一方面，教师肩负教书育人的光荣使命，育人的过程不仅体现在课堂教学上，还体现在教师平常的行为举止上。正所谓"身教重于言教"，教师对每件事物的态度以及是否敢于创新，是否勇于坚持自己的观念等都以这样或那样的方式对学生产生着深刻的影响。因此，一个有创新思想的老师必定会在创新方面成为学生的良师益友，通过自己的言传身教，对学生创新能力的发展起到很好的示范、诱导和激发作用。同时，一个有良好创新能力的教师还可以对学生的创新活动过程加以有意识的引导和帮助，增强学生参与创新活动的热情和愿望，并通过创新活动使创新能力得到锻炼和提升。

三、创业的概要

1. 创业的内涵

创业有广义与狭义之分。广义的创业是指所有具有开拓性和创新性特征的、能够增进经济价值或社会价值的活动。狭义的创业是指创办企业，指能够创造劳动岗位、增加社会财富的活动。

《辞海》中"创业"的定义为："创业，创立基业。""创业"即开拓、草创新的业绩，与"守成"相对应。关于"业"字，《现代汉语成语辞典》解释为：学业、业务、工作、专业、就业、转业、事业、财产、家业等。由此看来，"业"字的内涵极为丰富。

红旗渠精神：自力更生、艰苦创业、团结协作、无私奉献

杰夫里·提蒙斯（Jeffiry A. Timmons）所著的创业教育领域的经典教科书《创业创造》（*New Venture Creation*）中"创业"的定义：创业是一种思考、推理和行为方式，它为机会所驱动，需要在方法上全盘考虑并拥有和谐的领导能力。创业必须贡献出时间、付出努力，承担相应的财务的、精神的和社会的风险，并获得金钱的回报、个人的满足和独立自主。可见，创业是一种劳动方式，是一种需要创业者组织和运用技术、服

务作业的思考、判断、推理的行为。创业就是发现和捕获机会并由此创造出价值的过程。我们这里所说的创业，通常是指以新的企业为载体，以正当地获得更多利益为目标的活动——创建企业的活动，有时也指开创个人政治、学术等事业。

"业"，从性质上看，可以是学业、专业、业务，也可以是家业、产业，甚至是工作、事业；从类别上看，有各行各业、各种职务和岗位，有所谓的"三百六十行"；

从范围上看，有个人的小业、家业，有社会的产业、企业、各项事业；

从过程上看，有草创阶段、发展阶段、成就阶段和保持阶段等。可见，"创业"的内涵极为丰富，有性质、类别、范围、过程阶段等方面的区别和差异。

创业的世界不是十分清晰、整齐、有序和线性的，不具有明确的一贯性和可预测性，创业有风险，有资金风险、竞争风险、团队分化风险、人力资源流失风险。对于年轻的大学生而言，如果连续几个月入不敷出或者因为其他原因项目的现金流中断，都会给创业者带来极大的挑战。如果创业者选择的行业是一个竞争非常激烈的领域，那么在创业之初极有可能受到同行的强烈排挤。创业企业在诞生或成长过程中的力量来源于创业团队，一个团队三个帮，一个优秀的创业团队能够使企业迅速地走上正式轨道，但往往因经营理念不同而分道扬镳。现实中这样的例子不胜枚举，就像苹果公司的乔布斯，当初做梦都没想到会被别人从自己一手创办的公司辞退。如果创业者没有足够的素质和耐力走完这场马拉松式的创业艰辛之路，最后企业往往会成为散兵游勇的夏令营。

2. 创业的基本特征

(1) 普遍性。创业是长期并普遍存在的社会现象，只是人们不知道他们在进行着创业活动。无论是在古代中国还是在西方，创业以"创立基业或事业""企业家行为"等概念或形式存在于经济社会发展过程中。人们通过对创业行为一些典型特征的认识，形成了对创业活动的基本认识。

(2) 特殊性。创业活动是一种特殊的商业活动，其特殊性体现在两个方面：

①一般企业的经营活动主要依靠组织的力量来完成，而创业活动较强地依赖创业者及其团队成员的个人能力，特别是在初期的创业活动中，这一特点更为明显，其中创业者对创业活动甚至具有决定性的作用。

②创业活动是创业者在资源高度约束的情况下开展的商业活动。在创业过程中，"白手起家"的创业者拥有的资源或能够组织的资源总是有限的。在此约束下，创业者总是寻找不需要大量资源投入的创业项目，或者积极寻求资源获取渠道和整合手段的创新，探索创造性整合资源的新机制，为成功创业提供保障。

(3) 不确定性。按照经济学家弗兰克·奈特(Frank Knight)的说法，不确定性表示人们根本无法完全预知将来会发生什么事情，它是全新的、唯一的、过去从来没有出现过的。这包含三层意思：将来事件、不可预知的将来事件和由于前所未有而无法预知的将来事件。创业活动的不确定性表现在许多方面。首先是结果的不确定性。已有研究指出，创业环境的不确定性、创业行为的不确定性和创业期望的不确定性，是创业结果不确定性的主要影响因素。创业环境不确定性包含两层含义：环境本身的不确定性和人们感知到的环境不确定性。创业行为的不确定性是指创业活动中的利益相关者，在复杂多变的环境影响下，具有复杂多变的行为选择方式，很难确定他人和自己的下一步行为。创业期望的不确定性是指不同的人和同一个人在不同时间，会以不同的方式评价同一事物，从而产生不同的效用期望。期望的不确定性进一步强化了创业活动的不确定性。

(4) 风险性。创业是一种高风险的活动，主要存在以下几种风险：

① 机会风险。创业者选择创业也就放弃了自己原先所从事的职业。一个人只能做一件事，选择创业就丧失了其他的选择，这就是所谓的机会成本风险。

② 技术风险。技术风险是指在技术研发过程中，技术因素导致创业失败的可能性。其包括技术上成功的不确定性、技术前景的不确定性、技术效果的不确定性、技术寿命的不确定性等。

③ 市场风险。市场风险是指市场主体从事经济活动所面临的盈利或亏损的可能性和不确定性。其表现为市场需求的不确定性、市场接受时间的不确定性、市场价格的不确定性、市场战略风险等。

④ 资金风险。资金风险是指因资金不能适时供应，而创业失败的可能性。

⑤ 管理风险。管理风险主要由以下几个方面决定：管理者的素质、决策风险以及组织风险等。

⑥ 环境风险。环境风险是指一项高技术产品创新活动由于所处的社会、政治、法律、政策变化以及意外灾害发生而创新失败的可能性。因此，对高技术产品创新进行分析和预测，可以把环境风险降到最低。

3. 创业项目的选择

(1) 选择个人有兴趣或擅长或从事的人员少的项目。

(2) 选择市场消耗比较频繁或购买频率比较高的项目。

(3) 选择投资成本较低的项目。

(4) 选择风险较小的项目。

(5) 选择客户认知度较高的项目。

(6) 可先选择网络创业（免费开店）后进入实体创业项目。如国内 ITM 模式的创始品牌 SOFIA 索妃雅，该品牌将线上电子商务和传统实体店面经营相结合，同步经营。

(7) 选择民生行业进行创业，如弹棉花创业。

(8) 选择教育行业进行创业，如编码教学。

(9) 选择加盟项目，比如 3A 环保漆这种环保涂料项目。

(10)选择新兴的蓝海项目,比如移动互联网、游戏、文化创意、环保领域的项目。

(11)选择可以在家里创业的项目。

(12)选择商业机遇,没有在市场上出现的商机,或者是在你的生活中没有大幅度覆盖的商业。

4. 创业的方法及注意事项

(1)创业方法。关于创业有一个小秘密,那就是:创业是件很痛苦的事儿,并且会让创业者不得安宁。越是伟大的创业想法越是伴随着挥之不去的痛苦,让创业者彻夜难眠。只有在创业思路逐渐明朗成型后,痛苦才可能稍微减轻一点。但是创业者所要承受的困扰,付出的汗水甚至流下的泪水却不会就此结束。在痛苦的创业过程中,创业者应该了解以下几点内容,以期让创业之路轻松一些。

①借鉴与窃取。先不要急于反对,听我把话讲完,不是所有伟大的创业理念都是原创的。推特(Twitter)可以说是微博的一种,但在推特成立之前,很早就已经有人在脸书(Facebook)上这样做了,而且比这更早些,人们在图片上加上说明文字,可以看作当时的推文。问答网站 Quora 是一种新形式的论坛。百事可乐是另一种的可口可乐。温迪快餐(Wendy's)是新版本的麦当劳。iPod 就是新款的 MP3 播放器。明白我的意思了吧?如果你的创业想法、服务或产品并非完全独创,这并非什么大问题。你的经营方式才是重点。

②目标明确。年轻的创业者可能有 10 个不错的创业想法,但是应该只关注其中一个。创业者不要像杰克·凯鲁亚克(Jack Kerouac,美国"垮掉的一代"的代表人物)的作品风格一样随意,并且不要轻易将注意力从一个目标转向另一个目标。

③地理位置。地理位置不仅仅对房地产重要。如果创业者希望目标客户能够很快了解公司,那么公司的地址就要选择在与客户群相关的区域内。如果创业者经营的是一家户外用品公司,那么将公司设立在田纳西州就是自然而然的事。如果创业者希望在行业中与大企业抗衡,那么就将公司设在这些大企业还无暇顾及的某个小城内。

④数字。如果创业者正准备花几周的时间撰写一份商业计划书,那么我认为这实在没有必要。商业计划更应该是一份数据翔实的表格,而不是一份由文字堆砌的文稿。计算出相关的经营数据,远比陈述你将如何利用社交媒体重要得多,所有诸如此类的内容都会随时间的推移而发生变化。所以,应当将注意力放在数据上。

⑤一步到位。不要想着走捷径。例如,不能因为工资低,就聘用没有经验的平面设计师。当他们提交的平面设计一团糟时,你还得找人将工作重新做一遍,而因此为一份工作付双份的钱,就更别提浪费掉的时间了。

⑥销售额。销售额不等于现金流。在资金有限的情况下,资金流才是公司生存的必要条件。

⑦创造价值。初创公司所聘用的员工不仅要符合工作岗位的能力要求,还要为公

司创造附加值。最关键的创业初期，有能力的创业者是不会在用人方面总考虑节约的。

⑧生活规划。创业者应当将个人财务和公司财务区分开来管理。在开始创业前，要先保证你的个人生活不会出现问题，否则你很难取得成功。创业者可以通过贷款解决公司运营资金的需求。创业是为了生活得更好，而生活不是为了更好地创业。

⑨进退。创业者要设定好退出策略，可以选择转让、出售公司或者独立经营。创业者也一定要知道何时该进，何时该退。

金钱未必就能让你生活幸福，但是出于某些原因，每个人又都希望自己能够通过努力做个有钱的人。创业可能会让你整晚失眠，暂时感到非常痛苦，但是一旦公司业务发展有所起色，生活会因此变得更加幸福和成功。

创业者在创业道路上往往会遇到各种各样的问题。然而，要做一名合格的创业者，就必须学会去面对这些问题，学会怎么解决这些问题，还要学会积累这些解决问题的经验，这样才会使事业有条不紊地发展下去。就现代而言越来越多的年轻人选择了创业，其中包括在读生、毕业生以及已经工作的人。但是，实际上创业成功的概率太低，究竟，创业道路上所谓的障碍在哪里呢？下面为大家介绍一下进行投资创业需注意的几个问题：

a. 创业毅力的问题。众所周知，发展靠实力，创业靠毅力。有很多创业者之所以会失败，最主要的原因就是毅力不足。当然，造成毅力不足的因素是多方面的。创业者素质不高，对风险估计不足，没有足够的市场知识，是一个重要因素。缺少支持和理解，缺少理念，又是另一个因素。浮躁、短视，看重眼前利益，也是一个因素。

b. 虽然个人独资企业的相关政策出台，对于创业者来说无疑是个福音，但是相对于有限公司而言，这种企业形式还是没有被目前国内的经济市场所真正认可。同时，调查数据显示，所谓的一分钱当老板的个人独资企业在不同的地区，设立的难度也有所不同。有的地区的工商部门根本就不欢迎此政策，主要原因是难以控制且税收少。

c. 对于多数创业者来说，资本可能是最大的难题。风险投资有多少创业者敢去考虑，即使创业者敢考虑，那资本在哪里？银行贷款吗？虽然有的银行出台了个人投资贷款，但是，能够申请到的人少之又少，没有资产、没有不动产，想要进行银行贷款是难之又难。当然如果有专利、有技术那就另当别论了。

创业者在创业当中应该注意以上三个问题，要随时迎接创业道路上的挑战，敢于去解决面临的创业问题，在创业的过程中必须头脑清醒，认清形势，一旦决定，追求到底，这才是一种明智的创业心态，一旦缺乏耐心，没有毅力，那么将会与成功失之交臂。

(2)注意事项。

①积极利用现有资源。不少在职人员都选择了与工作密切相关的领域创业，工作中积累的经验和资源是最大的创业财富，要善于利用这些资源，以便"近水楼台先得月"。对能帮自己生存的项目，要优先进行考虑。不要在只能改善形象或者带来更大方

便的项目上乱花钱。

切不可误用资源，在职老板不能将个人生意与单位生意混淆，更不能吃里扒外，唯利是图，否则不仅要冒道德上的风险，而且很可能会受到法律的制裁。在自己的地盘上，时间、金钱和才能任由自己使用。但是，如果乱搞一气，自己的生意就会逆转而下。

②自己的业务渠道。有些上班族有投资资金或有一定的业务渠道，但苦于分身乏术，因此会选择合作经营的创业方式。如果自己需要合伙人的钱来开办或维持企业，或者这个合伙人帮助自己设计了这个企业的框架，或者他有自己需要的技巧，或者自己需要他鸣鼓吹号，那么就请他加入自己的公司。这虽能让兼职老板轻松上阵，但要慎重选择合作伙伴，在请帮手和自己亲自处理上，要有一个平衡点。首先要志同道合，其次要互相信任。不要聘用那些虽适合工作，却与自己合不来的人员，也不要聘用那些没有心理准备面对新办企业压力的人。

此外，和合作伙伴之间的责、权、利一定要分清楚，最好形成书面文字，有合作双方和见证人的签字，以免产生纠纷时空口无凭。

③细致准备必不可少。创业是一项庞大的工程，涉及融资、选项、选址、营销等诸多方面，因此在职人员创业前，一定要进行细致的准备。

通过各种渠道增加这方面的基础知识；根据自己的实际情况选择合适的创业项目，为创业开一个好头；撰写一份详细的商业策划书，包括市场机会评估、赢利模式分析、开业危机应对等，并摸清市场情况，知己知彼，打有准备之仗。

不要对未经试验的创意不屑一顾。如果用这种创意来做生意，也得留心其中可能存在的陷阱。自问一下：自己是否得花大力气来宣传自己的产品或者服务？自己拥有足够的财经资源、技能、人手和业务关系吗？找错潜在客户了吗？——没有必要在那些没有决策能力的人身上浪费自己的时间。

④尽量用足相关政策。政府部门有很多鼓励创业的政策，是对大学生创业的鼓励和支持，创业时一定要注意"用足"这些政策，如免税优惠、在某地注册企业可享受比其他地区更优惠的税率等。这些政策可大大减少创业初期的成本，使创业风险大为降低。

⑤经商之道，以计为首。所有商业经营活动，如果从表面上来看，好像是一种仅仅同物质打交道的经营活动，但是，透过现象看本质，在今天的"食脑时代"里，商业经营活动实质上已经变成了一种人与人之间的智力角逐，是一场"斗智斗勇"的"智力游戏"，是人与人之间的谋略大比试。因此，正如古代军事家所说的"用兵之道，以计为首"一样，经商之道也应该以计为首。面对空前惨烈的市场竞争，想要找准自己的立足点和切入点、站稳脚跟、生存下来、谋取利益、发展壮大，那么，就必须考虑如何运用自己的商业智慧制定全面系统的、可执行的、可操作的和切实有效的经营策略和实施方案，以便确保每战必捷，战无不胜。

⑥决策问题。决策失误会带来直接后果，如发错货可能致使一个客户立刻与自己断绝关系。作为企业家，冒风险时，要谨而慎之。如果出现失误，不要过于敏感。要接受事实，从中吸取教训。

⑦不要被胜利冲昏头脑。第一步的成功往往全靠自己的创意好、时机合适、运气不错和良好的业务关系。不过，这一切随时都可能离自己而去。因此，不要太过自信，投入过量的资金，使自己陷入泥沼之中。

第二节 创业素养与能力

深入推进大学生创新创业教育改革是社会经济转型升级的需要，是实现中华民族伟大复兴的必然选择。近年来，越来越多的大学毕业生加入了创新创业的浪潮，甚至成为创新创业的主力军，与此同时他们面临着社会对其知识结构、心理素质、个性发展以及创新创业能力提出的新挑战。

一、大学生创业素质的主要内容

大学生创业素质是一种综合性的素质，它具有多方面的内容。总体来说，大学生创业素质的内容主要包括以下几个方面：

1. 有关创业的知识和经验

深厚而广博的知识积累是创业的基础。创业教育不但不能脱离知识教育和专业教育孤立地进行，而且必须更深地依赖知识教育和专业教育。因为人的创造性是不能传授的，只有在不断的知识和经验积累的过程中才能够潜移默化地生成。同时，用智力换资本，这是大学生创业的特色之路。一些投资者往往就是看中大学生所掌握的先进技术，才愿意对其创业计划进行资助。创业的知识主要包括专业技术知识、经营管理知识和人际交往知识。前两类知识往往是实用性的，一般容易被创业者注意到，而后一类知识则是一项事业可持续性发展的底蕴，应该得到越来越多的关注。创业经验是一种非知识体系的东西，却有助于人们深刻地感悟创业这种实践活动。通过亲身的创业实践获得的属于直接的创业经验，而经由别人的创业实践了解到的则属于间接的创业经验。

2. 良好的心理素质

良好的心理素质，诸如不畏困难、不怕挫折、勇于承担巨大压力等等，是大学生创业成功必须具备的基本素质。创业是需要激情和信心的。大学生在创业时除具有较强的创业意识外，还要对自己的创业素质和能力充满自信，并有着挑战自我的勇气。同时还要具有承担风险的意识，对风险的出现有足够的心理准备，具备百折不挠的坚强意志和面临失败时的自我激励能力。只有具备良好的心理素质，才能在创业过程中从容面对大量未知风险带来的各种突发问题，才能经受住失败的考验。

3. 创业者的人格品质

创业者的人格品质是一个人的创业素质中的调节系统。人格品质是多层次、多侧面的，包括潜能、气质、性格、动机、兴趣、理想、信念等。这些特征是相互联系的，它们有机地结合在一起，共同对人的行动进行着调节和控制。在创业人格中，这些素质是一种综合性的整体，共同影响着人的实际行动的成效。创业所要求的人格品质首先是社会责任感，要诚实守信，并具有务实精神。一名大学生要走向社会创业，必须有一片爱国之情，有社会责任感。唯有符合社会发展的要求，他所发展的事业才能有广阔的发展前途，否则必然会处处碰壁。在激烈的市场竞争中，诚信是树立企业良好形象、取得竞争优势的重要法宝。只有深刻认识诚信的重要性，树立诚信理念，加强诚信合作，建设诚信文化，营造诚信环境，大力开展诚信经营，才能获得更好更快的发展。务实精神则使大学生创业者能够审时度势，对社会状况和大众消费有客观的判断和深刻的了解，做到不盲目、不盲从，从自身能力出发，踏实做事，克服眼高手低、好高骛远等毛病。在创业者的人格品质方面，自觉性、坚毅性、自制力和勇敢、果断等品质对大学生来说也同样重要。

4. 创业者的技能或行动能力

所谓创业的技能或行动能力，即在一定的环境和条件下，能够将自己所掌握的知识外化为创造力，将头脑中的思想、创意和灵感转化为现实的科技发明成果和产品。具体来说，创业者的技能或行动能力包括学习能力、创新能力、组织管理能力、执行能力、沟通和协作能力等，是大学生创业成功的关键所在。学习能力是指，善于利用各种资源和途径进行自主学习以不断增加各方面知识和经验储备的能力。创新能力是指，善于接受新知识和新事物，善于从大家都熟知的事物中找出差异，能够寻找、捕捉和创造商机。从某种意义上说，创新决定了创业成功与否，这其中包括技术创新和思维创新。组织管理能力是指，大学生创业者不仅要具有对自己员工的指挥、调动、协调以及对非人力资源的集中分配、调度和使用能力，还要对公司组织机构的设计、人员的配置具有协调能力。执行能力是指，大学生创业者能否把自己的创意规划准确清晰地表达出来，能否描绘出正确实用的发展蓝图，能否保持企业成立后的正常运营。沟通和协作能力是指，与创业团队的所有成员、合作伙伴以及投资方等进行良好的沟通与协作的能力。沟通和协作能力要求创业者随机应变，在人际交往中做到热情、真诚，这是创业者获得别人和社会支持的重要条件。

总之，创业素质是一种包括知识和经验、良好的心理素质和人格品质、创业的技能或行动能力在内的复杂结构，是一种综合性的主体因素。因此，就提高和增强大学生的创业素质而言，主要可以从上面所述的四个方面分别进行，同时应该注重对这四个层面的整体把握。大学生只有具备良好的创业素质，才有可能在自己的职业生涯中根据时机选择创业。高校只有通过重点培育大学生的创业素质，才能为其日后职业生涯中的成功创业打下坚实的基础，才能使创业教育真正落到实处。正是在这个意义上，一切创业教育不应该只是偏重于激发人们的创业动机，而应该把提升和增强人们的创业素质作为立足点和着力点。

二、中国创业者的十大素质

《科学投资》通过对上千案例的研究，发现成功创业者具有多种共同的特性，《科学投资》从中提炼出最为明显，同时认为是最为重要的10种，将其称为"中国创业者十大素质"。

1. 欲望

"欲"，实际就是一种生活目标，一种人生理想。创业者的欲望与普通人的欲望的不同之处在于，他们的欲望往往超出他们的现实，往往需要打破他们现在的立足点，打破眼前的樊笼，才能够实现。所以，创业者的欲望往往伴随着行动力和牺牲精神，这不是普通人能够做得到的。

2. 忍耐

成语里有一句"艰难困苦，玉汝于成"，还有一句"筚路蓝缕"，意思都是说创业不易。不易在哪里呢？首先是要忍受肉体上和精神上的折磨。对一般人来说，忍耐是一种美德，对创业者来说，忍耐却是必须具备的品格。对创业来说，肉体上的折磨算不得什么，精神上的折磨才是致命的，如果有心创业，一定要先在心里问一问自己，面对从肉体到精神上的全面折磨，你有没有那种宠辱不惊的"定力"与"精神力"？如果没有，那么一定要小心。对有些人来说，一辈子给别人打工，做一个打工仔，是一个更合适的选择。

3. 眼界

人们都喜欢夸耀自己见多识广，对于创业者来说，就不是夸耀，而是要真正见多识广。广博的见识，开阔的眼界，可以有效地拉近自己与成功的距离，使创业活动少走弯路。《科学投资》研究了上千创业案例，走访了数百名创业者，发现这些创业者的创业思路有几个共同来源。第一，职业。第二，阅读，包括书、报纸、杂志等。第三，行路。各处走走看看，是开阔眼界的好方法。行路意味着什么？如果你是一个创业者，开阔的眼界意味着你不但在创业伊始可以有一个比别人更好的起步，有时候它甚至可以挽救你和你企业的命运。眼界的作用，不仅表现在创业之初，它会贯穿整个创业历程。"一个人的心胸有多广，他的世界就会有多大。"我们也可以说，"一个创业者的眼界有多宽，他的事业也就会有多大。"第四，交友。很多创业者最初的创业 idea（主意）

是在朋友启发下产生，或干脆就是由朋友直接提出的。所以，这些人在创业成功后，都会更加积极地保持与朋友的联系，并且广交天下友，不断地拓展自己的社交圈子。

4. 明势

明势的意思分两层，作为一个创业者，一要明势，二要明事。我们先来说明势。势，就是趋向。创业的人，一定要跟对形势，要研究政策，这是大势。对一个创业者来说，大到国家领导人的更迭，小到一个乡镇基层干部的去留，都会对自己有影响。在政策方面，国家鼓励发展什么，限制发展什么，对创业之成败更有莫大关系。走对了方向，向着国家鼓励的层面努力，可能事半功倍；走反了方向，可能会鸡飞蛋打。中势指的是市场机会。市场上现在时兴什么，流行什么，人们现在喜欢什么，不喜欢什么，可能就指明了你创业的方向。小势就是个人的能力、性格、特长。创业者在选择创业项目时，一定要找那些适合自己能力，契合自己兴趣，可以发挥自己特长的项目，这样才有利于你做持久性的全身心的投入。

明势的另一层含义，就是明事，一个创业者要懂得人情事理。创业的首要目的是合理合法地赚钱，不是为了改造社会。一定要明势，不但要明政事、商事，还要明世事、人事，这应该是一个创业者的基本素质。

5. 敏感

敏感不是神经过敏。创业者的敏感，是对外界变化的敏感，尤其是对商业机会的快速反应。如果你有心做一个商人，你就应该像训练猎犬一样训练自己的商业感觉。良好的商业感觉，是创业者成功的保证。

6. 人脉

创业不是引"无源之水"，栽"无本之木"。无论是谁创业，都必然有其凭依的条件，也就是其拥有的资源。一个创业者的素质如何，看一看其建立和拓展资源的能力就知道了。创业者资源，可分为外部资源和内部资源两种。内部资源主要是创业者个人的能力，其所占有的生产资料及知识技能，也就是人们通常所说的有形资产及无形资产，只不过这种有形资产和无形资产属于个人罢了。创业者的家族资源也可以看作内部资源的一部分。拥有良好的内部资源，对创业者个人来说无疑是重要的，但因为其中大部分不是通过创业者个人努力获取，而是自然存在的，具有天然属性，我们在此不作重点讨论。

7. 谋略

楚霸王之所以不值得人们同情，一在于他的有勇无谋，二在于他的妇人之仁。商场如战场。谋略，说白了就是一种思维的方式，一种处理问题和解决问题的方法。对于创业者来说，智慧是不分等级的，它没有好坏、高明不高明的区别，只有好用不好用、适用不适用的问题。

8. 胆量

《科学投资》在研究中发现，但凡成功人士都有某种程度的冒险性，企业界人士尤然。创业需要胆量，需要冒险。冒险精神是创业家精神的重要组成部分，但创业毕竟不是赌博。创业家的冒险，迥异于冒进。创业者一定要分清冒险与冒进的关系，要区分清楚什么是勇敢，什么是无知。无知的冒进只会使事情变得更糟，你的行为将变得毫无意义，并且惹人耻笑。

9. 与他人分享的愿望

作为创业者，一定要懂得与他人分享。一个不懂得与他人分享的创业者，不可能将事业做大。分享不是慷慨，对创业者来说，分享是明智。

10. 自我反省的能力

反省其实是一种学习能力。创业既然是一个不断摸索的过程，创业者就难免在此过程中不断地犯错误。反省，正是认识错误、改正错误的前提。对创业者来说，反省的过程，就是学习的过程。有没有自我反省的能力，具不具备自我反省的精神，决定了创业者能不能认识到自己所犯的错误，能不能改正所犯的错误，是否能够不断地学到新东西。

三、大学生创新能力的培养

1. 培养和提高大学生创新能力的时代背景与意义

在现在激烈的就业竞争压力下，很多大学生因为某些因素而无法就业，而创新则是其中一个重要因素，墨守成规终将被淘汰，企业在选择雇员时逐渐注重其创新能力，创新能给企业带来更大的利益，也能加速科技进步、产品的更新换代。因此，在当代社会背景下，培养大学生的创新能力的意义显得尤为重大。

(1)增强国家自主创新能力和建设创新型国家的战略举措。当今世界，国际竞争日趋激烈，创新已成为全球经济增长最重要的驱动力量，成为竞争取胜的法宝。目前，全世界86%的研发投入、90%以上的发明专利都掌握在发达国家及其跨国公司手里。它们严格控制核心技术和先进技术的转让。长期以来，我国走的是一条技术引进和引资合资的发展道路，但这种"以市场换技术"的策略并没有带来我国技术创新能力和产业核心竞争力的根本提升，反而形成了技术附庸、创新惰性和产业"空心化"等不良后果。由于缺乏核心技术和自主品牌，我国只能处在国际产业分工链条的低端，依靠资源消耗和廉价劳动力赚取微薄的利润。要实现中华民族的伟大复兴，我们就要坚持走自主创新之路，努力建设创新型国家，把资源禀赋决定的比较优势转化为创新驱动的竞争优势，进而取得持久的发展动力。

学术界一般认为，创新型国家的主要定量特征是：综合创新指数明显高于他国，国民经济发展中科技进步贡献率在70%以上，研发投入占GDP的2%以上，对外技术依存度在30%以下。在当今世界近200个国家中，满足这一标准的约有20个。科学技术的创新是创新型国家建设的核心，而科技创新的根本在于人才，必须把培养造就创新型人才作为建设创新型国家的战略举措，把培养大学生的创新能力作为当前高等教育的一项根本任务。

(2)实施科教兴国、人才强国战略的必然选择。人才资源是第一资源，是富民强国之本。当今时代，知识正在取代土地、原材料和资本，成为推动经济发展、创造社会财富的主导力量，世界各国都纷纷把培养创新人才作为教育改革的主要目标之一。我国要想在日趋激烈的经济科技全球化竞争中拔得头筹，必须坚定不移地实施科教兴国和人才强国战略。高校必须大力构建新型的创新人才培养体系，努力培养和造就符合现代化建设需要的数以千万计的创新型专门人才和一大批优秀拔尖人才。

(3)实现我国高等教育发展重点由规模扩张转向质量提升的迫切需要。自1999年国家实行高校扩招政策以来，我国高等教育获得了跨越式发展，普通高校招生数从1998年的108万人增加到2021年的909万人，全国各类高等院校在校生总规模从623万人增加到4183万人，高等教育毛入学率从9.8%提高到22%，从而步入高等教育大众化阶段。然而，高等教育大众化不仅注重量的扩张，更注重质的提升。面对扩招后出现的新矛盾和教育教学质量问题，2006年党中央、国务院作出了高等教育"要切实把重点放在提高质量上"的新的战略决策。在开展本科和高职高专教学工作水平评估的基础上，2007年初中央财政决定投入25亿元，正式启动"高等学校本科教学质量与教学改革工程"(简称"质量工程")。时任教育部部长周济指出："中国高等教育持续发展的重点是提高质量，而提高质量的重点在于培养创新人才。"可见，培养大学生的创新能力是提高高等教育质量的核心问题，特别是在我国加入WTO(世界贸易组织)后国际高等教育生源市场竞争日趋激烈，国内高校毕业生就业形势十分严峻、用人单位更加看重毕业生的经验和能力的新形势下，提高大学生的实践能力和创新创业能力显得更加迫切。

2. 培养大学生创新能力应遵循的原则

所谓原则，是以客观规律为基础的、用以指导人们从事某项活动的基本准则。我国大学生创新能力的培养是新时期高等教育改革与发展的重要目标，同时也是一项长期、复杂的系统工程。依据教育教学规律，培养和提高大学生的创新能力应注意遵循以下几个原则。

(1)以人为本原则。以人为本是科学发展观的核心，其根本目的在于对人性的唤醒和尊重，最广泛地调动人的积极性，最充分地激发人的创造活力，最大限度地发挥人的主观能动性。在创新人才培养中要将以人为本原则落到实处，必须做到以下几点：

①尊重学生的主体地位。高校教学模式要从以教为中心转向以学为中心，把学生看作充满活力的知识探索者和潜在的知识创造者，要相信学生、尊重学生、依靠学生、

发展学生。在教学中注重培养学生独立思考、勇于探索和自主学习的能力，让知识获得的过程成为创造能力培养和创新人格养成的过程。

②充分发挥学生个性特长。根据美国著名心理学家加德纳教授提出的多元智能理论，人的智能是多元的，个体之间的差异在于个体所拥有的多种智能在表现方式和表现程度上的不同。高等教育的重要任务就是尽可能创造有利于学生创造力发展的环境，开发蕴藏在每一个学生身上的创新能力，使每一个学生都得到好的发展。美国和日本高等教育的突出特点之一就是实行"区别教育"，针对大学生的不同个性、兴趣和才能进行差异化、个性化的教育。我国高校的教学要打破千人一面的统一化教育模式，根据学生智商高低、基础好坏、能力强弱、个性心理品质特点、兴趣爱好等，实行因材施教，使学生可以在一个自由的空间里发展。

(2)实践性原则。与知识传授不同的是，创新能力培养更强调实践的训练和个性的发展。实践是认知之本，是获得切实体验的重要途径；实践也是创新之根，是培养创新精神和创新能力的必由之路。重视实践教育是当今世界高等教育发展的重要特征。在我国，高校重理论轻实践现象长期存在，扩招后实践环节更是有所削弱。因此必须强化实践育人的功能，并从以下几方面着手：

①强化实验与实习环节。针对当前实验与实习环节薄弱的状况，高校特别是理工科大学必须加强实验室和校内实习基地建设，改革实验实习内容和评价方法，并充分利用社会教育资源，产学研结合共建较稳定的校外实习基地，形成高校与社会资源互补互动、共同培养创新人才的局面。使培养的人才具有"工程基础厚，工作作风实，创业能力强"的鲜明特色。

②大力推进创新基地建设。创新基地是高校实现创新教育、培养创新人才的理想平台。高校要依托现有的校内实习基地、试验中心、研究所等资源优势建立形式多样、各具特色的创新基地，为大学生提供宽广的创新活动舞台。

③重视毕业设计(论文)的创新性。首先，毕业设计(论文)的选题要结合科研与生产实际来确定，要具有一定的新颖性和实践性；其次，在毕业设计(论文)完成过程中，指导教师不仅要给予学生实时适当的指导和点拨，也要给予学生独立思考和自主完成的自由空间；最后，在毕业设计(论文)的考核评分中应优先考虑其中的创新性，以激发学生的创新潜能。实践能力是创新人才必须具备的重要能力之一，要加以重视。

④丰富第二课堂的创新实践活动。第二课堂是第一课堂的延伸、补充和拓展。高校要通过举办科技节、学术讲座、大学生科技报告会，开展科技、艺术、体育等各类社团活动，组织形式多样的科技(学科)竞赛等方式，激发学生的创新热情，张扬学生的创造个性。

案例分析：

灯泡容积的计算

爱迪生可谓举世无双的大发明家，他具有相当强的思维能力。有一次，爱迪生的实验需要一只灯泡容积的数据，于是，他把这只灯泡交给了他的助手阿普顿，让他计算一下这只灯泡的容积是多少。

阿普顿是普林斯顿大学数学系的毕业生，还在法国深造过5年，数学水平是相当高的。他拿着这只梨形的灯泡，打量了好半天，又特意找来皮尺，上下量尺寸，画出了灯泡的剖面图、立体图，并列出了一道又一道的算式，这一套复杂的分析及计算让他忙得不亦乐乎！

在分析计算中，一个小时过去了，可问题还没有解决。阿普顿很着急，这时又跑来了急等着要数据的爱迪生。"算出来没有？"爱迪生略带严厉地问道。"正算到一半。"阿普顿头也不抬地边计算边回答，语气中似乎还有一些委屈。看得出他心里在暗想："这样复杂的问题，我怎能那么快就解决呢？"

"才算到一半？"爱迪生十分诧异，再看看阿普顿额头上滚落的豆大汗珠，他更是迷惑不解。走近一看，哎呀！在阿普顿的面前，密密麻麻的算式写满了好几张纸。

爱迪生忍不住笑了，阿普顿莫名其妙地看着他。只听爱迪生说道："何必这么复杂呢？你把水装满这个灯泡，再将灯泡里的水倒在量杯里，量杯量出来的水的体积，不就是我们所需要的灯泡的容积吗？"

分析：在上述案例中，爱迪生运用动作思维轻松获得了解决问题的方法。所谓动作思维就是在思维过程中以实际动作为支撑而进行的思维。这种思维解决问题的方式是动手实际操作，一边操作一边思考，即边动作边思考是动作思维的特点。从解决问题的性质上来说，动作思维解决的是实践性的问题，因而动作思维又叫实践思维。

善于质疑、发现问题是培养创造性思维的前提。中国传统的教学方法是老师讲，学生听；老师示范，学生模仿。课堂气氛沉闷，过于严肃。教师过分强调知识的灌输，很少给学生留反思的余地，学生处于被动和依赖地位。因此，我们要从传统教学中解脱出来，强调学生是学习的主体、自我发展的主体。在教学中要善于引导和启发学生，鼓励学生发现问题并提出问题。因为发现问题、善于质疑是创造性思维的力量源泉。

案例来源：丁欢，汤程桑. 创新与创业教育指导[M]. 南京：南京大学出版社，2015.

(3)教研结合原则。营造培养创新人才的环境。教师素质的高低和学术思想的活跃度对创新人才的培养影响很大；高校应通过各种方式营造浓厚的学术氛围；教育管理上要有弹性；要改革现行不利于培养学生的创新精神和创新能力的考试制度。

建立学术自由、民主的机制，保障学术权利的合理性和合法性。新思想的孕育和成长，有赖于自由的学术氛围；学者的创新精神离不开学术自由环境的滋养。同样，学生创新能力的培养，也离不开学术自由机制的保障。

学术自由和学术民主是学术权利的前提。学术权利必须以民主方式获得学术共识为出发点。否则，这种权利的行使，就有可能侵犯其他学者的学术权利、学术自由。学者个体的学术自由不能侵犯其他学者的学术自由。教师作为学者享有学术自由，但他不能把个人的学术见解强加给学生而扼杀学生的学术自由。任何人都不应该享有以自己的学术自由压制别人的学术自由的权利。

为保障学生在提出新见解或作出创新性成果时的学术自由,学校教育中那些传授具有相对共识性的知识的课程,因有相对客观的评价标准,课程考试可以由教师一人打分,而研究生的研讨性课程,则一般不应要求有唯一性的最终结论。高校学生的学位论文,因对其有独创性的要求,对论文的最终评价,就不能由一个人说了算,而是由由若干人组成的论文答辩委员会做出民主性的评价。

(4) 激励性原则。学生创新能力与其创新个性品质密切相关,只有有效地调动其积极的创新动机、激发创新兴趣和热情,才能保证学生的创新能力得以培养和发挥。而激励措施在创新个性品质的形成过程中起着重要的作用。哈佛大学詹姆斯教授对人的激励问题做过专题研究,认为,如果没有激励,一个人的能力只不过发挥 20%~30%;如果施以激励,则可以发挥到 80%~90%,其间幅度差距达 60%。高校不仅要将激励机制贯穿教学双边互动过程,鼓励学生敢于质疑,还要在学生评价和实践创新活动中坚持激励性原则。一方面要改革学业评价方法。高校要向着提高学生创新精神和创新能力的目标,改革只注重知识记忆和考试分数的传统考评方法,建立科学有效的多元化考试与评价体系。在考核内容上要重点测评学生灵活运用知识自主分析、解决问题的能力以及实践、创新能力;在考核形式上根据课程类型,可以采用开卷、综合型大作业、专题小论文、上机操作等灵活多样的考试方法。另一方面要制定创新激励政策。高校要通过增开创新实践课程、设立创新学分和专门的创新基金等方式,将学生的新思想、新成果和新发明都以学分的形式体现,鼓励学生根据自己的特长和兴趣积极参与创新实践活动,并将创新实践成果作为评选三好生、免试推荐研究生和评定奖学金的重要依据。为鼓励学生积极参加科研和创新活动,合肥工业大学不仅在新版人才培养方案中增设了两个必修综合创新实践学分,而且学生参与科研、学科竞赛、创新训练和社会实践等创新活动也给予相应的学分;学校还投入专项经费,建立了多个校级大学生创新基地,设立了大学生创新基金,对学生的创新活动给予资金支持,并提供实验条件。

(5) 个性化原则。随着对创新能力研究的深入,许多研究者已逐渐认识到:一方面,创新能力并非伟人们所独有,而是一般人共同具有的一种心理能力;另一方面,创新能力并不限于科学活动创新能力和艺术活动创新能力两种,创新能力可以表现在人类的多种实践活动中,即创新能力具有多元性。创新能力人人皆有。1943 年陶行知先生在《新华日报》上发表了《创造宣言》,明确提出"处处是创造之地,天天是创造之时,人人是创造之人"的主张。科学研究表明,创新能力本身就是人的大脑长期进化的产物,是人类大脑的一种自然属性。它是随着人的大脑的存在而存在,随着大脑的进化而进化的,因而它是每一个正常人都应具有的潜在能力,对于每一个人来说,其创新能力都是天生的。

促进学生的个性发展。实践证明，个性特征越强，创新能力也就越强。为此，教育者应正确处理以下三方面的关系：

①在共性与个性的关系上，既要讲共性，也要讲个性；

②在服从与自主的关系上，既要讲服从，也要讲自主；

③在信仰与探索的关系上，既要讲信仰，也要讲探索。

(6)环境育人原则。人是生活在一定环境之中的，环境对于创新人才的培育和熏陶具有至关重要的作用。只有优化人才成长的物质与精神环境，构建开放、自由、民主的创新文化，塑造健康、和谐、进取的校园精神，才能培育具有完善主体人格和创新能力的新型创新人才。

在物质环境建设方面，高校要加大投入力度，加强教学仪器设备、实习与创新基地、图书资料、体育场馆和现代化教学手段等硬件条件的建设，为学生创新能力的培养提供物质保障。同时，还要建立优质的大学生教学资源网络共享体系，如高水平系列学术讲座、精品课程、精品教案库、网上评教系统、师生交流网站和科技期刊数据库及其他网络资源利用平台。

在文化环境建设方面，要营造一个崇尚真理、尊重人才、鼓励创新、倡导合作、宽容失败的良好创新文化氛围，将创新渗透到校园文化的方方面面，使学生在校园内随时随处都能够感受到浓郁的文化气息，并产生创新的冲动和灵感。例如，合肥工业大学通过举办学术报告会、创新专题讲座、英语俱乐部、学术沙龙和科技文化节，组织开展院级、校级和校际学科竞赛、课程竞赛和技能竞赛等内容丰富、形式多样的校园文化活动，增进了学生间的学术交流，活跃了创新氛围，为学生创新潜能的发挥和创新个性的发展提供了广阔的空间和舞台。

总之，在实施科教兴国、人才强国战略和建设创新型国家的伟业中，高校承担着培养创新型人才和开展创新性研究的重要使命。高校必须以强烈的紧迫感和高度的责任感，全面推进素质教育和创新教育，全面深化教学改革，全面提高学生的创新精神和创新能力，为增强自主创新能力、建设创新型国家提供强有力的人才支持和知识贡献。

3. 如何培养大学生创新能力

(1)热爱生活，关注生活，享受生活。这是创新的前提和基础，试想一下，如果你都不热爱生活，对生活持一种漠视和冷淡的态度，你又怎会去关注生活呢？不关注生活创新又从何来？创新不可能凭空而来，它不是神话，它是实实在在存在于现实中的东西。我们不仅要热爱生活，关注生活，而且要好好享受生活，这样我们创新的灵感源泉才会永葆青春，永不枯竭，我们的生活也才会日新月异，丰富多彩。艺术也一样源于生活,这一点是相通的,不妨以艺术为例来证明这一道理。

(2)正视创新内核:创新思维。创新能力一般被视为智慧的最高形式。它是一种复杂的能力结构。在这个结构中创新思维处于最高层次,它是创新能力的重要特性。创新能力的实质就是创造性解决问题的能力。除此之外,创新能力还包括认识、情感、意志等许多因素。创新能力意味着不因循守旧,不循规蹈矩,不故步自封。随着知识经济时代的来临,知识创新将成为未来社会文化的基础和核心,创新人才将成为决定国家和企业竞争力的关键。

创新的思维是综合素质的核心。知识既不是智慧也不是能力,著名物理学家劳厄谈教育时说:重要的不是获得知识,而是发展思维能力,教育无非是将一切已学过的东西都遗忘时所剩下来的东西。劳厄的谈话绝不是否定知识,而是强调只有将知识转化为能力,才能成为真正有用的东西。大量的事实表明,古往今来许多成功者既不是那些最勤奋的人,也不是那些知识最渊博的人,而是一些思维敏捷、最具有创新意识的人,他们懂得如何去正确思考,他们最善于利用头脑的力量。在当今的知识经济时代,一个人要想在激烈的竞争中生存,不仅需要付出勤奋,还必须具有智慧。古希腊哲人普罗塔戈说过:大脑不是一个要被填满的容器,而是一支需要被点燃的火把。其实,他说的这个火把点燃的正是人们头脑中的创新的思维。

创新首先要有强烈的创新意识和顽强的创新精神。所谓创新意识就是推崇创新、追求创新、以创新为荣的观念和意识。所谓创新精神就是强烈进取的思维。一个人的创新精神主要表现为首创精神、进取精神、探索精神、顽强精神、献身精神、求是精神(即科学精神)。其次,创新还要有创新能力。创新能力是指一个人产生新思想、认识事物的能力,即通过创新活动、创新行为而获得创新性成果的能力。哈佛大学校长陆登廷认为,"一个人是否具有创造力,是一流人才和三流人才的分水岭"。最后,要创新就必须认同两个基本观点,即创新的普遍性和创新的可开发性。创新的普遍性是指创新能力是人人都具有的一种能力。如果创新能力只有少数人才具有,那么许多创新理论,包括创造学、发明学、成功学等就失去了存在的意义。人的创造性是先天自然属性,它随着人的大脑进化而进化,其存在的形式表现为创新潜能,不同人之间这种天生的创新能力并无强弱之分。创新的可开发性是指人的创新能力是可以激发和提升的。将创新潜能转化为显能,这个显能就是具有社会属性的后天的创新能力。潜能转化为显能后,人的创新能力也就有了强弱之分。通过激发、教育、训练可以使人的创新能力由弱变强,迅速提升。创新思维是创新能力的核心因素,是创新活动的灵魂。开展创新训练的实质就是对创新思维的开发和引导。有句慧语说:"有什么样的思路就有什么样的出路。"

(3)生活中有意识培养创新能力。没有想象就没有创新。创新的实质是对现实的超越。要实现超越,就要对现实独具"挑剔"与"批判"的眼光,对周围事物善于发现和捕捉其不正确、不完善的地方。古人云："学起于思，思源于疑。"质疑问难是探求知识、发现问题的开始。爱因斯坦曾经说过："提出一个问题比解决一个问题更重要。"

在日常生活中经常有意识地观察和思考一些问题，通过这种日常的自我训练，可以提高观察能力和大脑灵活性。

参加培养创新能力的培训班，学习一些创新理论和技法，经常做一做创造学家、创新专家设计的训练题，能收到提高创新思维能力的效果。

积极参加创新实践活动，尝试用创造性的方法解决实践中的问题。只有在实践中人类才有了无数的发现、发明和创新。实践又能够检验和发展创新，一些重大的创新目标，往往要经过实践的反复检验，才最终确立和完善。人们越是积极地从事创新实践，就越能积累创新经验，锻炼创新能力，增长创新才干。创新是通过创新者的活动实现的，任何创新思想，只有付诸行动，才能形成创新成果。因此重视实干、重视实践是创新的基本要求。

(4)永远学习是不变的真理。我们必须终身学习，学习应该是一个习惯，只有不断学习，才能在变化的社会中一直抓住精华的东西。

我们要不断学习，不断总结，不断研究外部环境的变化，不断对自己提出新挑战，紧跟时代的发展。我们要在创新中提升，在提升中创新，在创新中发展，在发展中创新。

四、大学生创业能力的培养

1. 大学生创业能力培养的意义

(1)大学生创业能力培养是适应高等教育大众化的需要。高等教育大众化既是当今世界高等教育发展趋势，也是我国社会进步、经济发展、国民素质提高的重要途径。我国高等教育大众化步伐不断加快，近几年，高校招生急速增长，全国的普通高校毕业生也出现急速增长现象，毕业生供给超过社会需求，就业形势不容乐观。高等教育大众化产生的最大困难就是毕业生的就业问题，如果大家都等待国家、企业给予的就业机会，那么未就业的人员就等于是智力资源的浪费，同时，对于高等教育实行收费的国家来讲，如果大学生接受了高等教育以后而无法找到工作，高等教育的个人受益无法得到补偿，就会在社会上产生一定的负面影响，还可能造成社会的不稳定。现在的大学生就业现状一方面是有业不就，另一方面是无业可就，存在着"宁要都市一张床，不要西部一套房"的就业心态。因此，作为高校，一定要适应毕业生就业难的形势，把就业指导与创业精神的培养与教育紧密结合起来，鼓励学生从就业走向创业，不仅可以自己就业，还可为他人创造就业机会，提供就业岗位。

(2)大学生创业能力培养是适应知识社会的需要。21世纪是知识经济占主导地位的世纪，智力资本已成为企业最重要的资源，谁掌握了知识，谁就掌握了最有价值的资本。大学毕业生是社会上素质最高的一个群体，是最重要的人力资源。他们在高校的培养下，可以说都掌握了一定的专业知识技能，具备了从事某一职业的基本能力。很显然，高校若能加强大学生创新意识和创新能力的培养，毕业生就能在就业过程中更快、更好、更准地挑到自己心仪的职业，通过开办自己的企业来成就自己的事业，以实现人生价值和社会价值，更加理性地采用一种独立的更加成熟的自我就业方式。因此，对在校大学生进行创业教育是顺应知识经济时代发展的需要，是适应知识社会的需要。

(3)大学生创业能力培养是大学生个体发展的必然需要。对大学生进行创业教育，使他们勤于思考，善于观察，具有远见卓识和丰富的想象力，加上大学生在校期间一定的理论知识和技能的学习、经验的积累，业务基础能力会越来越接近创业要求的智力水平。当然，创业素质的培养也是必不可少的。对于创业的非智力因素，如理想、意志、信念、毅力等，要进行一定的培养，使他们对创业有一个初步的认识。创业不仅可以解决自己的就业问题，还能为社会创造更多的就业岗位。这样，不仅可以使大学生具备生存能力，真正成为服务提高综合国力的充满活力的社会个体和群体，还可以让大学生在毕业后走向社会能担负起创业的重任，进而实现自我价值和社会价值。

(4)大学生创业能力培养是推进人才培养模式改革的需要。就业形势的严峻不仅给高校毕业生带来了压力，也给高校带来了压力。高校送出的毕业生，在社会上就业情况如何，创业能力如何，都直接影响着学校生存与发展。当面对毕业生难就业的严峻挑战时，高校转变就业教育思想，改革人才培养模式变得尤其重要。高校要以现代教育思想为指导，树立以人为本、全面发展的教育理念，从教学方法、课程设置及考试制度等多方面进行探索、创新，主动为学生自主创业提供良好的教育服务。帮助学生树立起与市场经济相适应的现代就业观，有胆有识，艰苦奋斗，有组织能力和社会责任感。通过开展大学生创业教育来发展和提高学生的基本素质，增强创业意识。

2. 大学生创业教育的内容

大学生创业是就业的一种形式，利用所学的知识、才能和技术，以自筹资金、技术入股、寻求合作等多种方式参与到创业之中，完成自身就业，由被动求职到主动创业，把知识的拥有者改变为创造价值的创业者。

(1)创业知识教育。进入大学后，学生学习的主要是专业理论基础知识和专业技能知识，创意知识则比较薄弱。实践证明，创业者除了需要深厚的专业知识外，还必须具备全面、合理的知识结构与智能结构。对于刚刚创业的学生来说，坐在宽敞的办公室、高薪聘用众多的技术和管理人员显然是不切实际的。很长的一段时间内，他们不得不既充当管理人员，又充当技术人员，甚至是后勤人员。在整个创业过程中，人才引进、市场开拓、企业管理、法律事务、资产评估等都是必须跨越的门槛。如此纷繁复杂的创业关卡，决定了高校必须对创业大学生进行必需的创业知识教育，让学生了解和掌握必需的创业知识，做好知识经济创业的储备，同时指导学生收集分析创业案例，汲取创业者成功经验，寻找其成功的共同点，避免日后走弯路。

(2) 增强创业意识教育。长期以来，大学生对创业认识模糊，将创业作为找工作的备用选择。有的人不愿承担创业的艰辛和风险，有的人没有信心和勇气去尝试。高校的大学生创业教育首先要树立起学生的自主创业观念，教育和引导学生增强创业意识，帮助学生打破安于现状的就业观念，树立开拓进取的新观念。

(3) 创业实践教育。创业实践教育既包括专业知识、专业技能的实习实践，也包括创业经营性的实习实践。在实习的地方，让学生参与专业生产经营的全过程，从原材料的购进到成品出售，以及核算、预算、经营管理等，以主人翁的姿态参与其中。通过这些活动，让学生将专业知识应用于专业生产，同时领略到市场经营的风险，掌握市场信息，学会预测市场变化，为今后成为市场竞争的强者奠定坚实的基础。

(4) 综合能力培养。创业能力培养，是创业教育的关键所在。成功创业者应具备多方面的综合能力，包括创新能力、组织管理能力、市场开拓能力、决策能力、经营能力、社会活动能力等。这些能力不是天生的，必须通过科学的途径才能培养出来，因此，学校教育必须既注重知识的传授，又注重能力的培养，尤其是学生创新创业能力的培养。

3. 大学生创业能力教育途径

(1) 创业课程设置

①加强创业课程与专业课程的交叉融合。首先，将原来在毕业前进行的就业指导课变为贯穿大学期间的就业指导与创业指导课，以必修或限制选修课的形式进行，侧重创业综合知识的传授，使大学生获得创业所需的知识。其次，在本学科专业课程设置的基础上，开设经济学、管理学、法学等课程，拓宽学生的知识面，加强大学生的文化底蕴。最后，加大选修课程比例，推行辅修制，增强课程的选择性与弹性，拓宽学生自主选择空间，进一步激发学生学习兴趣，唤醒、启发、诱导、挖掘大学生创业潜能，培养大学生的主动精神与创业意识。

②在学校教育中渗透创业教育。在学科教育中渗透创业教育，是培养大学生创业素质，提高大学生创业能力的有效途径。高校学科在长期的发展中形成了完整体系，领域广泛，门类众多。如果在进行教育的过程中，每门学科都蕴含着丰富的创业教育内容，一方面可以有效地利用课堂资源，拓展学科教育的应用领域，另一方面又可以节约教育时间，优化教育内容，达到事半功倍的效果。在学科教育中渗透创业教育，还需要注意不可本末倒置，主要侧重创业社会知识、专业技能知识、经营管理知识和职业知识等内容的渗透。

③努力培养大学生的团队精神与协作意识。创业往往不是一个人单枪匹马所能实现或完成的，它需要组建起自己的团队，这一团队中的每个人都应该有某些方面的专长或特长，相互间应在能力、知识、气质、性格、性别、爱好等方面具有互补性。一个精诚团结、各方面能起互补作用的团队，才能实现 $1+1>2$ 的效果，才能保证创业

的成功。在这方面,应多鼓励各专业间、各社团间学生的交流,整合高校多学科资源的优势。

④对大学生进行系统的创业设计教育。创业涉及方方面面的知识,从某种意义上说,大学生创业是对多学科知识的综合运用,这就要求学生进行较为系统的创业设计相关知识的学习。

(2)营造良好的校园创业文化氛围

①大力宣传创业的意义和价值。利用学校校报、广播、橱窗等宣传工具进行创业宣传,树立勇于创业的榜样,形成崇尚科学、求实创新、勇于进取、乐于创业的校园文化氛围,使培养创业人才的思想深入人心。

②加强教师队伍建设。教师是培养创业型人才的主力军,他们不仅可以以自己的创业精神感染学生,成为激励学生创业的楷模,而且可将学生纳入自己的教学和科研活动中,直接培养学生的创业意识和创业能力。

③培养和强化大学生的社会责任意识。大学毕业生不应该仅仅是现有就业岗位的竞争者,更应该是新就业岗位的创造者。作为有较多知识积累的高素质群体,大学毕业生应把创业看作自己服务社会、实现自身价值的有效途径。

④应重视典型创业事例的教育。要把企业界的创业案例搬上大学的讲坛,把成功企业家聘为大学的兼职教授,及时收集校友创业方面的素材,通过各种形式的"现身说法",燃起大学生的创业激情。

⑤成立创业者协会。未来创业者协会要通过社团沙龙的组织管理、报纸杂志的创意策划、公共活动的设计组织、法律或金融实践的模拟、学术研究的立项申请等活动来渲染创业氛围。

(3)广泛宣传对毕业生自主创业的政策

鼓励自谋职业和自主创业,是党和国家的一项重要政策,各级政府对大学生自主创业出台了不同的优惠政策,为毕业生自主创业提供了宽松的政策环境以及广阔的舞台。

(4)开展创业实践活动。创业教育是一门实践性很强的教育活动,长期以来,我国高等教育一直存在重理论轻实践、重知识传授轻能力培养的问题。在这种情况下,高校重视开展丰富多彩的实践活动尤为重要。如成立模拟公司,进行角色扮演,模拟生产经营中出现的各种问题。通过这种以学生自主性活动为主的实践教学,可以强化大学生的创业意识,培养更多的创业综合性人才。

创业的"点子"或项目并不是凭空出现的,它来自社会,来自市场。这就要求大学生多接触社会,多参加各种形式的社会实践。只有这样才能了解社会与市场的需求,从中发现好的创业项目。

第三节 创业计划书

创业是一项有着较大风险的商业活动,为了将创业风险降至最低,就要在事业开创之前做好一切必要准备。其中至关重要的一项措施就是创业计划书的撰写,因为通过创业计划书,你能更好地了解自己的创业方向、创业目标、项目定位以及详细的操作方案。

一、创业计划书的概念

创业计划又名"商业计划"(Business Plan),是指企业或企业家在创业的初期,编写的创立与运营的整体规划方案,是面向风险投资者,为吸引其投资而作的创业期文书,用于说服别人,规范自己。它涉及公司的构想、战略、生产、市场营销、财务、组织管理和人力资源等各方面,3~5年时间跨度的经营决策,是未来的企业行动指南和推销企业的报告。

创业计划书发展至今,已经由单纯地面向投资者转变为企业向外部推销宣传自己的工具和企业对内部加强管理的依据。创业计划聚焦于特定的策略、目标、计划和行动,可能的读者包括希望吸纳进入团队的对象、可能的投资人、合作伙伴、供应商、顾客和政策机构。

二、创业计划书的作用

从企业成长经历、产品服务、市场、营销、管理团队、股权结构、组织人事、财务、运营到融资方案,只有内容翔实、数据丰富、体系完整、装订精致的商业计划书才能吸引投资商,让他们看懂你的项目商业运作计划,才能使你的融资需求成为现实,商业计划书的质量对创业者的项目融资至关重要。

一份高质量的商业计划书是基于产品分析、把握行业市场现状和发展趋势、综合研究国家法律法规、宏观政策、产业中长期规划、产业政策及地方政策、项目团队优势等基本内容,着力呈现项目主体现状、发展定位、发展远景和使命、发展战略、商业运作模式、发展前景等,深度透析项目的竞争优势、盈利能力、生存能力、发展潜力等,最大限度地体现项目的价值。

一般而言,商业计划书具有如下作用:

1. 使创业者明确总体创业思路和经营理念

每一位创业者或者准备创业者在创业之初都会对创立企业的发展方向及经营思路

有一个粗略的设想，如果把一段设想编写成规范的创业计划书，就会发现自己想要从事的并非如所设想的那样容易。因此在创业融资之前，创业计划书应该是给创业者自己看的。创业计划书的编写过程就是创业者进一步明确自己的创业思路和经营理念的过程，也就是创业者从直观感受向理性运作过渡的过程。

办企业不是"过家家"，创业者应该以认真的态度对自己所有的、已知的市场情况和初步的竞争策略做尽可能详尽的分析，并提出一个初步的行动计划，通过创业计划书使自己做到心中有数。另外，创业计划书还是创业资金准备和风险分析的必要手段。对初创的风险企业来说，创业计划书的作用尤为重要，一个酝酿中的项目，往往很模糊，通过制订创业计划书，把正反理由都书写下来，再逐条推敲，创业者就能对这一项目有更加清晰的认识。

2. 帮助创业者有效管理

创业企业编制成功的创业计划书可以增强创业者的信心。这是因为创业计划既提供了企业全部现状及发展方向，又提供了良好的效益评价体系及管理监控标准，使创业者在管理企业过程中对企业发展的每一步都能做出客观的评价，并及时根据具体的经营情况调整经营目标，完善管理方法。

3. 宣传本企业并为融资提供良好的基础

创业计划书作为一份全方位的项目计划，它对即将展开的创业项目进行可行性分析，也在向风险投资商、银行、客户和供应商宣传拟建的企业及其经营方式，包括企业的产品、营销、市场及人员、制度、管理等各个方面。在一定程度上也是拟建企业对外进行宣传和包装的文件。书面的创业计划是创业企业的形象和代表，它使创业者与企业外部的组织及人员得以良好的沟通，是企业进行对外宣传的重要工具。

一份完美的创业计划不但会增强创业者自己的信心，也会增强风险投资家、合作伙伴、员工、供应商、分销商对创业者的信心。而这些信心，正是企业走向成功的基础。从融资角度看，创业计划书通常被喻为"敲门砖"。在一份详细完备的创业计划书中，往往包含了投资者所需要的信息：创业企业的现实业绩和发展愿景，市场竞争力和优劣势，企业资金需求现状和偿还能力，以及创业者及其团队的能力和阵容等。这些都是投资者关心的重点，是他们衡量创业企业实力和潜力的依据，并以此作为是否对创业企业进行投资的重要参考。

4. 帮助创业者凝聚人心，有效管理

一份完美的创业计划书可以增强创业者的自信，使创业者明显感到对企业更容易控制、对经营更有把握。因为创业计划提供了企业全部的现状和未来发展的方向，也为企业提供了良好的效益评价体系和管理监控指标。创业计划书使得创业者在创业实践中有章可循。

创业计划书通过描绘新创企业的发展前景和成长潜力，使管理层和员工对企业及个人的未来充满信心,并明确要从事什么项目和活动,从而使大家了解将要充当什么角色,完成什么工作,以及自己是否胜任这些工作。因此,创业计划书对于创业者吸引所需要的人力和凝聚人心,具有重要作用。

三、创业计划书框架

一份完整的计划书由封面、摘要、目录、正文以及附录五部分组成。正文部分一般由项目概述、公司介绍、行业市场、竞争分析、产品服务、商业模式、财务分析、核心团队、风险对策等9个部分构成。

1. 封面

封面通常要提供项目的名称、LOGO,以及团队人员信息。文字不宜过多,应一目了然。主题一定要概括出整个商业计划书的中心思想,以达到吸引眼球的目的。

2. 摘要

建议篇幅:1~3页。

摘要部分是对项目的一个总结性的陈述,是打动评委(投资人)的第一把钥匙。一般情况下可以这样进行描述:

一句话介绍一下你们(切入痛点、市场分析、竞争对手、产品介绍、产品优势、研发实力、市场运作、盈利模式、投资回报、团队优势)。

3. 目录

建议篇幅:1~2页。

目录部分是对创业项目的逻辑的展示,是打动评委(投资人)的第二把钥匙。评委从目录展示的部分来判断创业项目是否符合逻辑的同时,也从目录判断计划书是否完整,还可以从中直接找出自己最关注的部分,进行查看。一般目录结构如图8-1所示。

```
摘要
目录
第1章  项目概述
第2章  公司介绍
第3章  行业市场
第4章  竞争分析
第5章  产品服务
第6章  核心团队
第7章  财务分析
第8章  风险对策
附录
```

图8-1 创业计划书目录

4. 正文

(1)项目概述。项目概述是一页纸的"项目简介",是商业计划书中最重要的内容。应包括战略定位、市场概况、服务产品、营销推广、竞争优势、核心团队、运营现状、发展规划、融资金额及用途。

(2)公司介绍。通过公司介绍,可以使投资者对要创立的企业有一个大概的了解。其内容可以从以下几个方面来阐述。

公司的一般性描述,包括企业概况、地址和联系方式等;经营业务或行业的历史背景及现状;业务的现状及展望,市场定位;公司的组织结构。

产品和服务的独特性的介绍应包括以下内容:产品的概念,性能及特性,主要产品介绍,产品的市场竞争力,产品的研究和开发过程,开发新产品的计划和成本分析,产品的市场前景预测,产品的品牌和专利。

(3)行业市场。这部分内容是整个项目的逻辑起点。对项目所处的行业细分市场情况进行分析:市场容量(及增长速度)、行业发展趋势、目标客户及需求痛点。建议参考九轩资本提出的"普遍、显性、刚需、高频"的"八字诀"。

(4)竞争分析。从竞争对手是谁、产品是如何工作的、竞争对手的产品与本企业的产品的异同点、所采用的营销策略是什么等方面展示本企业的竞争优势,展示顾客偏爱本企业的原因。在创业计划书中,企业家还应阐明竞争者给本企业带来的风险以及本企业所采取的对策。

(5)产品服务。在创业计划书中,应提供所有与企业的产品或服务有关的细节,包括企业所实施的所有调查。这些问题包括:产品正处于什么样的发展阶段?它的独特性怎样?企业分销产品的方法是什么?谁会使用企业的产品,为什么?产品的生产成本是多少,售价是多少?

(6)商业模式。商业模式即商业运营计划,包括将如何生产产品或如何提供服务,以及公司的研究和开发方面的情况。如果公司需要在国际市场上销售,要写出公司运营能否提供足够的支持。如果产品原型还没有被开发出来,或者产品生产还有其他的不确定因素,应该写明下一步产品开发的预算和时间表。

(7)财务分析。财务分析是商业计划书中最重要的部分之一。一般创意组项目做1年的财务预测,初创组项目做3年的财务预测,成长组项目可以做5年,但把重点放在第一年。

分析部分具体包括两个重要内容:第一,注明本轮融资金额,注明币种。第二,需要重点说明本轮融资的具体用途,细化到具体项目,制定具体的资金分配方案,在充分体现创业者战略规划能力的同时,也要体现创业者花钱的能力。

(8)核心团队。在创业计划书中,必须对主要管理人员加以阐述,介绍他们所具有的能力,在本企业中的职务和责任,过去的详细经历及背景。此外,还应对公司结构做一个简要介绍，包括公司的组织机构图，各部门的功能与责任，各部门的负责人及主要成员、顾问，公司的报酬体系，公司的股东名单，包括他们的股权、比例和特权。

（9）风险对策。任何一家创新企业都将面临一些潜在的危险，创业者有必要进行风险估计以便及早制定有效的战略来应对。对风险的应急计划和备选战略是向潜在投资者表明，创业者对经营中存在的风险是十分重视的且已有相应措施。

5. 附录

创业计划书的最后一部分并不是强制要求的，但这一部分可以展示一些不适合编入计划主体的内容，包括图表、蓝图、财务数据、管理团队成员简历，以及其他任何部分的支撑材料。

四、创业计划书正文

创业计划书正文部分主要由项目概述、公司介绍、行业市场、竞争分析、产品服务、商业模式、财务分析、核心团队、风险对策9个部分构成。

1. 项目概述

建议篇幅：1～2页。

目标：让阅读者有兴趣看下去；着重强调每个模块里最重要的观点。项目概述也称作执行概要，包括战略定位、市场分析、目标客户、产品服务、商业模式、竞争优势、运营现状、团队优势、预期利益、融资需求。

（1）相关问题。

①企业是哪种类型？

②企业提供哪些产品/服务？产品/服务为什么是独特的？产品/服务是否解决了某个重要问题？产品/服务是否正面临很好的机会？

③企业现在状况如何？

④产品处于什么阶段？研发或已经运营？

⑤企业运营了多长时间？

⑥目标市场是谁/什么？

⑦企业能获得的有效市场份额是多少？进入市场的计划和策略是什么？

⑧竞争对手是谁？优劣势是什么？市场份额是多少？

⑨企业需要多少资金？

⑩投资回收期多长？

⑪企业有哪些优势？

（2）子标题。

（3）介绍的顺序。

①概念。首先，介绍产品或根据最初的市场调查得出的客户需求。此后，描述公

司的性质。继之,描述企业目前已达到的里程碑及财务结果。

②产品或服务。描述企业的产品,介绍产品的特殊性、重要性和独特性。

③市场。介绍企业产品的市场,当前的或计划中的市场份额以及市场潜力。

④运营。介绍产品生产和投放市场的过程。着重介绍特别的地方以及在产品生产中可能应用的领先技术。

⑤团队。介绍企业的管理人员以及他们的人力资源支持。证明这些管理人员是忠诚并有能力的。

⑥资金需求和投资期限。说明迄今为止(如企业的股权),包括投资回收期金数额及其用途。说明作为等价回报你将向投资者提供什么(如潜在的回报率)。

(4)应避免的常见错误。

太啰唆,不够简明扼要。

太长,总想包罗万象。

不能证明这是个难得的或独特的投资机会。

不能清楚地表述企业到底是做什么的。

不能说明管理层希望实现什么目标以及他们计划如何去实现。

交易条件不清楚。

2. 公司介绍

建议篇幅:2~3 页。

这个部分主要介绍以下内容。公司基本情况介绍:法律名称、商标或品牌名称、公司类型。主要业务介绍:尽可能快速地让投资者了解企业主营产品与服务。经营地点介绍:总部所在地点,主要经营生产场所。公司宗旨:以最精练清晰的语言来表述企业的使命与指导方针。

(1)相关问题。

①公司在何时何地成立?公司或合伙企业成立的日期与地点。

②组织形式是怎样的?

③公司现有业务在哪里开展?

④你已从事当前业务多长时间?

⑤你是否获得以公司名义或标志注册的专利或商标?是否有正在申请的专利或商标?

⑥公司业务是怎样发展起来的?用了多长时间?曾遇到什么困难?困难是如何克服的?过去主要的里程碑事件有哪些?何时、怎样实现的这些里程碑事件?

公司的创办者及其他关键人员都是谁?这些人给公司业务带来了哪些影响?

(2)子标题。

①背景。

②现状。

③未来计划。

(3)要点提示。

让阅读者(即潜在投资者)成为你梦想中的一部分。描述你过去的工作和决策是如何领导公司取得今天的成就,证明过去的成绩将如何为未来的成功奠定基础。

(4)介绍顺序。

①背景。描述公司的成立及发展历史。说明公司是在何时何地组建的。说明公司业务的模式及所在的地理位置。论述重要的里程碑事件,说明以公司名义或标志注册的所有商标。

②现状。介绍公司的发展现状、已经建立起来的声誉、竞争的优势和目前发展的制约因素。

③未来计划。介绍公司未来3~5年的目标。说明你计划怎样实现这些目标以及实现这些目标需要哪些资源。

3. 行业市场

建议篇幅:3页。

行业市场分析的目的在于正确评价自己创业领域的基本特点、竞争状况和未来的发展趋势,从而弄清自己的发展战略。其基本内容包括以下几个部分:该行业的发展程度如何?现在的发展动态怎样?创新和技术进步在该行业中扮演什么样的角色?该行业在一国或某地区的正常性总销量(即市场总容量)有多少?总收入为多少?发展趋势怎样?

(1)相关问题。

①你如何确定目标市场?在市场渗透中你取得了哪些成绩?

②你如何应对竞争?

③你有哪些优势和劣势?

④你已投入了多少钱?你的资金来源有哪些?那些资金是如何使用的?投资有保障吗?如何保障?

⑤你未来的目标是什么?实现目标的策略是什么?

⑥主要的经济、社会、技术或监管政策的发展趋势会怎样影响你的公司?

⑦公司的历史销售额和服务收入是多少?

⑧你在哪个行业?(行业定义)

⑨行业现状如何?行业多大?(市场容量)行业总销售额是多少?平均利润率分别是多少?

⑩行业的主要特征是什么?预测5年及以后行业的发展状况如何。随着行业的发展变化,市场份额的变化怎样?谁还有可能进入这个行业?

(2)子标题。

①主要特征。

②业内分析摘要。

③发展趋势。

(3)要点提示。

说明你如何成为行业内的重要的新生力量,因为你了解这个行业以及它的发展趋势。

(4)介绍顺序。

①主要特征。描述公司所在行业。简单介绍行业状况,包括市场容量、地域分布、发展历史、现状以及最近3年每年的行业总销售额和总利润。

②业内分析摘要。引述一系列来自各类著名信息来源的关于行业内的重大事件、各类数据和发展趋势的言论。

③行业发展趋势。介绍行业发展方向。说明行业是正在衰退、上升还是保持稳定以及可能存在的机会,介绍未来5~10年内行业可能的发展状况以及公司的行业地位。介绍行业的市场需求、市场容量和盈利潜力。

(5)应避免的常见错误。

缺少明确的方向。

对行业知识和行业发展趋势了解不充分、不透彻。

4. 竞争分析

建议篇幅:2~3页。

目标:表明你完全清楚市场中竞争对手的力量。解释你超越对手的竞争优势及你将如何化解对手的竞争优势并克服或弥补自身的劣势。当要创业或要进入一个新市场时,当然要先做竞争分析。

竞争有时是来自直接的竞争者,有时是来自其他行业,所以当一个新竞争者进入市场时要做竞争分析。

随时随地做竞争分析,这样最好最省力。

(1)相关问题。

①谁是你最近且最大的主要竞争对手?

②他们的业务是稳定、正在增长还是正在下降?为什么?

③你的业务与竞争对手的业务比较有哪些优势与劣势、异同点?

④在下列选项中,你将基于哪些方面的优势以展开与对手的竞争?

⑤在哪些方面你的业务表现得更好?

⑥你从竞争对手那里学到了什么?

⑦在每种产品/服务线上,你将会遇到哪些竞争?

⑧在客户眼中你的产品/服务与竞争对手相比有何优势与劣势？

⑨你对那些与你一样尚未进入市场的潜在竞争对手了解多少？

⑩你在市场中的成功将可能吸引哪类厂商(谁)？

⑪你是否威胁到竞争对手的主要战略目标或其自我定位？

(2)子标题。

①竞争对手简介。

②产品/服务比较。

③优势和劣势分析。

(3)要点提示。

提供行业内其他参与者的简要介绍。强调你独特的竞争优势。

(4)介绍顺序。

①竞争对手概况。竞争对手的规模、创办时间、场所、销售规模、管理运营模式和其他特征，可能进入市场的潜在竞争对手。

②产品/服务比较。你的产品/服务与竞争对手的产品/服务比较有哪些异同、优劣。

③优势和劣势的比较。与主要竞争对手相比，你有哪些优势和劣势。建议以表格形式展现你与竞争对手在产品方面、价格方面、市场方面的优劣势。最后，要比较你与竞争对手的管理团队的优势与劣势(经验及业绩、技巧等)。

(5)应避免的常见错误。

没有列出知名的主要竞争对手。

低估对手的竞争力和潜在竞争者。

没有展示自己的竞争优势，哪些因素使你的企业独一无二或更好。

对现有的竞争者或正在出现的竞争者没有应对战略。

假设没有竞争者。

5. 产品服务

建议篇幅：6～8页。

目标：描述产品与相关服务以及它们的特征，给客户带来的好处和未来开发计划。产品和服务是商业计划书的核心内容，主要包括以下几个部分：

产品或服务对终端客户的价值。

产品或服务是通过什么技术或手段来实现的？

公司将向消费者提供什么？

消费者可得到的好处。

与市场已存在的产品或服务相比该产品或服务有哪些优势？

未来产品的发展规划。

(1)相关问题。

①产品/服务的用途是什么?

②产品如何实现此种用途?

③产品的特点是什么(成本设计、质量性能等)?

④产品技术有怎样的寿命周期?

⑤产品处于开发的哪个阶段?

⑥采用哪种生产方式?资金密集型、劳动密集型、原材料密集型?

⑦是否可以将全部或部分制造过程转包?

⑧产品是终端产品还是其他产品的组合部件?公司的生存是否依赖于其他某个厂商?

⑨公司的产品能否受到专利、版权、商标或服务标志的保护?

⑩生产过程是否要使用重要的、非竞争性的设备,而设备制造商出于保证、责任或形象的考虑也许并不愿意支持你公司的生产?

⑪为满足不断变化的市场需求,你计划开发哪些新产品(副产品)?

⑫政府部门或其他的行业参与者对业内企业都有哪些政策要求或许可要求?

⑬产品是否会经历自然周期、行业周期或生命周期?目前处于哪个阶段?

⑭你将提供哪些相关服务?这些服务将如何提高企业的盈利能力?

(2)子标题。

①产品/服务描述。

②知识产权。

③未来开发计划。

④产品责任。

(3)要点提示。用外行人能看懂的语言来解释你的产品/服务。这些产品/服务能做什么?为谁服务?简要介绍未来改进计划或开发新产品/服务的计划。

(4)介绍顺序。

①产品/服务描述。准确描述公司的产品/服务的内容及包装。介绍它如何发挥功用及其他特征、性能和所带来的利益。若有多种服务或产品,对每种都要介绍它们如何共同作用或影响。说明现有的产品/服务处于开发的哪个阶段。

②知识产权。介绍所有的专利、版权商标、服务标志或其他保护公司产品/服务的法律协议。

③未来开发计划。描述未来新产品开发计划。说明这些计划是否针对现有市场或其他市场,列出这些计划实施的时间。

④产品责任。介绍在生产中或产品营销中需要考虑的产品责任和保险问题。介绍你计划如何减轻公司可能承担的责任。

(5)应避免的常见错误。

产品/服务的描述技术性太强、范围太广，或过于含糊不清。

在这部分不能明确说明产品或服务的新的/独特的更佳的性能特点/好处。

没有采取措施或没有说明如何保护产品/服务免受产品责任或竞争损害。

出现过多的来自管理机构的禁令和不确定性。

面对市场需求和竞争、公司未来的产品、服务改进或扩张等开发计划显得过于单薄。

没有考虑设施的可靠性维护或更新因素以便将停工期控制在最短期限内。

没有介绍第三方对公司产品/服务的评价。

6. 商业模式

建议篇幅：2～3页。

目标：明确解释你将如何进入市场、保持一定的市场份额并实现预定的财务计划。主要包括以下几个部分：

产品定价方式。

销售成本构成。

销售价格制定依据和折扣政策。

销售网络、广告促销、设立代理商和售后服务方面的策略和办法。

对销售人员采取的激励和约束机制。

(1)相关问题。

①你的产品/服务吸引客户的卖点是什么？它有什么特殊或独特之处？

②你将如何吸引客户并保持市场份额？你将如何拓展市场？

③你的营销活动侧重于哪些细分市场和应用？

④你如何识别潜在的客户？

⑤你的营销手段的效果和转化率如何？

⑥客户的平均订单规模是多大？

⑦有哪些销售区域？

⑧定价策略是什么？利润如何？有哪些折扣政策？经销商的利润如何？

⑨随着时间推移，定价可能发生怎样的变化？

⑩你的包装和商标将如何提高品牌认知度并巩固品牌忠诚度？

⑪你将提供哪类服务、保证和担保？你将如何促销？上述行动可能对利润产生哪些影响？

(2)子标题。

①市场渗透目标。

②定价和包装。

③销售和分销。

④服务和保证政策。

⑤广告、公关和促销。

(3)要点提示。介绍你为赢得营销成功采取的行动计划。说明你的内部政策和对媒体的运用将如何帮助你成功。

(4)介绍顺序。

①市场渗透目标。介绍你进入市场的计划。说明你的预期销售额和市场份额。介绍你的产品服务在特定细分市场中的吸引力。

②定价和包装。介绍你的定价政策及其制定过程,影响定价的因素,包括折扣、商品成本、市场力量和其他因素。介绍你的包装和商标的设计方案。介绍产品的说明书或使用方法,说明你做了哪些努力以使产品便于使用。

③销售和分销。介绍你和供应商及分销商的关系。介绍已有的或你正在寻找的分销商或特许经销商以及产品将以什么方法被分销到哪些地区。你是如何吸引经销商、如何对他们进行补贴以及如何控制他们的。

④服务和保证政策。介绍你的服务安排、产品支持、保修条款等政策以及这些政策如何体现客户导向。介绍这些政策对你的竞争力以及利润的影响。介绍执行这些政策的程序。

⑤广告、公关和促销。描述你的广告、公关和促销计划和活动。介绍你导入产品/服务并让它为市场所熟知和接受的方法与战略。

(5)应避免的常见错误。

没有区别营销和销售这两个专业术语。

试图证明根据生产、营销和销售产品/服务的成本而制定的价格是正确的。

设想企业内部的销售系统或直销网络可以在最短的时间内以最少的费用建立起来。

在利用独立的代理商或销售代表的情况下,假设此分销网络会像你内部的销售一样给你的产品/服务分配同样的"销售"资源。

没有围绕你的产品优于竞争对手的差异性进行促销。

对包装和品牌名称的重要性估计过低。

7. 财务融资

建议篇幅:根据需要而定。

目标:图示当前的财务状况和财务预测。描述合意的融资类型金额、偿还条款和潜在的投资回报率。主要包括:基本财务数据,提供投资后未来3年项目盈亏平衡表、资产负债表、损益表、现金流量表。

(1)相关问题。

①你能提供过去3~5年(包括当前)的公司财务报表吗?

②如果财政年度已在3个月前结束,你能提供最近这段时间的公司财务报表吗?

③你能提供最近3年的公司所得税纳税确认单的复印件吗？
④公司/本项目在开始的3年的财务预测如何？
⑤上述财务预测是建立在债务融资还是股权融资基础上？
⑥上述财务预测与行业一般状况相比如何？
⑦上述财务预测建立在哪些假设基础上？对假设进行解释。
⑧公司的开办费用和研发费用是多少？
⑨产品生产成本与营业费用是多少？
⑩公司最重要的成本有哪些？成本变化情况如何？你计划如何将这些成本最小化？
⑪你需要多少资金？如何使用这些资金？资本性支出与流动资金、存货等各是多少？
⑫已投资金额为多少？占有比例为多少？股权分配方案的原则是什么？
⑬投资条件如何？每股价格或合伙单位价格、最低认购数量是多少？
⑭原始投资者的股权比例在投资后将被怎样稀释？
⑮投资回收期是多长？潜在回报率是多少？这个回报率与投资者从你的竞争对手那里获得的回报率以及与行业一般的回报率相比较如何？

(2)子标题。
①当前的财务报表。
②财务预测。
③融资需求。

(3)要点提示。

潜在投资者将仔细审查这部分内容。大多数经验丰富的投资者会对公司项目进行独立的财务分析。在准备财务报表时使用标准的格式，说明你的财务计划是切合实际的，是建立在由预期销售额与经营成本决定的利润率的基础之上的。

(4)介绍顺序。

①当前的财务报表。如果公司正在运营，你需要提供以下三个基本的财务报表：损益表、现金流量表、资产负债表。

②财务预测。财务预测应该建立在切合实际的预期基础上。要解释未来3年的损益情况。你应该提供下列预测：预计的损益表、预计的现金流量表、预计的资产负债表。

③资金需求。说明所寻求的资金金额和类型（债务或股权）。描述计划的资金用途。提供资金用途的细分目。介绍投资的条件、投资的最低金额、投资项目为什么具有吸引力以及它与行业内的其他投资项目相比较的结果。介绍与投资者退出相关的条款，以及投资者能够收回初始投资本金的最早日期。

(5)应避免的常见错误。

没有提供现金流量分析和其他财务报表。

销售额和利润的预测不切实际。

交易条件不清楚,如最低投资额、投资回报率、投资回收期等。

股票数量或所提供的其他投资回报率与所建议的投资不协调。

没有制定相应的投资条款。

8. 核心团队

建议篇幅:2~3页。

目标:说明管理团队和领导层是有能力的、获得了公平的报酬并有足够的激励去获得成功。主要包括展现每个人具体的分工和背景,团队信息对投资人来说是非常关键的信息,需要创业者用心展示。

(1)相关问题。

①哪些人是公司的主要管理人员?

②每个负责人(Principal)的个人履历如何?年龄、教育背景、才干、技能、能力、健康状况、业余爱好如何?

③每个负责人能为公司带来什么?在行业内工作的年限、业绩记录、参与本项目的时间、业务/管理背景如何?

④每个负责人的职位和角色是什么?

⑤每个负责人的报酬待遇如何?

⑥每个负责人有多少公司股权?

⑦谁是董事会成员?

⑧你的专业团队里有哪些人?

(2)子标题。

①管理团队。

②董事会。

③所有权关系。

④专家支持资源。

(3)要点提示。显示公司良好的内部平衡。显示公司在营销、管理、财务、生产等各个领域内有足够的专家。最重要的是,要区分所有者和管理者的不同角色,即使一个人同时扮演了两种角色。

(4)介绍顺序。

①管理团队。介绍你的管理团队。简要介绍负责人(决策者)的背景。介绍每个负责人与众不同的能力和他们为公司所带来的一切利益。此外,介绍随着公司的发展可能产生的新职位。如果失去一位主要成员,介绍你可能采取的选择或替代方案。说明你对继任者有哪些计划。

②董事会。介绍董事会的所有成员并说明他们为什么对公司如此重要。说明他们

的特长在什么领域以及他们与其他公司的关系。

③所有者关系。制作一个包括各方所有者权益的细分目录，列明谁拥有哪类权益以及拥有多少权益。

④专家资源。介绍你的支持团队，说明每个团队成员将对公司发展和当前管理有哪些帮助。

(5)应避免的常见错误。

某些不具备专业资格的朋友、亲戚等担任了重要的管理职务。

希望读者假设一个来自其他行业的成功的管理人员，将在你公司所在的行业获得成功。

由于没有让主要人员签署敬业协议和雇佣合同而无法保护产品的知识产权或运营的保密性。

出于极度希望吸引和留住人才而为某些人提供过多的所有者权益或其他报酬。

没有确定并招募有声望的积极的董事会成员。

当公司发展超出你的心愿且不能仅靠个人维持现状的管理者领导出现时，你不愿意让贤。

没有获得所需要的专业人士的建议忠告及其他支持服务。

9. 风险对策

建议篇幅：1～2页。

目标：描述你对不可避免的或潜在的问题和风险的认识，表明你将积极而坦率地正视它们和处理它们。

(1)相关问题。

①你的企业将(或可能)面临的内在的和潜在的问题、风险以及其他负面因素有哪些？

②公司是否正面临着法律责任或其他保险问题？

③为避免上述问题造成不利影响，你能够采取哪些措施？

④上述问题出现时，你将怎样处理？

⑤你怎样将上述问题的影响减到最小？

⑥如果可能，你如何将这些问题转化为机会？

(2)子标题。

①已解决的主要问题。

②不可避免的风险和问题。

③潜在的风险和问题。

④设想的最坏情形。

(3)要点提示。介绍已存在的或你认为可能会发生的不利于公司发展的情况。介绍你计划怎样避免问题和风险的产生，如何将不利因素的影响最小化或如何将其转化为促进公司发展的机会。

(4)介绍顺序。

①已解决的主要问题。从概述你已经不得不进行处理的主要问题开始。举例说明你是怎样处理或解决这些问题的。

②不可避免的风险和问题。描述你的公司将面临的问题和风险的性质，估计这些问题和风险将在何时发生以及所采取的措施。

③潜在的风险和问题。用上述同样的方法描述并讨论可能产生的问题和风险。

④理想的最坏情形。想一个最坏的情形以说明公司可能遭遇到的所有的内在的和潜在的风险。概括介绍最坏的结果，并说明如果这些风险最终导致物品的损失，是否可以通过抢救或修复来减少某些物品的损失。

(5)应避免的常见错误。

没有识别市场进入壁垒。

没有识别不可控制的变数。

没有能力保护商业机密。

没有对最坏的结果进行实事求是的评估。

没有关注未决的诉讼或其他法律责任问题。

五、评委评价计划书

优质的创业计划书是实现创业目标的第一步。对创业者而言，商业计划书是项目前行的指南针，是帮助创业者在"需求产品(技术)商业模式、团队营销、运营、竞争优势"等重要方面进行深入思考的工具。

究竟怎样的创业计划书才能得到评委的青睐，成为评委眼中优秀的计划书，成功晋级下轮呢？主要可以从下面几点进行考量：

1. 初选标准

(1)形式上，务必有可视化的逻辑框架。商业计划书逻辑清晰背后更重要的是创始人的思维。

逻辑条理清晰与否的判断标准：

①简洁。一般前期项目的商业计划书在15页以内，少了不一定能说明白项目，多了的话又显得冗杂。

②突出重点。优秀创业者的商业计划书一定是结果导向，有重点、有主次的。

③独特商业计划书的风格需要匹配项目与创业团队的气质，有自己的特点。

(2)内容上，判断项目是否切入行业痛点。痛点的本质，是用户未被满足的刚性需求。场景化地阐述清楚项目能给用户带来什么价值，能满足用户哪些最强烈的刚性需求,是一份完整商业计划书里面标配的元素。

投资人对某行业感兴趣或有投资经验的情况下,会对行业的潜力与痛点有较深刻的了解,所以可以从商业计划书的前两页了解项目在解决行业里的哪些痛点,关于行业痛点,前期的项目尤为重要,当项目步入后期,主要看在痛点领域项目的份额如何。

(3)资金上,看融资阶段和融资需求。任何企业从提出构想到建立、发展、成熟,都存在一个成长期,一般可分为种子初创、成长扩张、成熟、上市等,不同阶段的企业对融资需求不同,为此,企业务必从战略的高度合理地安排企业不同阶段的融资规划,并根据自身所处的阶段有针对性地展开融资。

除了融资额度,团队出让的股权比例也是一个值得关注的点,投资人应该合理地判断企业出让比例与融资金额之间的关系。

综上,在形式和内容等几个条件的限制之下,抓到商业计划书中的关键点,才能提高效率。

2. 细化标准

(1)团队及股权结构。在创投圈有那么一种说法:"宁可投资一流人,二流项目;也不投一流项目,二流的人。""投资项目,其实就是在投资人",越是前期的项目,创始团队在融资过程中被关注的权重越大。

关于团队,主要有以下两点可以考虑:其一,核心成员分工完整。公司构架完整、分工明确、互补的管理团队是企业的核心,创始人务必是掌控整个团队的。其二,项目要做的事是适合创业团队去做的。创业者做项目,需要有行业的从业经历或者相关的管理经验。此处应该主要考察团队成员的经历和经验,与当前项目是否匹配。

关于团队的股权结构,应该注意:

①CEO必须是大股东,保证合理的占股比例,出让的股权比例要在其控制之内。

②对核心团队有相应的股权和期权激励措施并且应该预留空间的股权和期权池来吸引优秀人才加入。此外,创始人对股权分配应该有长远的规划。

(2)产品介绍。关于产品,商业计划书中应该反映出:

①项目解决了什么样的痛点。

②创业者是如何做的。

③取得了什么样的效果。关于产品介绍,很多被刷掉的商业计划书都存在某些共性的特点,比如:只是有个想法和点子就开始假大空地吹嘘;产品定位不清晰;不专注于解决痛点,追求大而全等。

(3)商业模式。所有的商业模式,都是基于最现实的考虑——盈利。研究商业模式的意义在于,判断这是不是个好生意?这样的生意能够持续多久?如何阻止其他进入者?这三个问题分别对应:商业模式、核心竞争力和商业壁垒。商业模式、核心竞争力和商业壁垒三位一体构成公司的未来投资价值。

(4)市场分析。关于市场分析,需要包含:

①产品或服务针对什么市场?

②用户容量。

③市场上有几家竞争对手。

④挑出项目的切入点。

(5)竞争分析。竞争分析里面需要注意以下几个点:

①项目的核心竞争力。

②差异化。

③渠道优势。

而一个有市场的项目其竞争壁垒主要包括技术壁垒、资源壁垒、许可壁垒等,可分为以下五类:不可能被抄袭,抄袭难度很大,有一定抄袭难度,抄袭门槛较低,抄袭无门槛。

(6)发展规划。战略其实是商业计划书中重要的一环,项目的产品做出来以后该如何推广,团队打算用多少时间做到多少的用户量,公司会怎么去扩展,希望占有多少的市场份额等这些都是投资人应该去关注的点。毕竟投资人投资的不只是产品,还有这家公司,因此需要更多了解这家公司长远的一个发展。

(7)财务规划与预测。健康的财务制度是企业发展的基础,商业计划书里面务必有公司整套的财务体系。关于财务规划,考核的要素主要有:

①公司以往的财务状况。

②公司现行的财务制度。

③公司未来的财务规划。

(8)退出机制。投资人最关心的问题,是资金如何退出。退出的方式多种多样,一般常见的退出方式有IPO挂牌转让并购、回购等,退出机制是创业者对投资者的保障条款,主要包括投资方以何种方式收回投资和回收时间规定等。

技能实训

创新人格测试

以下21个陈述,没有什么对与错,只是在查看你的态度。请找出符合自己的情况,并用下列符号回答:A. 很同意;B. 同意;C. 不确定;D. 不同意;E. 很不同意。

1. 我很注意学习新知识、新思想和新观点。
2. 我愿意尝试用新的观点和新的方去解决问题。
3. 我已经能熟练运用计算机进行学习、办公、开展业务活动或进行课堂教学了。
4. 我对将要发生的事情总有预见性。
5. 我的同事总是可以依靠我掌握现有设备的新用法。

6. 我有幽默感。
7. 我愿意经常和其他不同公司或部门的专家接触。
8. 我喜欢在工作中学习。
9. 在会议上我会就工作的新方式提出建议。
10. 我常在工作上自加压力、自找动力、自我激励。
11. 我喜欢树立较高的工作目标并将其结果具体化、社会化。
12. 思考问题时我会注意发散思维，不受原则或条约的束缚。
13. 我乐意听取朋友、同事们的意见。
14. 我常把自己的工作放到市场、社会的层面去审视，以期提出更加完善的举措。
15. 不愿例行公事的人不应该被惩罚。
16. 我对正式的会议讨论感到很沮丧。
17. 当一个新项目开始时，我希望更多地了解工作的数量而非工作的质量。
18. 在工作中我有能力使工作多样化。
19. 我会离开一个对我来说没有挑战性的工作。
20. 我不在乎别人对我的想法说三道四。
21. 我总愿意以最终结果的经济效益来评估某项业务工作的价值和意义。

记分方法：A—5分，B—4分，C—3分，D—2分，E—1分。

结果说明：总分在60分以上，说明有创新人格特征；低于60分，说明创新人格特征不明显。

附录 职业生涯发展的主要相关理论

附录一 帕森斯(Parsons)的特质因素理论

帕森斯的特质因素理论又称帕森斯的人职匹配理论,是职业生涯规划检测的一种很好的方式。

一、帕森斯的特质因素理论概述

职业指导的正式创立一般以美国波士顿大学教授帕森斯(F. Parsons)于1908年在波士顿创办职业指导局为起点。帕森斯主张在公立学校开设职业课程,配置专门的职业咨询工作者。1909年,帕森斯在其出版的《选择职业》一书中首次提出"特质因素论",这是最早的职业指导理论。

特质因素论认为,每个人都具有稳定的特质(即个人的人格特征,包括一个人的价值取向、态度和行为表现等特有的思想和行为模式),而职业也具有稳定的因素(即客观工作要求人必须具备的知识结构、能力等条件)。一个人在选择职业的过程中,应当首先清楚认识个人的主客观条件,即对自我的认知,如个人兴趣、能力、资源、局限及其他特征;与此同时,还应当清楚了解职业世界,如各种职业岗位所需的技能要求、工作环境、薪酬福利、发展前景等;在掌握上述两类信息的基础上,将主客观条件与各种可能的职业岗位相对照,最后选择一个与个人相匹配的职业。这就是帕森斯的"职业指导的三大原则"。

二、帕森斯的特质因素理论评价

帕森斯的特质因素论第一次系统阐述了科学的职业指导方法,是职业指导最基本的理论,至今仍对职业指导工作具有重要的指导意义。特质因素论注重在实际辅导中,借助心理测量工具的使用和解释,对咨询者进行指导。但测量工具本身存在信度与效度的问题。同时,特性因素论假定个人特质与工作特征是稳定不变的,但事实上,二者都是不断发展变化的。因此,静态测量的结果未必能真正反映出个人的长处与内心深层次的冲突,有可能仅止于表面的帮助。

附录二 霍兰德(Holland)职业兴趣理论

广义地说,兴趣是一种人格特征。舒伯(D. Super)曾一再主张职业的选择是自我观念的延伸及完成。现在越来越多的研究指出,不同职业团体具有其特有的性格特征。例如,人们已经发现,具有科学兴趣的被试者,性格明显内倾;而与推销兴趣有关的则是攻击性。有人还证明,被试者在斯特朗—坎贝尔兴趣问卷(SGII)上的分数与人格问卷的分数(如爱德华个性偏好量表)之间有显著的相关。很多心理学家认为职业选择反映出个体基本的情绪需求,职业的调整一般是生活步调调整的主要成分。因此对职业兴趣的测量——或更精确地说,找出与个体的态度及兴趣最贴近的职业团体——就成了了解不同人格的一个焦点。

霍兰德就是持这种观点的人之一。他把职业爱好作为一种生活方式的选择——一种反映出个体自我观念和主要性格特征的选择。心理学家罗伊(A. Roe)也是持这种观点的人。本处重点介绍霍兰德的人格与职业类型说。

美国学者霍兰德(John L. Holland)是著名的职业指导专家,他的类型论源自人格心理学的概念,进一步完善了人格与职业匹配理论,把人格和职业进行了不同的类型分类,并且提出了具体的测量方法,有很强的科学性和预测力。霍兰德认为:

(1)职业选择是个人人格的延伸,个人的行为是人格与环境交互作用的结果,职业选择也是人格的表现。

(2)个人的兴趣组型即人格组型。人的兴趣也可以是多种兴趣的组合,比如一个人喜欢研究,但研究的是社会问题,他可能就是一个社会科学研究人员,社会科学研究人员就是研究型和社会型的组合。

(3)人格形态与行为形态影响人的择业及其对生活的适应,同一职业团体内的人有相似的人格,因此他们对很多情境与问题会有相类似的反应方式,从而产生类似的人际环境。

(4)人可区分为六种人格类型(即兴趣组型):现实型(Realistic Type,简称R)、研究型(Investigative Type,简称I)、艺术型(Artistic Type,简称A)、社会型(Social Type,简称S)、企业型(Enterprising Type,简称E)和传统型(Conventional Type,简称C)。每个人的人格属于其中的一种。这六种类型按照一个固定的顺序可排成一个六角形(RIASEC),如附图2—1所示。

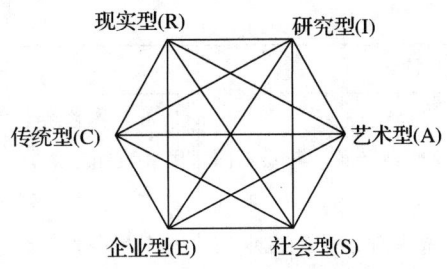

附图 2-1 六种人格类型

(5)职业选择是个人人格的延伸和表现,人格特质反映在职业上就是职业兴趣。不同的人具有不同的职业兴趣和能力,不同的职业兴趣和能力适合从事不同的职业。大多数人的人格特质可以归纳为六种类型:实用型(R)、研究型(I)、艺术型(A)、社会型(S)、企业型(E)、事务型(C)。同一类型的职业通常会吸引相同人格特质的人,从而产生特定的职业氛围、价值观念、态度倾向、行为模式;工作环境也可以分为六种类型,与人格类型的分类一致。他认为:个人人格类型和职业环境之间的适配将增加个人的工作满意度、职业稳定性和职业成就感,见附表 2-1。

附表 2-1 职业兴趣类型与典型职业对应表

类型	特点	典型职业
现实型(R)	愿意使用工具从事操作性工作,动手能力强,做事手脚灵活,动作协调。偏好于具体任务,不善言辞,做事保守,较为谦虚。缺乏社交能力,通常喜欢独立做事	喜欢使用工具、机器,需要基本操作技能的工作。对要求具备机械方面才能、体力或从事与物件、机器、工具、运动器材、植物、动物相关的职业有兴趣,并具备相应能力。如:技术性职业(计算机硬件人员、摄影师、制图员、机械装配工),技能性职业(木匠、厨师、技工、修理工、农民、一般劳动)
研究型(I)	抽象思维能力强,求知欲强,肯动脑,善思考,不愿动手。喜欢独立的富有创造性的工作。知识渊博,有学识才能,不善于领导他人。考虑问题理性,做事喜欢精确,喜欢逻辑分析和推理,不断探讨未知的领域	喜欢智力的、抽象的、分析的、独立的定向任务,要求具备智力或分析才能,并将其用于观察、估测、衡量、形成理论、最终解决问题的工作,并具备相应的能力。如科学研究员、教师、工程师、电脑编程人员、医生、系统分析员

续表

类型	特点	典型职业
艺术型（A）	有创造力，乐于创造新颖、与众不同的成果，渴望表现自己的个性，实现自身的价值。做事理想化，追求完美，不重实际。具有一定的艺术才能和个性。善于表达、怀旧、心态较为复杂	具备艺术修养、创造力、表达能力和自觉，并将其用于语言、行为、声音、颜色和形式的审美、思索和感受，具备相应的能力。不善于事务性工作。如：艺术方面（演员、导演、艺术设计师、雕刻家、建筑师、摄影家、广告制作人），音乐方面（歌唱家、作曲家、乐队指挥），文学方面（小说家、诗人、剧作家）
社会型（S）	喜欢与人交往、不断结交新的朋友、善言谈、愿意教导别人。关心社会问题、渴望发挥自己的社会作用。寻求广泛的人际关系，比较看重社会义务和社会道德	喜欢与人打交道的工作，能够不断结交新的朋友，从事提供信息、启迪、帮助、培训、开发或治疗等事务，并具备相应能力。如：教育工作者（教师、教育行政人员），社会工作者（咨询人员、公关人员）
企业型（E）	追求权力、权威和物质财富，具有领导才能。喜欢竞争、敢冒风险、有野心、抱负。为人务实，习惯以利益得失、权力、地位、金钱等来衡量做事的价值，做事有较强的目的性	喜欢具备经营、管理、劝服、监督和领导才能，以实现机构、政治、社会及经济目标的工作，并具备相应的能力。如：项目经理、销售人员、营销管理人员、政府官员、企业领导、法官、律师
传统型（C）	尊重权威和规章制度，喜欢按计划办事，细心、有条理，喜欢接受他人的指挥和领导，自己不谋求领导职务。喜欢关注实际和细节情况，通常较为谨慎和保守，缺乏创造性，不喜欢冒险和竞争，富有自我牺牲精神	喜欢注意细节、精确度、有系统有条理，具有记录、归档、根据特定要求或程序组织数据和文字信息的职业，并具备相应能力。如：秘书、办公室人员、记事员、会计、行政助理、图书馆管理员、出纳员、打字员、投资分析员

(6) 霍兰德认为：环境造就了人格，反过来人格又影响着个体对职业环境的选择与适应；人们总是寻找能够施展其能力与技能、表现其态度与价值观的职业；职业满意感、稳定性和职业成就取决于个体人格类型和职业环境的匹配与融合；职业行为是人格与环境相互作用的结果。

霍兰德用六角形模型来表示六种人格、职业类型的相互关系（图3—1），边和对角线的长度反映了六种人格类型之间心理上的一致性程度，同时也代表着六种职业类型之间的相似与相容程度。

在六角形模型中任何两种职业类型之间的距离越近，其职业环境及人格特质的相似程度就越高，例如企业型和社会型距离最近，它们的相似性也最高，社会型和企业型的人都较其他类型的人更喜欢与人打交道。而企业型和研究型则具有最低程度的相似性。

六角形模型也表明了六种人格特质类型之间的一致性,一种人格(兴趣)组型与其相邻的类型组成了一个最一致的模型如"RIC"。而人格特质类型相反的模型如"企业型与研究型""传统型与艺术型"等,分别距离最远,其一致性最低。传统型的人多墨守成规,而艺术型的人则富有创新精神;传统型的人擅长自控,而艺术型的人则擅长表达等。

人与所选职业的适应与匹配也可从该模型中得以体现。六角形模型可以帮助我们对人格(兴趣)组型与职业环境类型之间的适配性进行评估,例如一个社会型人格特质占主导地位的人在一个社会型的职业环境中工作会感到更舒畅,但如果让他在一个现实型的工作环境中工作,他可能会感到不舒服、不满意。

大多数人都属于六种职业类型中的一种或两种以上类型的不同组合,某种人格(兴趣)类型或类型组合的个体在与之相对应的职业类型或类型组合中最能满足其职业需求,表现职业兴趣,发挥职业能力。

一种职业有它的主要兴趣类型,一个人会同时有几种职业兴趣,关键是要弄清自己哪些职业兴趣是强项,从社会需要和自己的能力优势方面选择和确定一种主要的职业兴趣。同学们在选择学业或人生职业规划时,应把自己的职业兴趣与个人的职业能力、人格特征结合起来。

附录三 明尼苏达工作适应论

明尼苏达工作适应论是由明尼苏达大学提出的一个理论。起源于美国明尼苏达大学,由罗圭斯特和戴维斯提出的强调人境符合的心理学理论,简单来说就是只有当工作环境能满足个人的需求(内在满意),个人也能满足工作的技能要求(外在满意)时,个人在该工作领域才能够得到持久发展。

明尼苏达工作适应论是戴维斯与罗圭斯特等人在20世纪60年代提出的,该理论认为:选择职业或生涯发展固然重要,但就业后的适应问题更值得注意,尤其对障碍者而言,在工作上能否持续稳定,对其生活、信心与未来发展都是重要的课题。基于此种考虑,戴维斯等人从工作适应的角度,分析适应良好与否的因素。他们认为每个人都会努力寻求个人与环境之间的符合性,当工作环境能满足个人的需求(satisfaction),又能顺利完成工作上的要求(satisfactoriness),符合程度随之提高。不过个人与工作之间存在互动的关系,符合与否是互动的过程的产物,个人的需求会变,工作的要求也会随时间或经济形势而调整,如个人能努力维持其与工作环境间符合一致的关系,则个人工作满意度愈高,在这个工作领域也愈能持久。

事实上,工作适应论仍属于特质论的范畴,不过已将其重点扩及个人在工作情境中的适应问题,强调就业后个人需要的满足,同时亦考虑能否达成工作环境的要求。

在辅导规划实践和辅导工作方面,工作适应理论所提供的概念对各类就业问题及不同的辅导对象均有其应用价值,以对象而言,已就业者、未就业者、考虑转业者、退休人员、残障人、复健者等,均可以前述评量工具,包括明尼苏达重要性问卷、职业性向组型量表、明尼苏达满意感受问卷、明尼苏达满意指针量表及职业增强组型量表等,视当事人情况选择适合的工具,以增进当事人对自我及环境的探索。

附录四　舒伯(Super)的生涯发展理论

我们最常见的,也是应用得最广泛的职业生涯规划理论是舒柏的职业发展阶段论。通过长期的研究,舒柏系统地提出了有关职业生涯发展的观点。舒伯认为,每个人都有一个职业周期(Career Cycle),1953年,他根据自己"生涯发展形态研究"的结果,将人生职业生涯发展划分为成长、探索、建立、维持和衰退共五个阶段。之后提出一个更为广阔的新观念——生活广度、生活空间的生涯发展观,这就是彩虹图(附图4-1)。在生涯彩虹图中,纵向层面代表的是纵观上下的生活空间,是由一组职位和角色所组成的,分成子女、学生、休闲者、公民、工作者、持家者六个不同的角色,他们相互影响交织出个人独特的生涯类型。

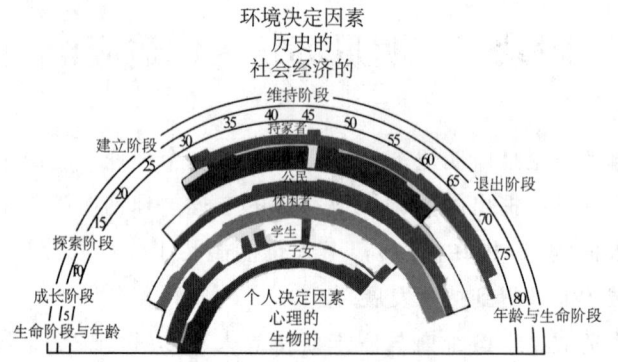

附图4-1　职业生涯彩虹图

1. 成长阶段(0～14岁)

成长阶段属于认知阶段。在这个阶段,孩童开始发展自我概念,学会以各种不同的方式来表达自己的需要,且经过对现实世界不断地尝试,修饰他自己的角色。这个阶段发展的任务是发展自我形象、发展对工作世界的正确态度并了解工作的意义。这个阶段共包括三个时期:

(1)幻想期(0～10岁)。以"需要"为主要考虑因素,在这个时期幻想中的角色扮演很重要。

(2)兴趣期(11～12岁)。以"喜好"为主要考虑因素,喜好是个体抱负与活动的主要决定因素。

(3)能力期(13～14岁)。以"能力"为主要考虑因素,能力逐渐具有重要作用。

2. 探索阶段(15～24岁)

探索阶段属于学习打基础的阶段。该阶段的青少年,通过学校的活动、社团体验活动、打零工等机会,对自我能力、角色和职业做了一番探索,因此选择职业时有较大弹性。这个阶段发展的任务是:使职业偏好逐渐具体化、特定化并表现职业偏好。这个阶段也包括三个时期:

(1)试探期(15～17岁)。考虑需要、兴趣、能力及机会,做暂时的决定,并在幻想、讨论、课业及工作中加以尝试。

(2)过渡期(18～21岁)。进入就业市场或专业训练,更重视现实,并力图实现自我观念,将一般性的选择转为特定的选择。

(3)试验承诺期(22～24岁)。职业生涯初步确定并试验其成为长期职业生活的可能性,若不适合则可能再经历上述各时期以确定方向。

3. 建立阶段(25～44岁)

建立阶段属于选择、安置阶段,它是大多数人工作生命周期的核心部分。由于经过了上一阶段的尝试,不合适者会谋求变迁或做其他探索,因此该阶段较能确定在整个事业生涯中属于自己的职位,并在31～40岁,开始考虑如何保住该职位并固定下来。这个阶段发展的任务是:统整、稳固并求上进。这个阶段细分又可包括两个时期:

(1)尝试期(25～30岁)。个体寻求安定,也可能因生活或工作上的若干变动而尚未感到满意。

(2)稳定期(31～44岁)。个体致力于工作上的稳固时期,由于资历深厚往往业绩优良。

4. 维持阶段(45～65岁)

维持阶段属于升迁和专精阶段。个体仍希望继续维持属于他的工作职位时会面对新的人员的挑战。这一阶段发展的任务是:维持已有的成就与地位。

5. 衰退阶段(65岁以上)

衰退阶段属于退休阶段。由于生理及心理机能日渐衰退,个体不得不面对现实,从积极参与到隐退。这一阶段往往注重发展新的角色,学会适应退休生活,寻求不同方式以替代和满足需求。

附录五 克朗伯兹(Krumboltz)的社会学习理论

一、克朗伯兹的社会学习理论概述

社会学习理论(Social Learning Theory)由班杜拉(Albert Bandura)于20世纪70年代提出,它以经典行为主义、强化理论和认知信息加工理论为基础。克朗伯兹(John D. Krumboltz)将之引入生涯辅导领域。他认为,个人的社会成熟度在很大程度上依赖于对他人行为的学习和模仿,并由此决定他们的职业导向。

克朗伯兹提出影响职业决策的四种因素:

(1)遗传因素,包括种族、性别、外表特征、智力、动作协调能力等。个人由于遗传的一些特质,在某种程度上决定了个人的职业表现或影响到个人所获得的经验。

(2)环境因素。通常在个人控制之外,来自人类活动(如社会、文化、政治、经济、家庭、教育等),或自然力量(如自然资源的分布或自然灾害等)对职业决策的影响。

(3)学习经验。克朗伯兹认为,每个人有独特的学习经验,这对于个人的生涯抉择具有重要的影响。他提出了两种类型的学习经验。

①工具式学习经验。个人为了得到好的结果,在特定的环境中采取一定的行为,其后果对个人会有重要的影响作用。克朗伯兹认为,生涯规划和职业所需的技能,可以通过工具式学习经验而获得。

②联结式学习经验。个人通过观察真实和虚构的模型,通过对人、事之间的比较来学习对外部刺激做出反应。某些环境刺激会引起个人情绪上积极或消极的反应。如果原来属于中性的刺激与使个人产生积极或消极情绪反应的刺激同时出现,这种伴随在一起的联结关系就会使中性的刺激也具有积极或消极的情绪作用。

(4)处理任务的技能,包括解决问题的能力、工作习惯、心理状态、情绪反应和认知的历程等。

克朗伯兹认为,在个人发展的历程中,上述四种因素相互作用,从而形成了个人对自我和世界的推论。一般所谓的个人兴趣、价值观等实际上都是学习的结果。个人学习经验的不足或不当,可能会导致形成错误的推论、单一的比较标准、夸大式的灾难情绪等种种问题,从而有碍于生涯的正常发展。因此,克朗伯兹特别强调丰富而适当的学习经验的重要。

二、克朗伯兹的社会学习理论评价

社会学习理论强调,职业生涯规划辅导不仅仅是将个人特质与工作相匹配,其重点在于个人应通过参与各种不同性质的活动,获得多种多样的学习经验,所学到的技能都有可能在未来的工作中派上用场,并能拓展个人的兴趣,培养个人适当的自我信念和世界观。因此,生涯教育应当融合于普通教育之中。向阳生涯职业规划师推荐,该理论从社会学习的观点来解释人类生涯选择的行为,弥补了其他职业辅导理论在这方面的不足,具有重要的指导意义。

附录六 认知信息加工理论(CIP)

20世纪90年代初期,美国彼得森、辛普森和利尔敦等提出了从信息加工取向看待生涯问题的认知信息加工理论(Cognitive Information Processing,简称CIP理论)。

该理论认为生涯发展是个体做出生涯决策以及在生涯问题解决和生涯决策过程中是如何使用信息的,它将生涯发展与规划的过程视为学习信息加工能力的过程。

生涯发展认知信息加工理论的提出者按照信息加工的特性构成了一个信息加工金字塔,即认知信息加工模式图。

位于塔底的是知识领域,包括自我知识(对自己兴趣、技能、价值观等的了解)和职业知识(对于工作世界的认识)。

金字塔的中间是决策技能领域,即一般性的信息加工技能。它包括沟通(Communication)、分析(Analysis)、综合(Synthesis)、评估(Evaluation)、执行(Execution)五个阶段,构成了决策的CASVE循环。

沟通(确认需求):个人开始意识到问题的存在。

分析(将问题的各组成部分相互联系起来):对所有的信息进行分析。

综合(形成选项):个人形成可能的解决方法并寻求实际的解决方法。

评估(评估选项):评估每种选项的优劣,评出先后顺序。

执行(策略的实施):依照选择的方案做出行动。

最上层是执行领域,也称为元认知。元认知就是个人对自己认知过程及结果的知识、体验和调节。它包括个人所具有的关于自己思维活动和学习活动的知识,对自我的觉察,和对自己进行认知活动的过程和结果的监督控制。

在认知信息加工金字塔中,知识领域相当于计算机的数据文件,需要我们进行存储。决策领域相当于计算机的程序软件,让我们对所存储的信息进行加工处理。而执行领域则相当于计算机的工作控制功能,操纵计算机按指令执行程序。

在这三个领域中,知识领域是基础。没有较全面而准确的自我知识和职业知识,个人就无法做出恰当的职业决策。而执行领域则对上述两个领域的状况进行监控和调节。

参考文献

[1]曹胜利,雷家骕.中国大学创新创业教育发展报告[M].北京:万卷出版有限责任公司,2009.

[2]罗国锋.创新创业[M].北京:经济管理出版社,2013.

[3]中国人民银行.支持科技创新创业的金融政策研究[M].北京:中国经济出版社,2007.

[4]刘胜辉.大学生创新创业基础[M].北京:北京理工大学出版社,2016.

[5]蔡松伯,王东晖,王小方.大学生创新创业指导[M].成都:西南财经大学出版社,2016.

[6]曹海娟.大学生创新创业与人才培养模式研究报告[M].北京:人民邮电出版社,2016.

[7]庄文韬.创新创业实用教程[M].厦门:厦门大学出版社,2016.

[8]黄亚生,张世伟,余典范,等.MIT创新课:麻省理工模式对中国创新创业的启迪[M].北京:中信出版社,2015.

[9]冯丽霞,王若洪.创新与创业能力培养[M].北京:清华大学出版社,2013.

[10]丁欢,汤程桑.创新与创业教育指导[M].南京:南京大学出版社,2015.

[11]李燕,邵林,王志军.大学生就业指导创新研究[M].杭州:浙江大学出版社,2013.

[12]鞠殿民,张金明,付忠臣.大学生就业指导[M].西安:西安电子科技大学出版社,2016.

[13]周立.大学生就业与创业指导[M].北京:北京工业大学出版社,2020.